외국인을 위한 한자 어휘 1500+

토픽에서 시사한자 찾기

외국인을 위한 한자 어휘 1500+

토픽에서 시사한자 찾기

권미경 · 김천미 · 이경애 공저

동 문 사

머리말

최근 한국어 학습에 있어서 주요 키워드는 토픽(TOPIK, Test Of Proficiency In Korean), 한자, 시사 뉴스라고 할 수 있다. 한국어를 학습하는 다양한 국적과 학문 목적(대학, 대학원 입학)을 지닌 외국인 유학생, 교포 학습자, 다문화가정이 해마다 증가하는 상황에서 한국어능력시험인 토픽은 그 중요성이 점점 높아지고 있다.

토픽은 총 6단계로 나누어져 있는데, 대학 정규 학위과정의 유학을 희망하는 경우 일반적으로 3급 이상의 토픽 성적 증명서를 입학서류와 함께 대학에 제출해야 하며, 4급 이상을 취득하여야 졸업이 가능한 상황이다. 또한 한국어 중·고급 수준으로 올라갈수록 듣기, 읽기의 난이도가 높아지면서 한자 어휘의 비중이 높아지는데, 한자의 의미와 발음을 정확히 모르는 경우 어휘 학습에 어려움이 생긴다.

한국의 여러 영역에 대해 전문적이며 시사적인 정보를 얻기 위해서는 뉴스를 듣고 이해하는 것도 중요하다. 뉴스는 대부분 중급 이상의 한국어능력을 요하므로 뉴스를 이해하기 위해서도 고급 어휘, 특히 한자 어휘 학습이 중요하다.

따라서 이 교재는 토픽, 한자, 시사 뉴스라는 세 개의 주요 키워드를 접목하여 학습할 수 있도록 하였다. 교재의 시사 뉴스와 토픽 기출 문제의 어휘, 교재에 제시된 한자 어휘를 단계적으로 학습한다면 한국어 학습에 큰 도움이 될 것이라고 생각된다.

이 책이 한국어에 관심을 가지고 체계적인 학습을 하기 원하는 학습자들과 어휘력을 향상시키고자 하는 이들에게 도움이 되었으면 하는 바람이다.

책을 출판해 주신 동문사 이중수 사장님과 베트남어, 중국어, 영어 색인에 도움을 준 써니 씨, 임심여 씨, 애니 김 씨에게 감사를 드린다.

2021년 6월

저자 일동

일러두기

- 『토픽에서 시사한자 찾기』는 한국의 대학 진학과 취업에서 중요성이 강조되고 있는 한국어능력시험 토픽(TOPIK)과 시사 뉴스에서 많이 나오는 중·고급 수준의 한자 어휘를 제시해 한국어 학습자들의 어휘 활용 능력을 향상시키는 것을 목적으로 한 교재이다.

- 이 교재의 한자 어휘는 현재 여러 대학 부설 한국어 교육기관에서 사용하고 있는 중·고급 한국어 교재의 어휘, 국립국어원의 [2017년 국제통용 한국어 표준 교육과정 적용 연구(4단계) 어휘 문법 등급 목록]을 참고하여 총 1,395개를 선정하였다. 또한 정치, 문화, 경제 등의 영역별 시사 뉴스, 토픽 기출문제, 한류, 한국 생활, 문화 등을 주제로 한 〈쉬어가기〉에서 제시된 한자 어휘 등도 추가 학습할 수 있도록 구성하였으므로, 이 교재의 부제를 『외국인을 위한 한자 어휘 1500+』로 하였다.

- 이 교재의 예상 독자는 비한자권(서양권, 동남아시아권 등) 한국어 학습자, 한자의 발음 등을 익히고자 하는 한자권 학습자, 한국어를 모국어로 하지 않는 재외동포, 외국학교에 재학 중이거나 졸업한 재외국민, 귀화시험을 준비하는 외국인, 다문화가정의 구성원, 중도입국자녀, 국내 대학(원)의 입학 희망자 및 재학생 등 학문 목적 학습자, 국내 대학 부설 어학당의 한국어 연수생, 국내외 한국 기업체 및 공공기관 취업 희망자이다.

- 이 교재는 전체 13과로 구성하여 대학 수업의 한 학기에 맞춰 교재로 활용할 수 있도록 구성하였다. 따라서 대학의 한국어 수업(중·고급 한국어, 시사한국어, 한국어독해, 한국어 고급 어휘 등) 주 교재로 사용 가능하며, 한국어학당의 한국어 교육 정규 과정에서 한자반, 뉴스반, 토픽반, 어휘반 등의 부교재로도 활용할 수 있다. 크게 I부, II부로 나누어 구성하였으므로 2학기로 나누어 보다 심도 있게 수업하는 것도 가능하다.

- 한자 어휘의 의미 학습하기, 어휘를 활용한 문장 만들기, 같은 음을 가진 다른 의미의 한자 연습하기, 정답 등을 함께 제시하여 한국어를 독학하는 학생들도 쉽게 사용할 수 있도록 구성하였다.

- 한국어 교육에서 한자 어휘 쓰기보다는 한자 어휘의 의미 이해와 활용 등의 중요성이 높은 점을 감안하여 한자 쓰기 연습은 간단하게 제시하였다.

- 인터넷 사이트의 한자 사전에서 찾을 수 있는 단순한 의미와 예문이 아닌, 한국어 학습자들의 눈높이와 용도에 맞춘 한자 어휘의 의미 설명과 예문을 제시하였다. 또한 실생활에서 많이 사용되는 사자성어와 속담을 제시하여 살아 있는 언어를 연습할 수 있도록 하였다.

- 이 교재의 전체적 구성은 크게 〈시사 뉴스 살펴보기〉와 〈토픽에서 시사한자 찾기〉, 〈한자 어휘 연습하기〉, 〈쉬어가기〉로 나누어진다. 부록에는 어휘 색인을 실었다.

- 각 과의 도입인 〈시사 뉴스 살펴보기〉에서는 정치, 문화, 국제, 안보, 환경, 미디어, 경제, 사회, 교육, 건강, 과학, 미래, 사건의 13개 영역 뉴스를 제시하였다. 학습자는 시사 뉴스 속의 한자 어휘를 찾아 의미를 익힐 수 있고, 토픽 형식의 내용 이해 문제를 접함으로써 토픽 시험의 유형에도 익숙해질 수 있도록 구성하였다.

- 〈토픽에서 시사한자 찾기〉에서는 토픽 47회, 52회, 60회, 64회 읽기와 듣기, 쓰기 시험에 출제된 지문들을 제시하여 한국어 학습자들이 토픽 시험 대비 연습과 함께 중·고급 수준의 한자 어휘를 익히고 연습할 수 있도록 하였다.

- 〈한자 어휘 연습하기〉에서는 한자 어휘를 외국인 학습자들에게 익숙한 한글 사전 순서로 제시하였다. 먼저 한자어의 발음과 의미를 제시한 후, 간단한 쓰기 연습, 한자 어휘 의미 연결, 문장에 맞는 어휘 찾기 연습을 하도록 구성하였다. 그리고 '한자 어휘 넓히기'를 통해 같은 음을 가진 다른 의미의 한자도 함께 연습하여 어휘를 확대하고 활용의 정확도를 높일 수 있게 하였다.

- 〈쉬어가기〉에서는 한류, 한국 생활, 문화, 사회 등의 다양한 내용을 제시하여 한국에 대한 정보를 얻게 하고, 한자 어휘도 흥미롭게 학습할 수 있게 하였다.

- 〈부록〉에서는 1,395개의 한자 어휘 색인을 영어, 베트남어, 중국어로 함께 표기하여 한국어 학습자가 쉽게 학습할 수 있도록 하였다.

내용구성

구분	과	차례	시사 뉴스 살펴보기		토픽에서 시사한자 찾기	
			분야	제목	한국어능력시험(토픽)	한자 어휘
I부	1	ㄱ	정치	- 선거 앞두고 유권자 표심 잡을 공약 쏟아져 - 대통령 연임 헌법 개정 가능한가	제60회 읽기	가격, 고등학교, 교복, 기존
					제47회 읽기	가치, 경우, 교환, 구매
	2	ㄴ	문화	- 노인 디지털 소외 문제 해결 방안은 어디에	제64회 읽기	뇌, 능력
					제52회 쓰기	노력, 능력
	3	ㄷ	국제	- 인도양에 표류 중인 난민 구조돼 - 한국의 다문화 가정 100만 명 넘어	제64회 읽기	단체, 대중, 동물, 등장
					제60회 읽기	다양, 단계적, 대기업, 대폭
	4	ㅁ	안보	- 최첨단 무기 생산으로 한국 국방력 증강	제60회 읽기	문답, 문화사, 물음, 미래
					제52회 읽기	마련, 미각, 미식가
	5	ㅂ	환경	- 지구온난화 대책 마련 활발	제64회 읽기	박사, 분류, 비교
					제52회 읽기	방향, 보완, 보장, 분야
	6	ㅅ	미디어	- 구독자 늘리기 위한 유튜브 허위 정보 넘쳐 - 악성 댓글 유포자 설 곳 없어진다	제60회 읽기	상태, 수, 수학, 시도
					제47회 듣기	사진, 생년월일, 선발, 성별

한자 어휘 연습하기	쉬어가기	
	주제	한자 어휘
가, 간, 갈, 감, 강, 개, 거, 건, 검, 견, 결, 겸, 경, 계, 고, 곤, 공, 과, 관, 괄, 광, 교, 구, 국, 군, 궁, 규, 균, 근, 금, 급, 긍, 기, 긴	K-POP에서 한자 어휘 찾기	한류, 방탄소년단, 동방신기, 신화, 소녀시대, 여자친구, 우주소녀, 사춘기
	K-드라마, 영화에서 한자 어휘 찾기	영화, 기생충, 설국열차, 괴물, 대장금, 연가, 이태원, 김 비서, 여신강림
나, 난, 남, 낭, 노, 농	길에서 한자 어휘 찾기	로, 식당, 상점, 정류장, 전용차선, 횡단보도, 신호등, 육교, 지하철, 호선, 역, 환승
다, 단, 당, 대, 도, 독, 동, 등	인사에서 한자 어휘 찾기	안녕, 감사, 미안, 죄송, 실례, 수고
마, 만, 망, 매, 면, 명, 모, 목, 무, 문, 미, 민	음식에서 한자 어휘 찾기	음식, 반찬. 한식, 일식, 중식, 양식, 만두, 분식, 잡채, 냉면, 빙수
박, 반, 발, 방, 배, 번, 변, 별, 병, 보, 복, 봉, 부, 분, 불, 비	편의점에서 한자 어휘 찾기	편의점, 생수, 우유, 탄산음료, 일회용품, 과자, 안주
	숫자에서 한자 어휘 찾기	일, 이, 삼, 사, 오, 십, 백, 천, 만, 십만, 백만, 천만, 억, 월, 일, 일렬, 십자가, 팔자, 오십보 백보
사, 산, 삼, 상, 생, 서, 석, 선, 설, 성, 세, 소, 송, 수, 숙, 순, 습, 승, 시, 식, 신, 실, 심	백화점에서 한자 어휘 찾기	시장, 백화점, 물건, 약속, 장소, 지하, 음식, 식품, 화장품, 소품, 여성복, 남성복, 아동복, 가구, 매장, 식당가, 옥상, 정원, 경치, 공간
	가족에서 한자 어휘 찾기	가족, 부모, 조부, 조모, 자녀, 형제, 자매, 삼촌, 고모, 외삼촌, 이모, 호칭, 친척

<table>
<tr><td rowspan="14">II부</td><td rowspan="2">7</td><td rowspan="2">ㅇ</td><td rowspan="2">경제</td><td rowspan="2">- 누구를 위한 담뱃값 상승인가</td><td>제64회 읽기</td><td>안건, 운전, 원래, 음주, 인명, 일정</td></tr>
<tr><td>제47회 듣기</td><td>역학, 이기심, 이기적, 이해</td></tr>
<tr><td rowspan="2">8</td><td rowspan="2">ㅈ</td><td rowspan="2">사회</td><td rowspan="2">- 노인돌봄종합서비스
- 미래 유망 직업은?</td><td>제64회 읽기</td><td>접촉, 정서, 주변, 지각, 지능</td></tr>
<tr><td>제47회 듣기</td><td>전통, 정책, 제자, 종목</td></tr>
<tr><td rowspan="2">9</td><td rowspan="2">ㅊ</td><td rowspan="2">교육</td><td rowspan="2">- 온라인 수업으로 교육격차 커져 사교육비도 증가세</td><td>제60회 읽기</td><td>최근, 추가, 충족, 측정</td></tr>
<tr><td>제52회 읽기</td><td>차별, 최대, 추구, 출발</td></tr>
<tr><td rowspan="2">10</td><td rowspan="2">ㅋ</td><td rowspan="2">건강</td><td rowspan="2">- 장수에 유리한 성격이 있다</td><td>제60회 읽기</td><td>쾌적</td></tr>
<tr><td>-</td><td>상쾌, 쾌적</td></tr>
<tr><td rowspan="2">11</td><td rowspan="2">ㅌ</td><td rowspan="2">과학</td><td rowspan="2">- 과학 기술로 바라보는 2045년 대한민국의 미래
- 30년 후 세계 식량 수요 70% 증가</td><td>제60회 읽기</td><td>투자, 특수</td></tr>
<tr><td>제64회 읽기</td><td>통장, 특정</td></tr>
<tr><td rowspan="2">12</td><td rowspan="2">ㅍ</td><td rowspan="2">미래</td><td rowspan="2">- 네발 가진 로봇 개 ‘스팟’ 공개에 일반인 관심 보여</td><td>제47회 듣기</td><td>판, 폭발, 표면, 필요</td></tr>
<tr><td>제60회 읽기</td><td>판매, 포장</td></tr>
<tr><td rowspan="2">13</td><td rowspan="2">ㅎ</td><td rowspan="2">사건</td><td rowspan="2">- 최근 5년간 마약 사범 2배 증가</td><td>제64회 읽기</td><td>화제, 활동, 활용, 현재</td></tr>
<tr><td>제60회 읽기</td><td>학생, 활용, 획득, 흥미진진</td></tr>
</table>

악, 안, 암, 애, 야, 약, 양, 억, 언, 업, 여, 역, 연, 열, 예, 오, 완, 왕, 외, 요, 욕, 우, 운, 원, 월, 위, 유, 육, 은, 음, 의, 이, 인, 일, 입	대중교통에서 한자 어휘 찾기	대중교통, 지하철, 환승, 기차, 고속, 열차, 비행기, 공항, 국내선
	쇼핑에서 한자 어휘 찾기	배송, 반품, 환불, 주문, 결제, 검색, 구입
	색깔에서 한자 어휘 찾기	색, 백, 흑, 적, 청, 황, 녹, 주황, 분홍, 연두, 회색, 갈색, 초록동색, 남색, 청출어람
자, 작, 장, 재, 저, 적, 전, 절, 점, 정, 제, 조, 존, 종, 좌, 주, 준, 중, 증, 지, 직, 진, 질, 집	직업에서 한자 어휘 찾기	취직, 의사, 변호사, 간호사, 전문직, 직장, 교사, 공무원, 사업, 가수, 영화배우, 연예인
	날씨에서 한자 어휘 찾기	사계절, 지구온난화, 이상, 기온, 한파, 삼한사온, 태풍, 열대야, 폭설, 폭우, 폭염, 예측
차, 착, 찬, 참, 창, 채, 책, 천, 철, 첨, 청, 초, 추, 축, 출, 충, 취, 측, 치, 친, 침, 칭	전공에서 한자 어휘 찾기	전공, 세분화, 경영학, 경제학, 국어국문학, 심리학, 전자공학, 기계공학, 생물학, 체육학, 연극영화학, 광고홍보학, 한의학, 의대, 법대, 전문대학원, 적성
	관광지에서 한자 어휘 찾기	관광, 남산, 야경, 광화문, 경복궁, 강릉, 설악산, 일출, 전주, 한옥, 안동, 하회, 부산, 해운대, 제주도, 한라산
쾌	–	–
타, 탁, 탄, 탈, 탐, 탕, 태, 토, 통, 퇴	취미에서 한자 어휘 찾기	취미, 음악, 미술, 영화, 감상, 독서, 수영, 승마, 등산, 서예, 다도
파, 판, 편, 평, 폐, 포, 폭, 표, 품, 풍, 피, 필	사무실에서 한자 어휘 찾기	사무실, 서류, 직원, 결재, 회의, 휴게실, 복사기, 사무기기
하, 학, 한, 할, 함, 합, 항, 해, 행, 향, 현, 형, 호, 혼, 홍, 화, 확, 환, 활, 황, 회, 효, 후, 훈, 휴, 흡, 희	전공에서 한자 어휘 찾기	경영학과, 국어국문학과, 심리학과, 한의학과, 생명공학과, 연극영화학과, 전자공학과, 광고홍보학과, 체육학과
	부사어에서 한자 어휘 찾기	부사어, 물론, 약간, 역시, 종종, 혹시, 심지어, 솔직, 열렬, 열심, 특별, 최고, 고유어

차례

제7과 ㅇ

제8과 ㅈ

제9과 ㅊ

제10과 ㅋ

제11과 ㅌ

제12과 ㅍ

제13과 ㅎ

MEMO

제1과 ㄱ

시사 뉴스 살펴보기1: 정치

1. 다음에서 알맞은 어휘를 골라 빈칸을 채우십시오.

공약	국회의원	공급	가능	국민
개정	권위	표심	직선제	단임제

1) 대통령을 국민의 직접 선거로 선출하는 방식을 대통령 (　　　)(이)라고 한다.
2) (　　　)은/는 국민을 대표하여 국회를 구성하며 임기는 4년이다.
3) 대통령으로 한 번만 재직하는 것은 (　　　), 연속해서 중임하는 것은 연임제이다.
4) 선거에서 후보들은 유권자들의 (　　　)을/를 잡기 위해 선거운동을 한다.
5) 제헌 이후 한국의 헌법은 여러 번 (　　　)되었다.

2. 다음 정치 관련 기사를 읽고 물음에 답하십시오.

선거 앞두고 유권자 표심 잡을 공약 쏟아져

오는 5월에 있을 국회의원 선거를 앞두고 여야 후보들은 유권자들의 표심을 잡기 위한 다양한 공약을 잇달아 내놓고 있다. 문제는 (　　　) 공약들도 쏟아지고 있다는 것이다.

그중 가장 눈에 띄는 공약은 주택이 부족한 도시의 주택 공급을 늘리기 위한 방안으로 철로나 도로 위에 인공 부지를 조성하여 주택을 짓는 것이다. 그러나 이 방안은 이전에도 입체도로라는 이름으로 논의된 바가 있다. 그리고 당시 이 방안은 안전 문제에 부딪히면서 진행이 중지된 사안이다.

여야 후보들은 이처럼 달콤하지만 효과와 실현 가능성이 낮은 공약들 대신 진정으로 국민을 위한 정책을 제시해야 하고, 투표권자들은 현실적이며 올바른 판단을 해야 한다.

1) (　　　)에 들어갈 알맞은 것을 고르십시오. (　　　)

① 관심이 쏠리는　　　② 표심을 잡을 수 있는
③ 큰 비중을 차지하는　　　④ 실현 가능성이 크지 않은

대통령 연임 헌법 개정 가능한가

최근 대통령제 개정에 대한 논의가 조심스럽게 대두되고 있다. 미국에서 최초로 시행된 대통령제는 중남미와 아프리카 대부분의 국가, 아시아의 일부 국가에서 실시되고 있다. 수상이나 총리가 정치적 권력을 가진 국가나 왕의 권위를 인정하는 국가도 있다.

선거인단을 통해 대통령을 뽑고 연임이 가능한 미국과 달리 한국은 국민이 직접 투표하는 직선제이며, 5년의 기간만 재직하는 단임제를 시행하고 있다. 이는 장기집권을 예방하려는 목적인데 임기가 끝나는 해 발생하는 레임덕이 문제로 제기되기도 한다.

대통령 연임 헌법 개정에 대한 국민적 합의가 이루어지더라도 헌법 개정을 위해서는 국회의원들의 동의를 거쳐야 한다. 따라서 우선 국회위원을 선출하는 소선거구제와 지역구 비중이 압도적으로 높은 현행 선거제도부터 개혁하자는 목소리가 높다.

2) 위 글의 내용과 같은 것을 고르십시오. (　　　)

① 미국과 한국은 대통령 선거방법이 동일하다.
② 국회의원들이 대통령을 직접 선출하는 것이 필요하다.
③ 단임제를 연임제로 바꾸려면 헌법을 먼저 고쳐야 한다.
④ 한국은 레임덕의 단점을 보완하기 위해 직선제를 실시하고 있다.

3) 대통령 단임제와 연임제의 장점과 단점을 이야기해 보십시오.

정답

1. 1) 직선제　2) 국회의원　3) 단임제　4) 표심　5) 개정
2. 1) ④　2) ③　3) 생략

토픽에서 시사한자 찾기1

1. 다음 글에서 'ㄱ'으로 시작하는 한자 어휘를 찾아 써 보십시오.

인주시의 한 고등학교는 올해부터 여름 교복으로 티셔츠와 반바지를 입고 있다. 기존 정장형 교복은 활동할 때 불편하다는 학생들의 의견이 많았기 때문이다. 몸이 편해지니 학생들은 다양한 활동에 적극적으로 참여하기 시작했고 공부에도 더 집중할 수 있어서 학습 효율이 올라갔다. 새 교복은 기존 교복보다 가격이 저렴해서 학부모에게도 인기다.

출처: 제60회 한국어능력시험 읽기

1) ( )
2) ( )
3) ( )
4) ( )
5) ( )

2. 다음 ( )에 들어갈 한자 어휘를 보기에서 골라서 써 보십시오.

보기: 가사 가치 경우 교환 구매

기한이 정해져 있는 티켓의 (㉮) 기간이 지나면 사용하지 못하게 된다. 그런데 기간이 얼마 남지 않은 티켓이라도 모바일 시장을 이용하면 판매할 수 있다. 이 시장에서는 판매자와 소비자가 실시간으로 필요한 정보를 (㉯)한다. 이 시장을 통해 판매자는 기간이 지나면 (㉰)이/가 사라지는 상품을 판매할 수 있고, 소비자는 필요한 시점에 싼 가격으로 상품을 (㉱)할 수 있는 것이다.

출처: 제47회 한국어능력시험 읽기

1) ㉮ ( )
2) ㉯ ( )
3) ㉰ ( )
4) ㉱ ( )

정답

1. 1) 고등학교 2) 교복 3) 기존 4) 공부 5) 가격
2. 1) 경우 2) 교환 3) 가치 4) 구매

한자 어휘 연습하기1

1. 가(價)

발음	의미
가	값

★ 써 보십시오.

價	價	價	價	價	價

★ 다음 어휘의 의미를 추측해서 연결해 보십시오.

가. 가격(價格) • • ① 어떤 것이 가지고 있는 중요성

나. 가치(價値) • • ② 물건이나 집, 음식, 서비스 등의 값

다. 물가(物價) • • ③ 물건값을 돈으로 나타낸 것

★ 다음 문장에 맞는 어휘를 써 보십시오.

가. 이 반지는 비싸지는 않지만 할머니께서 물려주신 것이라서 나에게는 ( )이/가 있는 물건이다.

나. 태풍 때문에 채소 ( )이/가 많이 올랐다.

다. 서울, 도쿄, 뉴욕 같은 도시는 ( )이/가 높아서 살기가 어렵다.

한자 어휘 넓히기

가(家)
의미: 집, 건물, 집 안
예문: 중고생을 둔 가정의 경우 사교육비 부담이 크다.

가(歌)
의미: 노래, 노래하다
예문: 요즘 K-POP 가사에는 영어가 많아서 외국 사람들도 부르기가 쉽다.

가(可)
의미: 옳다, 정도, 쯤
예문: 3개월 정도 한국어를 배우면 혼자서 한국 여행이 가능할까요?

정답

가) ③ 나) ① 다) ②

가) 가치 나) 가격 다) 물가

2. 간(間)

발음	의미
간	사이, 틈

★ 써 보십시오.

間	間	間	間	間	間

★ 다음 어휘의 의미를 추측해서 연결해 보십시오.

가. 간접(間接) • • ① 존재하는 곳 또는 어떤 일을 할 수 있는 장소
나. 기간(其間) • • ② 언제부터 언제까지 정해 놓은 시기나 시간
다. 공간(空間) • • ③ 직접 하지 않고 다른 사람이나 다른 것을 통함

★ 다음 문장에 맞는 어휘를 써 보십시오.

가. 이 소파는 너무 커서 우리 거실에는 놓을 (　　　)이/가 부족하다.
나. 한국어 문법에서 '-(이)라고 하다', '-(ㄴ/는)다고 하다', '-(으)라고 하다', '-자고 하다'는 (　　　) 화법이라고 한다.
다. 11월부터 2월까지는 건조한 날씨로 화재의 위험이 있어 불조심 강조 (　　　)(으)로 정한다.

한자 어휘 넓히기

간(簡)
의미: 줄다, 덜다, 가볍게 하다
예문: 요즘 편의점에서 김밥이나 도시락으로 식사를 간단하게 해결하는 경우가 많다.

간(干)
의미: 막다, 방패
예문: 사춘기의 청소년들은 부모의 간섭을 싫어한다.

간(看)
의미: 보다, 바라보다, 지키다
예문: 나는 어렸을 때 『나이팅게일』을 읽으며 간호사를 꿈꾼 적이 있었다.

간(懇)
의미: 간절하다, 노력하다, 정성
예문: 부모님께 결혼을 허락해 달라고 무릎을 꿇고 간청했다.

정답
가) ③　나) ②　다) ①
가) 공간　나) 간접　다) 기간

3. 갈(渴)

발음	의미
갈	목이 마르다, 서두르다

★ 써 보십시오.

渴	渴	渴	渴	渴	渴

★ 다음 어휘의 의미를 추측해서 연결해 보십시오.

가. 갈망(渴望) • • ① 목마른 사람이 물을 찾는 것처럼 간절히 바람
나. 갈증(渴症) • • ② 물이 마르거나 돈이나 자원 등을 다 써서 없어짐
다. 고갈(枯渴) • • ③ 목이 마름

★ 다음 문장에 맞는 어휘를 써 보십시오.

가. 인구가 증가하면서 자원과 식량이 부족해지고 깨끗한 지하수도 (　　　)될 위기에 처해 있다.
나. 더운 여름에 탄산음료나 아이스크림은 (　　　) 해소에 도움이 안 된다.
다. 많은 가난한 국가들에는 학교가 부족해서 배움에 대한 아이들의 (　　　)이/가 크다.

정답

가) ①　나) ③　다) ②
가) 고갈　나) 갈증　다) 갈망

4. 감(感)

발음	의미
감	느끼다, 마음을 움직이다

★ 써 보십시오.

感	感	感	感	感	感

★ 다음 어휘의 의미를 추측해서 연결해 보십시오.

가. 감기(感氣) • • ① 고마운 마음을 나타내는 인사
나. 감사(感謝) • • ② 슬픔, 기쁨, 좋음, 싫음 등의 기분
다. 감정(感情) • • ③ 코가 막히고 머리가 아프며 기침이 있고 열이 나는 병

★ 다음 문장에 맞는 어휘를 써 보십시오.

가. (　　　)에 치우치지 말고 이성적으로 생각하세요.
나. 추운 날씨에 옷을 얇게 입고 다녀서 (　　　)에 걸렸다.
다. 1년 동안 잘 가르쳐 주셔서 정말 (　　　)드립니다.

한자 어휘 넓히기

감(減)
의미: 덜다, 줄다, 가볍게 하다
예문: 아이를 많이 낳지 않아 학생 수가 감소하고 있다.

감(監)
의미: 보다, 살피다, 경계하다
예문: 그 범인은 CCTV의 감시망을 피해 범죄를 저질렀다.

감(甘)
의미: 달다, 맛있다
예문: 고진감래라고 아이돌 연습생으로 밤낮없이 준비하던 동생은 드디어 데뷔하게 되었다.

정답
가) ③　　나) ①　　다) ②
가) 감정　　나) 감기　　다) 감사

5. 강(强)

발음	의미
강	강하다, 굳세다

★ 써 보십시오.

强	强	强	强	强	强

★ 다음 어휘의 의미를 추측해서 연결해 보십시오.

가. 강국(强國) • • ① 세계적으로 큰 영향을 주는 나라
나. 강조(强調) • • ② 세고 강한 바람
다. 강풍(强風) • • ③ 중요한 부분을 강하고 세게 말하거나 표시함

★ 다음 문장에 맞는 어휘를 써 보십시오.

가. 선생님이 특히 이 부분을 빨간색으로 표시하고 중요하다고 (　　　)하셨다.
나. 한국은 언제 어디서나 빠른 인터넷을 사용할 수 있는 인터넷 (　　　)(이)라고 할 수 있다.
다. 어젯밤에 (　　　)와/과 비로 나무들이 쓰러지고 전기가 끊어졌다.

한자 어휘 넓히기

강(講)
의미: 외우다, 배우다, 익히다
예문: 대학교에서는 교실이라고 하지 않고 강의실이라고 한다.

강(江)
의미: 강
예문: 서울은 한강을 사이에 두고 강북, 강남으로 나눈다.

강(降)
의미: 내리다, 항복하다
예문: 연세가 많으신 분들 중에는 엘리베이터보다 승강기라고 말하시는 분이 많다.

정답
가) ① 나) ③ 다) ②
가) 강조 나) 강국 다) 강풍

6. 개(開)

발음	의미
개	열다, 열리다

★ 써 보십시오.

開	開	開	開	開	開

★ 다음 어휘의 의미를 추측해서 연결해 보십시오.

가. 개발(開發) • • ① 산업이나 경제 등을 발전하게 함
나. 개최(開催) • • ② 어떤 모임이나 회의 등을 엶
다. 개학(開學) • • ③ 학교에서 방학 등으로 한동안 쉬었다가 다시 수업을 시작함

★ 다음 문장에 맞는 어휘를 써 보십시오.

가. 다음 올림픽 ( )국으로 선정되기 위한 각국의 경쟁이 치열하다.
나. 그 회사에서 새로 ( )된 자동차는 여러 가지 새로운 기능이 있다고 한다.
다. 내일이 초등학교 ( )인데 내 동생은 지금 밀린 방학 숙제를 하느라고 정신 없다.

한자 어휘 넓히기

개(改)
의미: 고치다, 고쳐지다, 바꾸다, 만들다
예문: 그동안 고객들의 불만이 많았던 서비스 문제를 개선하기로 했다.

개(個)
의미: 하나, 개, 명
예문: 이것은 나 개인의 문제가 아니라 우리 반 전체의 문제이다.

개(介)
의미: 사이에 끼다, 사이에 들다
예문: 친구의 소개로 지금의 여자 친구를 만났다.

정답
가) ① 나) ② 다) ③
가) 개최 나) 개발 다) 개학

7. 거(居)

발음	의미
거	집, 살다

★ 써 보십시오.

居	居	居	居	居	居

★ 다음 어휘의 의미를 추측해서 연결해 보십시오.

가. 거실(居室) • • ① 어떤 장소에 삶, 사는 곳

나. 거주(居住) • • ② 집에서 가족이 다 같이 모일 수 있는 큰 방

다. 동거(同居) • • ③ 같이 삶, 같은 방을 씀

★ 다음 문장에 맞는 어휘를 써 보십시오.

가. 요즘은 결혼 전에 (　　　)하다가 결혼식을 하는 사람들이 많다.

나. 그 사람은 주소가 확실하지 않아서 어디에 (　　　)하는지 잘 모르겠다.

다. 침실과 부엌은 작은데 (　　　)이/가 커서 마음에 든다.

한자 어휘 넓히기

거(拒)

의미: 막다, 방어하다, 거부하다

예문: 직원 복지를 위해 회사 내에 체육시설을 만들어 달라는 제안을 회사에서 거부했다.

거(擧)

의미: 들다, 일으키다, 행하다

예문: 이 의견에 찬성하는 사람은 손을 드세요. 눈을 감고 거수하겠습니다.

거(去)

의미: 가다, 버리다, 지나간 세월

예문: 냉장고 속의 음식 냄새를 제거하려면 커피나 숯을 넣어 두는 것이 좋다.

정답

가) ②　　나) ①　　다) ③

가) 동거　　나) 거주　　다) 거실

8. 건(建)

발음	의미
건	세우다, 일으키다

★ 써 보십시오.

建	建	建	建	建	建

★ 다음 어휘의 의미를 추측해서 연결해 보십시오.

가. 건물(建物) • • ① 여러 가지 재료를 이용하여 집을 만들거나 빌딩을 세움

나. 건의(建議) • • ② 어떤 문제에 대해 의견이나 희망 사항을 말함

다. 건축(建築) • • ③ 사람이 살기 위해 지은 집이나 창고, 빌딩

★ 다음 문장에 맞는 어휘를 써 보십시오.

가. 그는 학교에 새 도서관을 세울 것을 ( )하였다.

나. 이 ( ) 안에서는 절대로 흡연을 하면 안 된다.

다. 한국의 옛날 집과 현대의 집은 ( )하는 방법이 다르다.

한자 어휘 넓히기

건(件)
의미: 어떤 특정한 일이나 사건, 사물 등을 세는 단위
예문: 올해 이 지역에서 교통사고가 3건이나 발생하였다.

건(健)
의미: 건강하다, 튼튼하다, 굳세다
예문: 최근 검은콩이 두피 건강에 좋다는 연구 결과가 발표되었다.

건(乾)
의미: 마르다, 말리다, 하늘
예문: 샤워를 너무 자주 하면 피부가 건조해지기 쉽다.

정답

가) ③ 나) ② 다) ①

가) 건의 나) 건물 다) 건축

9. 검(檢)

발음	의미
검	검사하다, 조사하다

★ 써 보십시오.

檢	檢	檢	檢	檢	檢

★ 다음 어휘의 의미를 추측해서 연결해 보십시오.

가. 검사(檢査) • • ① 책이나 컴퓨터에서 필요한 자료들을 찾음
나. 검색(檢索) • • ② 잘 살피고, 옳고 그름을 조사하여 판단함
다. 점검(點檢) • • ③ 하나하나 살피고 조사하여 확인함

★ 다음 문장에 맞는 어휘를 써 보십시오.

가. 옛날에는 모르는 것이나 궁금한 것이 있으면 사전이나 책 등을 찾아봤지만 요즘은 인터넷(으)로 (　　　)하면 다 알 수 있다.
나. 우리 아파트는 안전을 위해 한 달에 한번 엘리베이터를 (　　　)한다.
다. 간, 위, 폐 등 여러 곳을 한꺼번에 (　　　)하려면 개인병원보다 종합병원에 가는 것이 좋다.

한자 어휘 넓히기

검(儉)
의미: 검소하다, 낭비하지 않다.
예문: 그 대기업의 회장은 지하철을 타고 다니며 검소하게 사는 것으로 유명하다.

검(劍)
의미: 칼, 찌르다, 베다
예문: 칼을 사용하여 무술을 하는 것을 검술이라고 하는데 역사드라마에서 종종 볼 수 있다.

정답
가) ② 나) ① 다) ③
가) 검색 나) 점검 다) 검사

10. 견(見)

발음	의미
견	보다, 보이다

★ 써 보십시오.

見	見	見	見	見	見

★ 다음 어휘의 의미를 추측해서 연결해 보십시오.

가. 견해(見解) • • ① 아직 알려지지 않은 것을 처음 찾음
나. 발견(發見) • • ② 실제 경험 없이 앞서 생긴 고정적인 생각
다. 선입견(先入見) • • ③ 어떤 것에 대한 자신의 생각이나 의견

★ 다음 문장에 맞는 어휘를 써 보십시오.

가. 암은 조기에 ( )해야 치료하기가 쉽다.
나. 이번 토론회는 각계각층 전문가들의 ( )을/를 듣기 위해 마련했다.
다. 혈액형으로 사람의 성격을 판단하는 것은 ( )(이)라고 생각한다.

한자 어휘 넓히기

견(堅)
의미: 굳다, 굳어지다
예문: 만일 실내에서 지진을 감지할 경우 깨지거나 넘어지기 쉬운 물건 주위를 피하고 견고한 탁자 밑이나 화장실로 대피해야 한다.

견(犬)
의미: 개, 하찮은 것의 비유
예문: 나라마다 명견들이 많은데 한국에서는 진돗개와 삽살개가 유명하다.

견(遣)
의미: 보내다, 떠나보내다
예문: 이번에 회사에서 미국으로 파견되어 2년 정도 가족과 떨어져서 살게 되었다.

견(牽)
의미: 이끌다, 끌다, 강제하다
예문: 교통사고로 차가 많이 부서져서 할 수 없이 견인했다.

정답
가) ③ 나) ① 다) ②
가) 발견 나) 견해 다) 선입견

11. 결(決)

발음	의미
결	분별하다, 판단한다, 결정하다

★ 써 보십시오.

決	決	決	決	決	決

★ 다음 어휘의 의미를 추측해서 연결해 보십시오.

가. 결심(決心) • • ① 무엇을 하기로 마음을 먹음
나. 결정(決定) • • ② 어떤 일에 대해 확실하게 정함
다. 결승전(決勝戰) • • ③ 마지막 경기나 시합

★ 다음 문장에 맞는 어휘를 써 보십시오.

가. 새해부터는 담배를 끊기로 ( )했다.
나. 우리 팀이 상대팀을 이기고 ( )에 올랐다.
다. 다음 주까지 생각해 보고 ( )하겠습니다.

한자 어휘 넓히기

결(結)
의미: 열매를 맺다, 끝내다, 완성하다
예문: 그들은 첫눈에 반해서 결혼한 커플이다.

결(缺)
의미: 없다, 부족하다, 나오지 않다
예문: 나는 고등학교에 다니는 동안 한 번도 결석하지 않아서 졸업할 때 상을 받았다.

결(潔)
의미: 깨끗하다, 맑다, 바르다
예문: 면접시험을 볼 때는 간결하고 명확하게 대답해야 한다.

정답
가) ① 나) ② 다) ③
가) 결심 나) 결승전 다) 결정

12. 겸(兼)

발음	의미
겸	겸하다, 아울러, 쌓다

★ 써 보십시오.

兼	兼	兼	兼	兼	兼

★ 다음 어휘의 의미를 추측해서 연결해 보십시오.

가. 겸비(兼備) • • ① 어떤 일을 하면서 다른 일도 같이 함
나. 겸사(兼事) • • ② 여러 가지를 가지고 있음
다. 겸임(兼任) • • ③ 두 가지 이상의 일을 맡아서 함

★ 다음 문장에 맞는 어휘를 써 보십시오.

가. 그 배우는 이번 학기부터 우리 대학교에서 ( )교수로 강의를 한다.
나. 뮤지컬 배우가 되려면 노래 실력과 연기력을 ( )해야 한다.
다. 오랜만에 친구들도 만나고 ( ) 해서 결혼식 초대장도 주려고 동창회에 갔다.

한자 어휘 넓히기

겸(謙)
의미: 공손하다, 겸손하다
예문: 이번에 당선된 국회의원은 앞으로 이 지역의 개발을 위해 힘쓰고 겸허한 자세로 주민들의 목소리에 귀를 기울이겠다고 감사 인사를 했다.

정답
가) ② 나) ① 다) ③
가) 겸임 나) 겸비 다) 겸사

13. 경(經)

발음	의미
경	지나다, 세로, 길

★ 써 보십시오.

經	經	經	經	經	經

★ 다음 어휘의 의미를 추측해서 연결해 보십시오.

가. 경영(經營) • • ① 회사, 사업을 관리하고 운영함
나. 경제(經濟) • • ② 실제로 어떤 것을 해 보거나 겪는 것
다. 경험(經驗) • • ③ 생활에 필요한 것들을 생산, 소비, 분배하는 모든 활동

★ 다음 문장에 맞는 어휘를 써 보십시오.

가. 한국은 전쟁 후에 빠른 (　　　) 성장을 한 국가 중의 하나이다.
나. 다양한 아르바이트 (　　　)이/가 취업에 큰 도움이 되었다.
다. 나는 직장에서 경험을 쌓은 후에 직접 회사를 (　　　)하고 싶다.

한자 어휘 넓히기

경(警)
의미: 놀라다, 두려워하다, 경계하다
예문: 도망가는 도둑을 경찰이 뒤쫓고 있다.

경(景)
의미: 해, 햇볕, 경치, 밝다
예문: 동해는 바다도 아름답지만 해 뜨는 풍경도 참 아름답다.

경(競)
의미: 겨루다, 다투다, 나아가다
예문: 이번 대통령 선거에는 열 명의 후보가 경쟁할 것이다.

정답
가) ① 나) ③ 다) ②
가) 경제 나) 경험 다) 경영

14. 계(計)

발음	의미
계	계획, 의논하다, 세다

★ 써 보십시오.

計	計	計	計	計	計

★ 다음 어휘의 의미를 추측해서 연결해 보십시오.

가. 계산(計算) • • ① 은행에서 통장을 만들 때 주는 번호
나. 계획(計劃) • • ② 앞으로 할 일의 방법 등을 미리 생각함
다. 계좌번호(計座番號) • • ③ 수를 셈

★ 다음 문장에 맞는 어휘를 써 보십시오.

가. 은행 ( )을/를 알려 주시면 바로 돈을 보내겠습니다.
나. ( )은/는 카운터에 가서 해 주세요.
다. 일을 성공시키기 위해서는 미리 ( )을/를 잘 세워야 한다.

한자 어휘 넓히기

계(界)
의미: 경계, 이웃하다
예문: 은퇴한 후에 세계 여러 나라를 여행하고 싶다.

계(繼)
의미: 잇다, 이어 나가다
예문: 1인 가구가 계속 증가하고 있다.

계(季)
의미: 끝, 막내
예문: 2018년에 평창에서 23회 동계 올림픽 대회가 열렸다.

정답
가) ③ 나) ② 다) ①
가) 계좌번호 나) 계산 다) 계획

15. 고(高)

발음	의미
고	높다, 뛰어나다

★ 써 보십시오.

高	高	高	高	高	高

★ 다음 어휘의 의미를 추측해서 연결해 보십시오.

가. 고급(高級) • • ① 가장 좋거나 높음
나. 고등학교(高等學校) • • ② 질이나 수준이 높음
다. 최고(最高) • • ③ 중학교를 졸업한 후 가는 학교

★ 다음 문장에 맞는 어휘를 써 보십시오.

가. 무언가를 배울 때 수준에 따라 초급, 중급, (　　　)(으)로 나눈다.
나. 그 가수는 K-pop 오디션에서 심사위원들로부터 (　　　) 점수를 받았다.
다. 대학 입학률이 높은 (　　　)에 입학시키려고 이사를 가는 부모들이 많다.

한자 어휘 넓히기

고(古)
의미: 옛, 오래다
예문: 이집트와 잉카는 문화가 발달했던 고대 국가들이다.

고(苦)
의미: 맛이 쓰다, 어렵다, 괴롭다
예문: 처음 한국에 왔을 때 한국어를 하나도 몰라서 고생했다.

고(故)
의미: 옛날의, 이유
예문: 제 고향은 바다가 아름다운 부산입니다.

고(考)
의미: 생각하다, 살피다
예문: 2월 14일 밸런타인데이는 사랑하는 사람에게 초콜릿을 주면서 고백하는 날이다.

정답
가) ② 나) ③ 다) ①
가) 고급 나) 최고 다) 고등학교

16. 곤(困)

발음	의미
곤	괴롭다, 부족하다, 졸리다

★ 써 보십시오.

困	困	困	困	困	困

★ 다음 어휘의 의미를 추측해서 연결해 보십시오.

가. 곤란(困難) • • ① 어떤 일을 할 때 상황, 입장, 조건 등이 어려운 상태
나. 빈곤(貧困) • • ② 가난하여 살기가 어려움
다. 춘곤증(春困症) • • ③ 봄에 느끼는 나른한 기운의 증세

★ 다음 문장에 맞는 어휘를 써 보십시오.

가. 봄에는 특히 (　　　) 때문에 졸음운전을 하지 않도록 조심해야 한다.
나. 드라마나 뉴스에서 부유하게 사는 사람들의 이야기를 들으면 가끔 상대적 (　　　)감을 느낀다.
다. 처음 만나는 사람에게 나이나 직업, 결혼 여부 등의 대답하기 (　　　)한 질문을 하는 것은 실례이다.

한자 어휘 넓히기

곤(坤)
의미: 땅, 대지
예문: 한국 국기인 태극기에는 태극 모양과 하늘, 땅, 물, 불을 상징하는 '건곤감리'라는 4개의 괘가 있다.

정답
가) ①　나) ②　다) ③
가) 춘곤증　나) 빈곤　다) 곤란

17. 공(公)

발음	의미
공	공평하다, 숨기지 않고 나타내다

★ 써 보십시오.

公	公	公	公	公	公

★ 다음 어휘의 의미를 추측해서 연결해 보십시오.

가. 공개(公開) • • ① 연극이나 음악 등을 사람들 앞에서 보여줌
나. 공연(公演) • • ② 감추지 않고 알림
다. 공공장소(公共場所) • • ③ 모든 사람이 같이 사용하는 곳

★ 다음 문장에 맞는 어휘를 써 보십시오.

가. 연예인 중에는 비밀 연애를 하지 않고 (   ) 연애를 하는 사람들도 있다.
나. 뉴욕 브로드웨이는 연극, 뮤지컬을 (   )하는 극장이 많아서 유명하다.
다. (   )에서 시끄럽게 떠들거나 담배를 피우면 안 된다.

한자 어휘 넓히기

공(工)
의미: 기술, 만드는 일, 잘 만드는 사람
예문: 공부가 제일 쉽다고 말하는 사람들을 보면 부럽다.

공(共)
의미: 공동으로, 같이
예문: 정보를 공유하다가 개인 정보가 노출될 위험이 있으니 주의해야 한다.

공(空)
의미: 비어있다, 없다
예문: 인천공항은 크고 편리한 시설을 갖춘 국제공항이다.

공(攻)
의미: 치다, 공격하다
예문: 지금도 지구 어디에선가 군사 공격을 당하고 있는 나라들이 있다.

정답
가) ② 나) ① 다) ③
가) 공개 나) 공연 다) 공공장소

18. 과(過)

발음	의미
과	지나다, 들르다

★ 써 보십시오.

過	過	過	過	過	過

★ 다음 어휘의 의미를 추측해서 연결해 보십시오.

가. 과거(過去) • • ① 쉬지 않고 일해서 피곤이 쌓임
나. 과로(過勞) • • ② 옛날, 지난날
다. 과소비(過消費) • • ③ 물건을 지나치게 많이 사서 돈을 낭비함

★ 다음 문장에 맞는 어휘를 써 보십시오.

가. 그 사람은 ( )에는 나쁜 일을 많이 했지만 현재는 어려운 사람들을 열심히 돕고 있다.
나. 현대인의 병은 스트레스와 쉬지 않고 일하는 ( )에서 오는 경우가 많다.
다. 홈쇼핑과 온라인쇼핑이 오히려 ( )을/를 하게 한다.

한자 어휘 넓히기

과(科)
의미: 과목, 일정한 단계
예문: 의과대학에 진학하려면 국어나 외국어보다 수학이나 과학을 잘해야 한다.

과(課)
의미: 공부하다, 시험하다, 세금을 부과하다
예문: 전기요금, 가스요금 등의 공과금은 매달 내야 한다.

과(果)
의미: 과일, 열매
예문: 가을은 오곡백과가 풍성한 계절이다.

정답
가) ② 나) ① 다) ③
가) 과거 나) 과로 다) 과소비

쉬어가기 1

★ 여러분이 좋아하는 한국 가수는 누구입니까?

K-pop에서 한자 어휘 찾기

세계적으로 한국문화 콘텐츠들이 인기가 있습니다. 한국 사람들은 이것을 한류(韓流)라고 합니다. 한(韓)은 '한국', 류(流)는 '흐르는 물결'을 의미하지요. 그중에서 특히 한국노래와 가수들이 인기가 있는데요. 7명의 남자들로 구성된 '방탄소년단'은 총알을 막아낸다는 의미의 방탄(防彈), 젊은 남자들이라는 의미의 소년단(少年團)입니다. 10대의 힘들고 어려움을 막아낸다는 깊은 뜻이 있다고도 합니다. 이 외에도 동방신기(東方神起), 신화(神話), 소녀시대(少女時代), 여자친구(女子親舊), 우주소녀(宇宙少女), 볼빨간 사춘기(思春期) 등 많은 아이돌들이 세계인의 사랑을 받고 있습니다.

★ 윗글에서 언급한 가수들 외에 또 다른 한자어로 된 아이돌 그룹 이름을 이야기해 보십시오.

19. 관(觀)

발음	의미
관	보다, 보이게 하다, 나타내다

★ 써 보십시오.

觀	觀	觀	觀	觀	觀

★ 다음 어휘의 의미를 추측해서 연결해 보십시오.

가. 관객(觀客) • • ① 여기저기 다니면서 구경함
나. 관광(觀光) • • ② 영화나 공연을 보는 사람
다. 가치관(價値觀) • • ③ 자기 자신이 어떠한 것에 대해 가지는 생각이나 태도

★ 다음 문장에 맞는 어휘를 써 보십시오.

가. 그 공연을 보고 ( )들은 모두 일어나 박수를 쳤다.
나. 부산시는 버스로 시내를 다 구경할 수 있는 ( )버스를 운영하고 있다.
다. 면접시험에서 인생의 ( )을/를 묻는 질문이 가장 어려웠다.

한자 어휘 넓히기

관(關)
의미: 관계하다, 주고받다
예문: 사람에게 관심이 많아서 심리학을 전공하고 싶다.

관(管)
의미: 가늘고 긴 모양의 물건, 피리, 맡아서 하다
예문: 건강은 건강할 때 잘 관리해야 한다.

관(館)
의미: 집, 학교
예문: 외국에서 여권을 잃어버리면 자기 나라 대사관에 가서 도움을 받아야 한다.

정답
가) ② 나) ① 다) ③
가) 관객 나) 관광 다) 가치관

20. 괄(括)

발음	의미
괄	묶다, 담다, 찾다

★ 써 보십시오.

括	括	括	括	括	括

★ 다음 어휘의 의미를 추측해서 연결해 보십시오.

가. 두괄식(頭括式) • • ① 모든 일을 한데 묶어 통제하거나 지배함
나. 일괄(一括) • • ② 개별적인 여러 가지를 하나로 모아 놓음
다. 총괄(總括) • • ③ 글의 처음에 중심글이나 주제가 나오는 형식

★ 다음 문장에 맞는 어휘를 써 보십시오.

가. 그 사람은 서울, 경기 지역에 있는 지점들을 모두 담당하는 (   ) 책임자로 승진했다.

나. 주장하는 글을 쓸 때는 결론이 뒤에 나오는 미괄식보다 (   )이/가 더 효과적인 것 같다.

다. 이번 세미나에서 사용된 돈의 영수증을 하나하나 정리하기 어려워서 식비, 숙박비로 나누어 (   )적으로 처리했다.

한자 어휘 넓히기

괄(刮)
의미: 긁다, 깎다, 갈다
예문: 작년에 꼴찌였던 팀이 6개월 만에 준우승을 하며 괄목한 만한 성과를 거두어 팀감독과 선수들에게 특별 보너스와 휴가가 주어졌다.

괄(恝)
의미: 여유가 없다, 소홀히 하다
예문: 돈이 많거나 배운 것이 많다고 해서 그렇지 않은 사람을 무시하고 괄시하면 안 된다.

정답
가) ③ 나) ② 다) ①
가) 총괄 나) 두괄식 다) 일괄

21. 광(廣)

발음	의미
광	넓다, 넓어지다

★ 써 보십시오.

廣	廣	廣	廣	廣	廣

★ 다음 어휘의 의미를 추측해서 연결해 보십시오.

가. 광고(廣告) • • ① 사람들이 많이 모일 수 있는 넓은 곳
나. 광장(廣場) • • ② 신문이나, TV 등을 통해 사람들에게 알리는 것
다. 광역시(廣域市) • • ③ 한국에서 특별시 다음으로 도시를 나눌 때 쓰는 명칭

★ 다음 문장에 맞는 어휘를 써 보십시오.

가. 공공의 이익을 목적으로 많은 사람들에게 알리는 것을 공익( )(이)라고 한다.
나. 서울역 앞에 있는 서울역 ( )에는 항상 사람들이 많다.
다. 대한민국은 1개의 특별시, 6개의 ( ), 8개의 도, 1개의 특별자치도, 1개의 특별자치시로 행정구역을 구성한다.

한자 어휘 넓히기

광(光)
의미: 빛이 나다, 세월
예문: 인기 있는 드라마를 찍은 곳들은 관광지로 개발되는 경우가 많다.

광(狂)
의미: 미치다
예문: 인기 아이돌이 무대 위로 올라오자 팬들이 열광했다.

광(鑛)
의미: 쇠, 철
예문: 우리가 사용하는 스마트폰에는 금, 은, 희토류와 같은 광물이 사용된다.

정답
가) ② 나) ① 다) ③
가) 광고 나) 광장 다) 광역시

22. 교(教)

발음	의미
교	가르치다, 종교

★ 써 보십시오.

教	教	教	教	教	教

★ 다음 어휘의 의미를 추측해서 연결해 보십시오.

가. 교육(教育) • • ① 지식이나 기술 등을 가르치는 활동
나. 교과서(教科書) • • ② 신이나 초자연적인 힘을 믿는 것
다. 종교(宗教) • • ③ 학교에서 사용하는 책

★ 다음 문장에 맞는 어휘를 써 보십시오.

가. 그 사람의 시는 중학교 국어 (   )에 실려 있다.
나. 코로나19 바이러스로 인해 모든 (   ) 모임이 금지되었다.
다. 학교교육 외에 음악, 미술, 영어, 수학 학원 등의 사(   )에 많은 돈이 들어간다.

한자 어휘 넓히기

교(交)
의미: 사귀다, 주고 받다, 서로
예문: 물건을 교환할 때는 영수증이 필요하다.

교(校)
의미: 학교, 본받다, 가르치다
예문: 우리 집에서 학교까지 가까워서 매일 걸어 다녔다.

교(較)
의미: 비교하다, 같지 않다
예문: 호텔 예약을 할 때는 여러 예약 사이트에서 가격을 비교하는 것이 좋다.

정답
가) ① 나) ③ 다) ②
가) 교과서 나) 종교 다) 교육

23. 구(口)

발음	의미
구	입, 구멍

★ 써 보십시오.

口	口	口	口	口	口

★ 다음 어휘의 의미를 추측해서 연결해 보십시오.

가. 구어체(口語體) • • ① 글 쓸 때 사용하는 말이 아닌 말할 때 사용하는 어투

나. 가구(家口) • • ② 한집에서 같이 사는 사람

다. 출입구(出入口) • • ③ 나가고 들어오는 문

★ 다음 문장에 맞는 어휘를 써 보십시오.

가. 그 건물에 들어가지 못하도록 ( )을/를 막았다.

나. 보고서나 논문을 쓸 때는 ( )(으)로 쓰지 말고 문어체로 써야 한다.

다. 최근 혼자 사는 1인( )이/가 증가하고 있다.

한자 어휘 넓히기

구(購)
의미: 사다, 구매하다
예문: 요즘은 식료품도 온라인으로 구매한다.

구(區)
의미: 구분하다, 나누다
예문: 마스크를 쓸 때 앞과 뒤를 구분해서 써야 한다.

구(救)
의미: 돕다, 구원하다, 고치다
예문: 아파트에서 화재가 발생하여 119 구조대에 신고했다.

구(具)
의미: 갖추다, 구비하다
예문: 인간은 불과 도구를 사용하는 동물이다.

정답

가) ① 나) ② 다) ③

가) 출입구 나) 구어체 다) 가구

24. 국(國)

발음	의미
국	나라, 나라를 세우다

★ 써 보십시오.

國	國	國	國	國	國

★ 다음 어휘의 의미를 추측해서 연결해 보십시오.

가. 국민(國民) • • ① 나라에서 어떤 일을 축하하기 위해 특별히 정한 기념일

나. 국경일(國慶日) • • ② 한 나라의 국적을 가진 사람

다. 전국(全國) • • ③ 한 지역이 아닌 나라의 전체

★ 다음 문장에 맞는 어휘를 써 보십시오.

가. 10월 9일 한글날은 한글을 만든 것을 기념하는 (　　　)이다.

나. 내일은 (　　　)적으로 바람이 불고 비가 오겠습니다.

다. 국가와 (　　　)을/를 대표하는 대통령은 선거를 통해 뽑는다.

한자 어휘 넓히기

국(局)
의미: 구분, 관청
예문: 고향에 물건을 보내러 우체국에 갔다 왔다.

국(菊)
의미: 국화
예문: 가을이 되자 국화와 코스모스가 아름답게 피었다.

정답

가) ②　　나) ①　　다) ③
가) 국경일　　나) 전국　　다) 국민

25. 군(軍)

발음	의미
군	군사

★ 써 보십시오.

軍	軍	軍	軍	軍	軍

★ 다음 어휘의 의미를 추측해서 연결해 보십시오.

가. 군인(軍人) • • ① 비행기 등을 이용해 하늘에서 싸우는 군대
나. 공군(空軍) • • ② 전쟁 등으로부터 나라를 지키기 위해 훈련을 받는 사람
다. 독불장군(獨不將軍) • • ③ 무슨 일이든지 자기 마음대로 하는 사람

★ 다음 문장에 맞는 어휘를 써 보십시오.

가. 자기 말만 옳고 남의 말은 틀렸다고 하는 (　　　)은/는 친구가 없다.
나. 20세 이상의 한국 남자들은 육군, 해군, (　　　) 등 원하는 곳에 지원해 입대할 수 있다.
다. 드라마 '태양의 후예'는 (　　　)와/과 의사의 사랑 이야기이다.

한자 어휘 넓히기

군(君)
의미: 임금, 성이나 이름 뒤에 쓰여, 친구나 아랫사람을 부르는 호칭어
예문: 한국의 건국신화인 단군신화에는 곰이 사람이 되었다는 이야기가 나온다.

군(郡)
의미: 고을, 관청
예문: 행정기관으로 시에는 시청, 도에는 도청, 군에는 군청이 있다.

군(群)
의미: 무리, 동아리
예문: '군계일학'이라는 말은 '많은 닭 속에 섞여 있는 한 마리의 학'을 이르는 말로 많은 사람들 중에서 특별히 뛰어난 사람을 말한다.

정답
가) ② 나) ① 다) ③
가) 독불장군 나) 공군 다) 군인

26. 궁(窮)

발음	의미
궁	다하다, (극에) 달하다, 마치다

★ 써 보십시오.

窮	窮	窮	窮	窮	窮

★ 다음 어휘의 의미를 추측해서 연결해 보십시오.

가. 궁극적(窮極的) • • ① 끝까지 따져서 밝힘
나. 곤궁(困窮) • • ② 더할 수 없는 상황에 이름
다. 추궁(追窮) • • ③ 가난하여 살림이 어려움

★ 다음 문장에 맞는 어휘를 써 보십시오.

가. 그 사람은 경찰이 사건 당일 어디 있었는지를 (   )하자 당황한 표정을 지었다.
나. 아버지께서 실직하시고 병원에 입원하신 후 우리 집은 경제적인 (   )에 빠졌다.
다. 철학의 (   )인 목적은 진리를 찾는 데 있다.

한자 어휘 넓히기

궁(宮)
의미: 집, 가옥, 궁전
예문: 고기, 해산물에 채소를 넣고 국물을 부어 즉석에서 끓여먹는 신선로는 왕이나 귀족들만이 먹던 대표적인 궁중 요리이다.

궁(弓)
의미: 활
예문: 한국은 이번 국제 양궁 대회에서 우승했다.

정답
가) ② 나) ③ 다) ①
가) 추궁 나) 곤궁 다) 궁극적

27. 규(規)

발음	의미
규	법, 법칙

★ 써 보십시오.

規	規	規	規	規	規

★ 다음 어휘의 의미를 추측해서 연결해 보십시오.

가. 규정(規定) • • ① 어떤 일을 법이나 규정으로 제한하거나 금지하는 것
나. 규제(規制) • • ② 여러 사람이 함께 지키기로 결정한 질서나 법칙
다. 규칙(規則) • • ③ 회사나 학교, 단체 등에서 지키기로 정한 것

★ 다음 문장에 맞는 어휘를 써 보십시오.

가. 부모님께서 중·고등학교를 다니실 때는 두발 ( )이/가 있어서 머리를 항상 짧게 잘라야 했다고 한다.

나. 학교 방문자는 자세한 인적사항을 쓰는 것이 학교 ( )(이)므로 여기에 이름과 연락처를 써야 들어갈 수 있습니다.

다. 기숙사는 ( )이/가 엄격해서 이를 지키지 않으면 쫓겨날 수도 있다.

한자 어휘 넓히기

규(叫)
의미: 크게 외치다, 부르다, 부르짖다
예문: 그 아이는 지진으로 무너진 건물 밑에 가족들이 깔려 있으니 살려 달라고 절규했다.

규(糾)
의미: 얽히다, 꼬다, 모으다
예문: 국민들은 국회의원들의 부정부패를 규탄하며 피켓을 들고 거리로 나왔다.

정답
가) ③ 나) ① 다) ②
가) 규제 나) 규정 다) 규칙

28. 균(均)

발음	의미
균	고르다, 평평하다, 조절하다

★ 써 보십시오.

均	均	均	均	均	均

★ 다음 어휘의 의미를 추측해서 연결해 보십시오.

가. 균등(均等) • • ① 여러 수 또는 같은 종류의 양의 중간값을 갖는 수
나. 균형(均衡) • • ② 어느 한쪽으로 기울어지거나 치우치지 않고 고른 상태
다. 평균(平均) • • ③ 한쪽을 차별하지 않고 고름

★ 다음 문장에 맞는 어휘를 써 보십시오.

가. 술을 너무 많이 마시고 걸으면 ( )을/를 잃고 쓰러질 수 있다.
나. 민주 사회에서는 모든 시민에게 ( )한 기회를 주어야 한다.
다. 인간의 ( ) 수명이 점점 길어지는 것은 축복이지만 또 다른 한편으로는 재앙일 수도 있다.

한자 어휘 넓히기

균(菌)
의미: 버섯, 균
예문: 화장실, 주방 등 습기가 많은 곳은 세균이 번식하기 쉬우니 주의해야 한다.

정답
가) ③ 나) ② 다) ①
가) 균형 나) 균등 다) 평균

29. 근(根)

발음	의미
근	뿌리

★ 써 보십시오.

根	根	根	根	根	根

★ 다음 어휘의 의미를 추측해서 연결해 보십시오.

가. 근거(根據) • • ① 어떤 일이 생기게 된 사실이나 바탕
나. 근절(根絕) • • ② 다시 발생할 수 없도록 완전히 없애 버림
다. 화근(禍根) • • ③ 나쁜 일을 일으키는 원인

★ 다음 문장에 맞는 어휘를 써 보십시오.

가. 무심코 한 농담이 (   )이/가 되어 싸움으로 번졌다.
나. 학교폭력을 (   )하기 위해 학교 주변에 CCTV를 설치했다.
다. '아니 땐 굴뚝에 연기 날까'라는 속담은 '(   ) 없는 소문은 없다'는 뜻이다.

한자 어휘 넓히기

근(近)
의미: 가깝다
예문: 학교 근처 카페에는 공부하는 학생들이 많다.

근(勤)
의미: 부지런하다, 일
예문: 대부분 회사의 근무 시간은 오전 9시부터 오후 6시까지이다.

근(筋)
의미: 힘, 체력
예문: 필라테스와 스쿼트는 근력을 키우는 데 좋은 운동이다.

정답
가) ① 나) ② 다) ③
가) 화근 나) 근절 다) 근거

30. 금(金)

발음	의미
금	쇠, 돈, 금
김	사람 이름의 성

★ 써 보십시오.

金	金	金	金	金	金

★ 다음 어휘의 의미를 추측해서 연결해 보십시오.

가. 김(金) • • ① 국민으로서 나라에 내는 돈
나. 세금(稅金) • • ② 다른 금속이 섞이지 않은 100%의 금
다. 순금(純金) • • ③ 한국 사람의 성 중의 하나

★ 다음 문장에 맞는 어휘를 써 보십시오.

가. 젊은 사람들은 ( )보다는 14K나 18K를 더 좋아한다.
나. 과거에 비해 수입 자동차의 ( )이/가 낮아져서 구입하는 사람이 많다.
다. 한국에서 가장 많은 성은 ( ) 씨, 이 씨, 박 씨이다.

한자 어휘 넓히기

금(今)
의미: 이제, 혹은
예문: 친구에게 화를 내고 금방 후회했다.

금(禁)
의미: 금지하다, 규칙
예문: 이곳은 주차 금지 구역입니다.

금(琴)
의미: 궁중에서 사용하던 줄이 있는 악기
예문: 가야금은 열두 개의 줄이 있는 한국의 전통 악기이다.

정답
가) ③ 나) ① 다) ②
가) 순금 나) 세금 다) 김

31. 급(給)

발음	의미
급	넉넉하다, 더하다, 공급하다

★ 써 보십시오.

給	給	給	給	給	給

★ 다음 어휘의 의미를 추측해서 연결해 보십시오.

가. 급여(給與) • • ① 학교나 사무실에서 서류나 증명서를 내어 줌
나. 공급(供給) • • ② 필요한 곳에 물건 등을 제공함
다. 발급(發給) • • ③ 회사, 직장에서 일을 하면 주는 돈

★ 다음 문장에 맞는 어휘를 써 보십시오.

가. 비자를 (　　　)받기 위해 여러 가지 서류를 준비했다.
나. 그 회사는 일이 많은데 (　　　)은/는 적어서 직원들의 불만이 많다.
다. 그 섬에 사는 사람들은 식수가 부족해서 육지에서 물을 (　　　)받아 생활한다.

한자 어휘 넓히기

급(級)
의미: 등급, 계급, 순서
예문: 내 친구는 이번에 토픽시험에서 6급을 받았다고 한다.

급(急)
의미: 급하다, 갑자기, 빠르다
예문: 과학기술의 발달로 사회가 급변하고 있다.

급(及)
의미: 영향이 미치다, 어느 곳에 이르다, 닿다
예문: 학교 폭력 문제가 연예계에 큰 파급 효과를 끼쳤다.

정답
가) ③ 나) ② 다) ①
가) 발급 나) 급여 다) 공급

32. 긍(矜)

발음	의미
긍	불쌍히 여기다, 괴로워하다, 아끼다

★ 써 보십시오.

矜	矜	矜	矜	矜	矜

★ 다음 어휘의 의미를 추측해서 연결해 보십시오.

가. 긍지(矜持) • • ① 불쌍하게 생각해서 도움
나. 긍휼(矜恤) • • ② 자기 스스로 자랑하는 마음
다. 자긍심(自矜心) • • ③ 자신의 능력을 믿음으로써 생기는 당당함

★ 다음 문장에 맞는 어휘를 써 보십시오.

가. 자신을 다른 사람과 비교하지 않고, 긍정적인 마음으로 목표를 세우면 자신감과 (　　　)이/가 생긴다.

나. 나보다 불쌍한 사람을 보고 (　　　)히 여기는 마음이 생기면 다른 사람을 진심으로 도울 수 있다고 생각한다.

다. 내 직업은 남들이 볼 때는 보잘 것 없지만 나는 다른 사람들을 돕는다는 (　　　)을/를 가지고 일하고 있다.

한자 어휘 넓히기

긍(肯)

의미: 옳게 여기다

예문: '할 수 없다', '어렵다'와 같은 부정적인 생각보다 '괜찮다', '할 수 있다' 등의 긍정적인 생각을 가지는 것이 정신건강에 좋다.

긍(兢)

의미: 떨리다, 삼가다, 조심하다

예문: 할아버지가 아끼시는 도자기를 깨뜨렸는데 혹시 할아버지가 아시면 야단맞을까 봐 전전긍긍하고 있다.

정답

가) ③　　나) ①　　다) ②

가) 자긍심　　나) 긍휼　　다) 긍지

33. 기(氣)

발음	의미
기	기운, 숨, 공기

★ 써 보십시오.

氣	氣	氣	氣	氣	氣

★ 다음 어휘의 의미를 추측해서 연결해 보십시오.

가. 기온(氣溫) • • ① 대기의 온도
나. 인기(人氣) • • ② 어떤 자리나 상황에서 느낄 수 있는 기분
다. 분위기(雰圍氣) • • ③ 물건이나 사람에 대해 사람들이 좋아하거나 관심을 가지는 것

★ 다음 문장에 맞는 어휘를 써 보십시오.

가. 일교차는 아침과 저녁의 (　　　) 차이를 말한다.
나. 거실 (　　　)을/를 바꿔 보려고 가구를 교체했다.
다. 이번 공연에는 (　　　) 아이돌들이 출연한다고 해서 표를 구하기가 어려웠다.

한자 어휘 넓히기

기(記)
의미: 기록하다, 적다
예문: 날마다 일기를 쓰는 것은 쉬운 일이 아니다.

기(期)
의미: 만나다, 정하다, 기약하다
예문: 이번 학기에는 15학점을 수강해 바쁠 것 같다.

기(機)
의미: 기계, 틀
예문: 공장의 기계가 고장 나서 수리해야 한다.

정답
가) ① 나) ③ 다) ②
가) 기온 나) 분위기 다) 인기

34. 긴(緊)

발음	의미
긴	꼭 필요하다, 요긴하다, 팽팽하다

★ 써 보십시오.

緊	緊	緊	緊	緊	緊

★ 다음 어휘의 의미를 추측해서 연결해 보십시오.

가. 긴급(緊急) • • ① 재정을 든든히 하기 위해 지출을 많이 줄임
나. 긴장(緊張) • • ② 마음을 다잡아 정신을 바짝 차림
다. 긴축(緊縮) • • ③ 일이 중대하고도 급함

★ 다음 문장에 맞는 어휘를 써 보십시오.

가. 은행에서 빌린 돈으로 아파트를 사는 바람에 내년까지는 택시도 안 타고 도시락도 싸 가지고 다니면서 (　　　)해야 한다.
나. 드라마를 보고 있는데 갑자기 화면에 화재 사고가 (　　　)속보로 나왔다.
다. 모르는 사람들 앞에서 발표를 하려니 (　　　)돼서 땀이 나고 목소리도 떨렸다.

정답
가) ③ 나) ② 다) ①
가) 긴축 나) 긴급 다) 긴장

쉬어가기 2

★ 한국 드라마나 영화를 본 적이 있습니까?

K-드라마, 영화에서 한자 어휘 찾기

한국 노래와 함께 한국 영화(映畫)와 드라마도 세계인의 사랑을 받고 있는데요. 여러 영화제에서 수상한 봉준호 감독의 '기생충(寄生蟲)'은 생물의 몸에 붙어사는(寄生) 벌레(蟲)라는 의미입니다. 이 외에도 '설국열차(雪國列車)', '괴물(怪物)' 등이 많은 인기를 끌었습니다.

오랫동안 인기를 누렸던 역사(歷史) 드라마 '대장금(大長今)'과 '겨울연가(戀歌)', '김 비서(金秘書)가 왜 그럴까', '이태원(梨泰院) 클라쓰', '여신강림(女神降臨)' 등도 젊은이들의 사랑을 받은 K-드라마입니다.

★ 윗글에서 언급한 드라마나 영화 외에 기억에 남는 것은 무엇입니까? 그 이유는 무엇입니까?

제2과 ㄴ

시사 뉴스 살펴보기2: 문화

1. 다음에서 알맞은 어휘를 골라 빈칸을 채우십시오.

낭비	능숙	남녀노소	능력	논의
소외	무인화	문해	고령자	금융

1) 한국의 민속놀이 중 윷놀이는 (　　　) 구분 없이 온 가족이 즐길 수 있는 놀이이다.
2) 그 영화는 아파트라는 공간에서 주위 사람들에게서 (　　　)된 채 혼자 사는 주인공의 외로움과 공포를 다루었다.
3) (　　　)(이)란 단순히 글을 읽고 쓰는 것이 아니라 내용과 글의 흐름을 정확히 이해하는 것을 말한다.
4) 요즘 젊은이들은 독립해서 혼자 사는 경우가 많아 집안일을 (　　　)하게 한다.
5) 사장님은 고집이 너무 세서 더 이상 설득하는 것은 시간 (　　　)이니 그만 포기합시다.

2. 다음 문화 관련 기사를 읽고 물음에 답하십시오.

노인 디지털 소외 문제 해결 방안은 어디에

(가) 그러나 이처럼 편리한 사회에서 소외되고 있는 사람들이 존재한다. 대표적인 집단이 노인인데, 편리함을 위해 시작된 시스템이 기기 조작에 능숙하지 못한 이들에게 오히려 불편함을 주는 '디지털 소외'를 경험하는 것이다.

(나) 노인들은 생활 속에서 많은 기회를 잃고 있다. 디지털 소외에 대한 한 연구에 따르면, 만 55세 이상의 디지털 정보화(IT기기·인터넷 사용 능력) 수준은 국민 평균의 절반에 불과했다. 연령이 높아질수록 그 수준은 급격히 낮아지는 것으로 나타났다. 이를 해결하기 위해 노인복지시설에 교육로봇을 보급하거나, 생활형 디지털 문해 교육, 고령자 디지털 금융 교육 등이 추진되고 있으나 아직 만족스러운 결과를 낳지 못하고 있다.

(다) 최근 '무인화', '자동화' 등 사람이 필요 없는 사회가 급격히 진행되고 있고, 새로운 정보기술이 빠르게 발전하여 많은 정보는 디지털화되었다. 이제는 카페, 식당, 역, 영화관 등 여기저기에서 무인 발매기를 볼 수 있고 배달 앱, 쇼핑 앱 등을 통해 언제 어디서든 상품을 구매할 수 있다. 인력 낭비, 시간 낭비가 필요 없는 사회가 된 것이다.

(라) 남녀노소 모두의 디지털 능력 향상을 통해 정보와 지식이 고르고 평등하게 제공되는 사회를 이루기 위한 기술 성장 방안이 논의되어야 할 시점이다.

1) 다음을 순서대로 맞게 배열한 것을 고르십시오. (　　　)

① (가)-(다)-(나)-(라)　　② (나)-(라)-(다)-(가)
③ (다)-(가)-(나)-(라)　　④ (라)-(나)-(가)-(다)

2) 위 글의 내용과 같은 것을 고르십시오. (　　　)

① 무인 발매기 개발이 시작되었다.
② 고령자를 위한 디지털 교육이 필요하다.
③ 노인들은 은행을 이용하는 데 어려움이 없다.
④ 디지털 소외란 돈이 없어 디지털 기기를 구입하지 못하는 것을 말한다.

3) 30년 후의 미래에는 노인들이 어떤 어려움을 겪을지 예측해 보십시오.

정답

1. 1) 남녀노소　2) 소외　3) 문해　4) 능숙　5) 낭비
2. 1) ③　2) ②　3) 생략

토픽에서 시사한자 찾기2

1. 다음 글에서 'ㄴ'으로 시작하는 한자 어휘를 찾아 써 보십시오.

내비게이션은 목적지까지 길을 안내해 주는 기기이다. 내비게이션이 없이 낯선 곳에 갔다가 길을 못 찾아 진땀을 흘려 본 적이 있는 사람이라면 내비게이션이 얼마나 편리한지 느꼈을 것이다. 그러나 우리의 뇌는 스스로 정보를 찾았을 때 그 정보를 오래 기억하는 특성이 있다. 따라서 지나치게 디지털 기기에만 의존하다 보면 정보를 찾고 기억하는 능력이 점점 줄어들어 결국 그 능력을 사용할 수 없게 될지도 모른다.

출처: 제64회 한국어능력시험 읽기

1) (   )

2) (   )

2. 다음 (   )에 들어갈 한자 어휘를 보기에서 골라서 써 보십시오.

보기 낙관 난이도 노력 누적 능력

어떤 일을 다른 사람들과 함께 계획하고 추진하기 위해서는 그 사람들과의 원활한 인간관계가 필요하다. 다만 인간관계를 원활하게 하는 데에는 많은 대화가 요구되며, 이 과정에서 의사소통 (㉮)이/가 중요한 역할을 한다.

그런데 이러한 의사소통이 항상 원활히 이루어지는 것은 아니다. 사람들은 서로 다른 생활환경과 경험을 가지고 있고, 이는 사고방식의 차이로 이어지게 된다. 이러한 차이들이 의사소통을 어렵게 함과 동시에 새로운 갈등을 야기하기도 한다.

따라서 원활한 의사소통을 위한 적극적인 (㉯)이/가 필요하다. 우선 상대를 배려하는 입장에서 말을 하는 자세가 필요하다. 다음으로 다른 사람의 말을 잘 듣는 자세가 필요하다. 마지막으로 서로의 입장에서 현상을 바라보는 자세가 필요하다.

출처: 제52회 한국어능력시험 쓰기 모범 답안

1) ㉮ (   )

2) ㉯ (   )

정답

1. 1) 뇌　　2) 능력
2. 1) 능력　　2) 노력

한자 어휘 연습하기2

35. 나/라(羅)

발음	의미
나/라	벌이다, 그물

★ 써 보십시오.

羅	羅	羅	羅	羅	羅

★ 다음 어휘의 의미를 추측해서 연결해 보십시오.

가. 나열(羅列) • • ① 여러 물건들을 벌여 놓음
나. 나침반(羅針盤) • • ② 빠짐없이 모음
다. 망라(網羅) • • ③ 자석 바늘을 이용하여 방향을 가리키도록 만든 기기

★ 다음 문장에 맞는 어휘를 써 보십시오.

가. 이번에 출시된 음반에는 90년대에 유행한 한국 가요가 (   )되어 있다.
나. 그 사람이 취미로 모은 신발을 방에 (   )해 놓은 것을 보니 신발 가게에 온 것 같다.
다. 바다에서 (   )이/가 없으면 방향을 알 수 없다.

한자 어휘 넓히기

나(裸)
의미: 벗다, 벌거벗다
예문: 남편의 잘못이 적나라하게 공개되자 아내는 그 자리에서 기절하고 말았다.

나(拿)
의미: 붙잡다, 사로잡다
예문: 우리나라 어선이 인도양 바다에서 나포되었으나 아직 정확한 원인은 파악되지 않고 있다.

정답
가) ① 나) ③ 다) ②
가) 망라 나) 나열 다) 나침반

36. 난(難)

발음	의미
난	어렵다, 걱정, 근심

★ 써 보십시오.

難	難	難	難	難	難

★ 다음 어휘의 의미를 추측해서 연결해 보십시오.

가. 난이도(難易度) • • ① 어렵고 쉬운 정도
나. 가난(家難) • • ② 일자리가 적어서 직장을 구하기가 어려움
다. 취업난(就業難) • • ③ 집안에 돈이 없어서 경제적으로 힘든 상태

★ 다음 문장에 맞는 어휘를 써 보십시오.

가. (　　　)(으)로 인해 아르바이트를 하는 대졸자들이 많아지고 있다.
나. 수학을 잘하려면 처음에는 (　　　)이/가 낮은 문제로 시작해서 점점 수준을 높이는 것이 좋다.
다. 김 사장은 (　　　)한 가정에서 태어나 어렸을 때는 자주 밥을 굶었다고 한다.

한자 어휘 넓히기

난(暖)
의미: 따뜻하다
예문: 환경오염으로 지구 온난화 문제가 심각해지고 있다.

난/란(卵)
의미: 알, 기르다
예문: 나는 아침에 삶은 계란과 사과를 먹는다.

난/란(亂)
의미: 어지럽다, 다스리다
예문: 밤사이 홍수가 나서 잠자던 마을 사람들이 급하게 도망치느라고 난리가 났다.

정답
가) ① 나) ③ 다) ②
가) 취업난 나) 난이도 다) 가난

37. 남(男)

발음	의미
남	남자, 아들, 젊은이

★ 써 보십시오.

男	男	男	男	男	男

★ 다음 어휘의 의미를 추측해서 연결해 보십시오.

가. 남편(男便) • • ① 결혼하여 아내의 짝이 된 사람

나. 남녀노소(男女老少) • • ② 남자와 여자, 노인과 어린 사람이란 뜻으로 모든 사람을 말함

다. 장남(長男) • • ③ 둘 이상의 아들 중 첫째 아들

★ 다음 문장에 맞는 어휘를 써 보십시오.

가. 불고기와 갈비는 ( ) 할 것 없이 모두 좋아하는 음식이다.

나. 과거와 달리 요즘은 직장생활을 하지 않고 집에서 가사 일을 하는 ( )이/가 증가하고 있다.

다. 옛날에는 ( )이/가 부모님을 모셔야 한다고 생각했지만, 이제는 따로 사는 가정이 많다.

한자 어휘 넓히기

남(南)
의미: 남쪽
예문: 이 집은 남향이라 햇볕이 잘 들어온다.

남/람(藍)
의미: 남색, 풀의 한 종류
예문: '청출어람'은 학생이나 후배가 선생님이나 선배보다 더 나을 때 쓰는 사자성어이다.

정답
가) ① 나) ② 다) ③
가) 남녀노소 나) 남편 다) 장남

38. 낭/랑(朗)

발음	의미
낭/랑	밝다, 환하다, 맑다

★ 써 보십시오.

朗	朗	朗	朗	朗	朗

★ 다음 어휘의 의미를 추측해서 연결해 보십시오.

가. 낭독(朗讀) • • ① 유쾌하고 쾌활함
나. 낭랑(朗朗) • • ② 소리가 명랑한 모습, 빛이 매우 밝음
다. 명랑(明朗) • • ③ 소리 내어 글을 읽음

★ 다음 문장에 맞는 어휘를 써 보십시오.

가. 그 아이는 잘 웃고 성격도 ( )해서 친구도 많고 같이 있으면 기분이 좋아진다.
나. 책을 눈으로만 읽는 것보다 소리를 내어 ( )하면 더 오래 기억된다고 한다.
다. 그 아이는 목소리가 ( )하여 수업 시간에 선생님이 늘 책을 읽히셨는데 결국 아나운서가 되었다.

한자 어휘 넓히기

낭/랑(浪)
의미: 물결, 파도
예문: 오늘은 풍랑이 심해서 바다로 낚시하러 가기 어렵다.

낭/랑(廊)
의미: 사랑채
예문: 인사동에는 그림을 전시해 놓은 작은 화랑들이 많다.

낭/랑(囊)
의미: 주머니, 주머니에 넣다
예문: 유럽은 젊은이들이 배낭여행을 하기에 좋다.

정답
가) ③ 나) ② 다) ①
가) 명랑 나) 낭독 다) 낭랑

39. 노(老)

발음	의미
노/로	늙다, 썩다

★ 써 보십시오.

老	老	老	老	老	老

★ 다음 어휘의 의미를 추측해서 연결해 보십시오.

가. 노인(老人) • • ① 사람이 태어나고 늙고 병들고 죽는 것
나. 노약자(老弱者) • • ② 나이가 많은 사람
다. 생로병사(生老病死) • • ③ 늙거나 약한 사람

★ 다음 문장에 맞는 어휘를 써 보십시오.

가. 농촌에는 젊은 사람들이 도시로 떠나고 ( )들만 남아 있는 경우가 많다.
나. 지하철이나 버스에는 ( )을/를 위한 자리가 있다.
다. 사람은 누구나 살면서 ( )의 고통을 겪는다.

한자 어휘 넓히기

노(努)
의미: 힘쓰다
예문: 다음 학기에는 꼭 장학금을 받기 위해 노력하겠습니다.

노/로(路)
의미: 길, 겪는 일
예문: 눈이 와서 도로가 미끄러우니 운전 조심하세요.

노(怒)
의미: 화내다, 성내다
예문: 국민들은 한 정치인의 계속되는 거짓말에 분노하였다.

정답
가) ② 나) ③ 다) ①
가) 노인 나) 노약자 다) 생로병사

40. 농(農)

발음	의미
농	농사, 농업

★ 써 보십시오.

農	農	農	農	農	農

★ 다음 어휘의 의미를 추측해서 연결해 보십시오.

가. 농업(農業) • • ① 농작물을 심어 가꾸는 산업 분야
나. 농촌(農村) • • ② 우유나 버터, 치즈와 같은 유제품을 만드는 농업
다. 낙농업(酪農業) • • ③ 농사를 짓는 사람들이 사는 마을

★ 다음 문장에 맞는 어휘를 써 보십시오.

가. 도시 생활에 지친 사람들이 (   )에 와서 농사를 배우기도 한다.
나. 1960년대까지 한국의 주요 산업은 (   )(이)었다.
다. 한국의 유제품 수준은 덴마크나 호주 등의 해외 (   )국들에 뒤지지 않는다.

한자 어휘 넓히기

농/롱(弄)
의미: 희롱하다, 가지고 놀다
예문: 내 친구는 웃기고 재미있는데 가끔 심한 농담을 해서 기분 나쁠 때가 있다.

농(濃)
의미: 짙다, 진하다, 맛이 좋다
예문: 이 야채 주스는 농축해서 만들었기 때문에 물에 타서 마시면 된다.

농(膿)
의미: 고름
예문: 콧물감기라고 생각하고 병원에 안 갔더니 축농증이 되어 두통이 심해졌다.

농(籠)
의미: 대바구니
예문: 한국프로농구는 1997년부터 시작되었고 현재 10개 구단을 유지하고 있다.

정답
가) ① 나) ③ 다) ②
가) 농촌 나) 농업 다) 낙농업

쉬어가기 3

★ 여러분이 다니는 길에서 제일 많이 볼 수 있는 간판은 무엇입니까?

길에서 한자 어휘 찾기

걸어 다닐 때 많은 표지판과 간판을 볼 수 있는데, 어떤 것이 한자어일까요? 거리의 이름을 보면 '○○로(路)'가 많지요? 그리고 식당(食堂)과 상점(商店)도 많고 곳곳에 버스 정류장(停留場), 버스전용차선(專用車線), 횡단보도(橫斷步道), 신호등(信號燈), 육교(陸橋)도 있습니다. 또 지하철(地下鐵)을 탈 때는 1호선(號線), 2호선, 3호선 등 각각 다른 색깔의 지하철역(驛)을 이용하거나 환승(換乘)역에서 다른 호선의 지하철로 갈아탈 수 있습니다.

★ 지하철이나 버스 안에서 찾아볼 수 있는 한자 어휘는 어떤 것이 있습니까?

MEMO

제3과 ㄷ

시사 뉴스 살펴보기3: 국제

1. 다음에서 알맞은 어휘를 골라 빈칸을 채우십시오.

경비대	보도	대부분	당국	다양
다문화	분류	이민	귀화	형태

1) 정부는 이번 탈북자 문제와 관련하여 북한 (   )에 회담을 요청하였다.
2) 인터넷의 발달로 국제 무역의 (   )이/가 변화되고 있다.
3) 미국은 다양한 이민자들로 구성된 대표적인 (   ) 국가이다.
4) 그 사람은 한국인과 결혼해 한국에 (   )하였다.
5) 국회(   )은/는 국회를 대상으로 하는 테러 등에 대비하고 국회를 방문하는 중요 인사에 대한 경호 활동을 한다.

2. 다음 국제 관련 기사를 읽고 물음에 답하십시오.

㉠ ______________________________

26일 인도양에서 보트 엔진 고장으로 표류하던 난민 81명이 인도 해안경비대에 의해 구조되었다. 외신 보도에 따르면 보트에서는 식수와 식량 부족으로 숨진 시신도 발견됐다고 한다. (   ) 81명의 생존자 대부분도 심신이 쇠약한 상태였고, 심각한 탈수증상을 보인 것으로 알려졌다.

인도 당국은 이들의 건강 회복을 위해 식량과 물, 약품, 의류 등을 제공했다. 당국 관계자는 "이들을 안전하게 돌려보내기 위해 논의 중"이라며 "생존자들을 살리기 위해 다양한 방법을 강구하고 있다"고 밝혔다.

1) 밑줄 친 ㉠에 들어갈 수 있는 제목으로 좋은 것을 고르십시오. (   )

① 인도양에서 난민 배 표류 중
② 인도양에서 엔진 고장 배 수리
③ 인도양 발견 배에서 사망자 발생
④ 인도양에 표류 중인 난민 구조돼

2) (   )에 들어갈 알맞은 것을 고르십시오. (   )

① 즉　② 그리고　③ 그래서　④ 그렇지만

한국의 다문화 가정 100만 명 넘어

통계청의 조사에 따르면 다문화 가구 수가 지난해 100만 명을 넘어서 전체 인구의 2%를 차지한다고 한다. 즉 대한민국에서 만나는 100명 중 2명은 다문화 가정이라는 이야기이다.

통계청이 분류하는 다문화 가구는 결혼이민자와 귀화자가 포함된 가구를 말한다. 통계자료를 보면 전통적 다문화 가구로 분류된 한국인과 결혼한 외국인과 그 자녀들뿐 아니라 귀화인(외국인), 결혼하여 이민 온 외국인과 그 자녀 등 다양한 형태의 다문화 가구들도 국내에 생겨나고 있다.

3. 위의 글을 쓴 목적으로 알맞은 것을 고르십시오. (　　　)

① 다문화 가정 지원을 강조하기 위해서
② 다문화 가구의 다양성을 설명하기 위해서
③ 다문화 가정의 자녀 교육법을 제시하기 위해서
④ 다문화 가정을 위한 정책 부재를 지적하기 위해서

정답

1. 1) 당국　2) 형태　3) 다문화　4) 귀화　5) 경비대
2. 1) ④　2) ②　3. ②

토픽에서 시사한자 찾기3

1. 다음 글에서 'ㄷ'으로 시작하는 한자 어휘를 찾아 써 보십시오.

멸종 위기에 처한 동물을 보호하려는 노력이 계속되고 있으나 주된 연구와 지원이 몇몇 동물에 쏠리고 있어 문제가 되고 있다. 한 조사에 따르면 동물 보호 기금의 모금 액수도 북극곰, 판다같이 인기 있는 동물들에게 편중되었다고 한다. 이런 가운데 그간 관심을 받지 못했던 동물들을 보호하기 위한 단체가 등장했다. 그들은 못생기고 혐오감을 준다는 이유만으로 외면당한 동물들을 대중에게 알리는 활동을 한다.

출처: 제64회 한국어능력시험 읽기

1) (　　　　　　)
2) (　　　　　　)
3) (　　　　　　)
4) (　　　　　　)

2. 다음 (　　　)에 들어갈 한자 어휘를 보기에서 골라서 써 보십시오.

보기 다양　단계적　단체　대기업　대폭

4차 산업은 그 분야가 (㉮)하지만 연구 개발이 핵심 원동력이라는 점에서 공통점을 갖고 있다. 정부는 신성장 산업에 대한 세제 지원을 확대하기로 했다. 신성장 기술에 해당하는 연구할 경우 세금을 (㉯) 낮춰 준다는 점에서 고무적인 일이다. 하지만 현재의 지원 조건이라면 몇몇 (㉯)에만 유리한 지원이 될 수 있다. 이번 정책의 목적이 단지 연구 개발 지원에 있는 것이 아니라 연구 개발을 유도하고 독려하고자 하는 것이라면, 해당 조건을 완화하거나 (㉱)(으)로 적용할 필요가 있다.

출처: 제60회 한국어능력시험 읽기

1) ㉮ (　　　　　　)
2) ㉯ (　　　　　　)
3) ㉰ (　　　　　　)
4) ㉱ (　　　　　　)

정답

1. 1) 동물　2) 단체　3) 등장　4) 대중
2. 1) 다양　2) 대폭　3) 대기업　4) 단계적

한자 어휘 연습하기3

41. 다(多)

발음	의미
다	많다, 더 좋다

★ 써 보십시오.

多	多	多	多	多	多

★ 다음 어휘의 의미를 추측해서 연결해 보십시오.

가. 다양(多樣) • • ① 재능이 많고 잘하는 것이 많음
나. 다문화(多文化) • • ② 종류가 많음
다. 다재다능(多才多能) • • ③ 여러 나라 문화가 섞여 있음

★ 다음 문장에 맞는 어휘를 써 보십시오.

가. 레몬 소주, 복숭아 소주 등 ( )한 맛의 소주가 개발되었다.
나. 요즘 아이돌은 ( )해서 노래와 춤뿐만 아니라 연기도 잘한다.
다. 한국도 미국처럼 여러 나라에서 이민 온 사람들이 많아져서 ( ) 가정이 많아졌다.

한자 어휘 넓히기

다(茶)
의미: 차, 차나무
예문: 차를 마실 때에는 특별한 예의가 있는데 이것을 '다도'라고 한다.

정답

가) ② 나) ③ 다) ①
가) 다양 나) 다재다능 다) 다문화

42. 단(短)

발음	의미
단	짧다, 작다, 가깝다

★ 써 보십시오.

短	短	短	短	短	短

★ 다음 어휘의 의미를 추측해서 연결해 보십시오.

가. 단기(短期) • • ① 짧은 기간
나. 단점(短點) • • ② 부족하거나 좀 모자라는 것
다. 단편(短篇) • • ③ 길지 않고 짧게 만든 소설이나 영화

★ 다음 문장에 맞는 어휘를 써 보십시오.

가. 면접을 볼 때 자기소개나 앞으로의 계획을 물어보면 대답하기 쉽지만, 자신의 (　　　)을/를 물어볼 때는 어떻게 답변해야 할지 모르겠다.
나. 인천 국제공항 주차장은 일주일 이상 주차할 수 있는 장기 주차장과 몇 시간씩 주차가 가능한 (　　　) 주차장으로 나뉘어 있다.
다. 그 영화감독은 유명해지기 전까지 짧은 (　　　) 영화를 많이 만들었다.

한자 어휘 넓히기

단(團)
의미: 둥글다, 모이다
예문: 동물 보호와 환경 보호를 위해 시민단체들이 나서고 있다.

단(單)
의미: 하나, 오직
예문: 한국어 초급반에서 중급반으로 올라오니 배우는 단어가 많고 어려워졌다.

단(端)
의미: 끝, 길이의 단위, 실마리
예문: 면접시험을 볼 때는 단정한 옷차림을 해야 한다.

정답
가) ① 나) ② 다) ③
가) 단점 나) 단기 다) 단편

43. 당(堂)

발음	의미
당	집

★ 써 보십시오.

堂	堂	堂	堂	堂	堂

★ 다음 어휘의 의미를 추측해서 연결해 보십시오.

가. 강당(講堂) • • ① 음식을 사서 먹을 수 있는 곳
나. 식당(食堂) • • ② 많은 사람이 들어갈 수 있고, 다 같이 모여서 운동이나 시합을 할 수 있는 큰 장소
다. 어학당(語學堂) • • ③ 언어를 배울 수 있는 기관

★ 다음 문장에 맞는 어휘를 써 보십시오.

가. 전교생이 ( )에 모여 합창대회를 했다.
나. 학교 안에 있는 학생( )은/는 음식이 싼 편이다.
다. 요즘은 대학교마다 한국어를 가르치는 한국( )이/가 있다.

한자 어휘 넓히기

당(當)
의미: 마땅하다, 밑바닥
예문: 고등학교 3학년 학생들은 1년 동안 대입 수능 시험을 준비하는 것도 중요하지만 수능 시험 당일 컨디션도 중요하다.

당(黨)
의미: 무리
예문: 대통령이 속한 당을 여당, 그렇지 않은 당을 야당이라고 한다.

당(唐)
의미: 길, 도로, 갑자기, 당황하다
예문: 처음 만나는 사람이 전화번호를 물어봐서 당황했다.

정답
가) ② 나) ① 다) ③
가) 강당 나) 식당 다) 어학당

44. 대(大)

발음	의미
대	크다, 심하다, 높다

★ 써 보십시오.

大	大	大	大	大	大

★ 다음 어휘의 의미를 추측해서 연결해 보십시오.

가. 대기업(大企業) • • ① 직원이 많은 큰 회사
나. 대학교(大學校) • • ② 고등학교를 졸업하면 갈 수 있는 학교
다. 대중교통(大衆交通) • • ③ 버스나 지하철과 같이 많은 사람이 이용하는 교통수단

★ 다음 문장에 맞는 어휘를 써 보십시오.

가. 그 (　　　)은/는 캠퍼스가 커서 걸어 다니기가 힘들다.
나. 취직하기가 쉽지 않은데, 특히 (　　　)에 취직하는 것은 하늘의 별 따기이다.
다. (　　　)을/를 이용할 때 교통카드를 사용하는 것이 편하다.

한자 어휘 넓히기

대(對)
의미: 대답하다, 마주하다
예문: 가족 간의 대화가 부족하면 부모와 자녀 사이에 문제가 생길 가능성이 높다.

대(待)
의미: 기다리다, 대비하다
예문: 아파트에 화재가 발생하여 주민들이 근처 초등학교로 대피하였다.

대(代)
의미: 대신하다, 교체하다
예문: 그 사람은 올림픽에 출전할 태권도 국가 대표 선수가 되었다.

정답
가) ①　나) ②　다) ③
가) 대학교　나) 대기업　다) 대중교통

45. 도(圖)

발음	의미
도	그림, 책

★ 써 보십시오.

圖	圖	圖	圖	圖	圖

★ 다음 어휘의 의미를 추측해서 연결해 보십시오.

가. 도서관(圖書館) • • ① 땅이나 산 등의 지리를 그려놓은 것
나. 시도(試圖) • • ② 책을 빌리거나 읽을 수 있는 곳
다. 지도(地圖) • • ③ 어떤 일을 하려고 함, 해 봄

★ 다음 문장에 맞는 어휘를 써 보십시오.

가. 우리 학교는 시험 기간에는 24시간 (   )을/를 개방한다.
나. 요즘은 지피에스(GPS)가 있어서 종이로 된 (   )이/가 필요 없다.
다. 번지 점프를 하고 싶어서 여러 번 (   )하다가 너무 무서워서 포기했다.

한자 어휘 넓히기

도(度)
의미: 법, 법도, 자
예문: 이곳은 사고가 많이 나는 지역이어서 운전할 때는 속도를 줄여야 한다.

도(到)
의미: 어떤 장소나 시간에 맞추다, 가다
예문: 오늘은 주말이라 제시간에 도착하려면 지하철을 이용하는 것이 좋다.

도(都)
의미: 마을, 동네
예문: 나이가 들면 도시를 떠나 조용한 시골에 살고 싶어 하는 사람들이 많다.

도(島)
의미: 섬, 산
예문: 제주도는 한국에서 제일 큰 섬이다.

정답
가) ② 나) ③ 다) ①
가) 도서관 나) 지도 다) 시도

46. 독(獨)

발음	의미
독	홀로, 혼자, 다만, 오직

★ 써 보십시오.

獨	獨	獨	獨	獨	獨

★ 다음 어휘의 의미를 추측해서 연결해 보십시오.

가. 독립(獨立) • • ① 다른 것의 지배를 받거나 의지하지 않는 상태
나. 독창적(獨創的) • • ② 여럿이 아닌 한 사람, 다른 것과 차별되는 하나
다. 단독(單獨) • • ③ 다른 것을 따라 하지 않고 새롭게 만들거나 생각 해 내는 것

★ 다음 문장에 맞는 어휘를 써 보십시오.

가. (　　　)주택은 관리하기가 어려워서 아파트를 선호하는 사람들이 많아지고 있다.
나. 기사에 따르면 요즘 가족으로부터 (　　　)하여 혼자 생활하는 1인 가구가 늘고 있다고 한다.
다. 자기소개서를 쓸 때는 다른 사람의 글을 베끼지 말고 (　　　)(으)로 써야 한다.

한자 어휘 넓히기

독(讀)
의미: 읽다, 이해하다, 계산하다
예문: 소설을 좋아하는 나는 대학교에 입학한 후 독서 동아리에 가입했다.

독(督)
의미: 감독하다, 살펴보다, 재촉하다
예문: 운동선수들은 감독의 지시에 따라 매일 힘든 훈련을 한다.

독(毒)
의미: 독, 해치다, 죽이다, 괴로워하다, 괴롭히다
예문: 이번에 유행하는 독감은 노인들에게 더 빠르게 확산될 것이라고 한다.

정답
가) ①　　나) ③　　다) ②
가) 단독　　나) 독립　　다) 독창적

47. 동(東)

발음	의미
동	동쪽, 오른쪽, 주인

★ 써 보십시오.

東	東	東	東	東	東

★ 다음 어휘의 의미를 추측해서 연결해 보십시오.

가. 동남아(東南亞) • • ① 아시아의 동남부. 베트남, 필리핀, 인도네시아 등

나. 동대문(東大門) • • ② 서울의 동쪽에 있는 큰 정문, '흥인지문'이라고도 함

다. 동문서답(東問西答) • • ③ 질문과 전혀 상관없는 대답을 말함

★ 다음 문장에 맞는 어휘를 써 보십시오.

가. 너무 긴장해서 취미가 뭐냐는 면접관의 질문에 '경영학과입니다'라고 (　　)을/를 하고 말았다.

나. 한국인이 가장 가고 싶어 하는 여행지는 경치가 아름답고 바다가 있어 가족들과 즐길 수 있는 (　　) 국가라고 한다.

다. 서울의 사대문은 조선 시대에 만들어졌는데, 동쪽에는 (　　), 남쪽에는 남대문, 서쪽에는 돈의문, 북쪽에는 숙정문이 있다.

한자 어휘 넓히기

동(動)
의미: 움직이다, 옮기다, 흔들리다
예문: 철새들은 겨울이 되면 남쪽으로 이동했다가 봄이 되면 다시 돌아온다.

동(童)
의미: 아이, 어리석다
예문: 그 작가는 아이들이 읽을 수 있는 동화책을 주로 쓴다.

동(同)
의미: 함께, 한가지, 같이하다, 합치다
예문: 시험 성적이 동일한 경우 출석률이 좋은 학생에게 장학금을 주기로 했다.

동/통(洞)
의미: 골, 골짜기/밝다, 꿰뚫다, 통하다
예문: 단군신화에는 곰이 동굴에서 마늘과 쑥만 먹고 사람이 되었다는 이야기가 나온다.

정답

가) ①　　나) ②　　다) ③
가) 동문서답　　나) 동남아　　다) 동대문

48. 등(登)

발음	의미
등	오르다, 올리다, 더하다

★ 써 보십시오.

登	登	登	登	登	登

★ 다음 어휘의 의미를 추측해서 연결해 보십시오.

가. 등교(登校) • • ① 산에 올라가는 것
나. 등산(登山) • • ② 공부하러 학교에 감
다. 등장인물(登場人物) • • ③ 드라마, 영화, 소설 등에 나오는 사람

★ 다음 문장에 맞는 어휘를 써 보십시오.

가. 한국은 산이 많아서 주말마다 ( )을/를 하는 사람이 많다.
나. 밤사이 내린 폭설로 초등학교는 오늘 ( )을/를 안 한다고 한다.
다. 그 영화의 ( )와/과 배경은 실제 사건을 바탕으로 하였다.

한자 어휘 넓히기

등(等)
의미: 등급, 계급, 순위
예문: 한국어능력시험은 6개의 등급으로 나뉜다.

등(燈)
의미: 등잔, 등불
예문: 어두워서 위험했는데 가로등이 설치된 후 안심하고 다닐 수 있게 되었다.

정답
가) ② 나) ① 다) ③
가) 등산 나) 등교 다) 등장인물

★ 여러분의 고향에서는 어떤 인사를 제일 많이 합니까?

인사에서 한자 어휘 찾기

한국 사람들은 처음 만났을 때도, 오랜만에 만났을 때도 항상 '안녕(安寧)하세요?'라고 인사를 합니다. '안녕하세요?'가 한자어인 것을 아시나요? '편안하다'라는 의미의 '안(安)'과 같은 의미의 '녕(寧)'으로 이루어진 말이지요. 그 외에도 자주 사용하는 인사인 '감사(感謝)합니다', '미안(未安)합니다', '죄송(罪悚)합니다', '실례(失禮)합니다', '수고(受苦)하세요' 등에도 한자어가 들어있습니다.

★ 한국의 인사 중에서 한자 어휘가 아닌 것은 무엇인지 찾아보십시오.

MEMO

제4과 口

시사 뉴스 살펴보기4: 안보

1. 다음에서 알맞은 어휘를 골라 빈칸을 채우십시오.

무기	미래	매진	면적	목적
최첨단	국방력	잠수함	항공모함	징병제

1) 한국은 일정한 나이가 되면 의무적으로 군대에 가야 하는 (　　)을/를 실시하고 있다.
2) 이제는 옛날처럼 총이나 칼과 같은 (　　)(으)로 하는 전쟁이 아니다.
3) 한 나라가 가진 군사력과 무기 보유, 재정 등을 (　　)(이)라고 한다.
4) 그 회사는 컴퓨터와 인공지능을 이용한 (　　) 시스템을 도입하여 새 공장을 지을 것이라고 발표했다.
5) 한국은 신무기 개발을 위해 해마다 많은 예산을 투자하여 연구에 (　　)한다.

2. 다음 안보 관련 기사를 읽고 물음에 답하십시오.

최첨단 무기 생산으로 한국 국방력 증강

(㉠) 한국이 무기를 독자적으로 만들기 시작한 지 40년이 지났고, 불과 7, 8년 만에 군사 강국이 되었다. 최근 공개된 한국형 최첨단 무기를 볼 때 앞으로 5년 안에 한국의 국방력이 비약적으로 증가할 것으로 세계 국방 전문가들은 미래를 예견하고 있다. (㉡)

육군, 해군, 공군 모두 무기를 (　　) 꾸준히 자체 개발에 매진하고 있다. 레이더 기술이 중요한 전투기의 경우는 최첨단 자체 개발 레이더 기술 개발에 성공하였다. 한국은 3면이 바다여서 잠수함의 운용이 쉽고, 전투능력도 뛰어나다. 거기에다가 세계 최고 수준의 미사일 6개를 발사할 수 있는 잠수함이 새로 개발되었다.

한국은 앞으로도 계속적이고 적극적인 군사력 증강 보강 계획을 가지고 있다. 국방비 예산은 해마다 8%씩 증가하고 있으며, 한국의 군사력은 현재 세계 5위~7위를 차지하고 있다. (㉢) 국방의 목적이 단순한 국가적 안보가 아니라 70년 째 전쟁 대비를 위한 준비를 해 오고 있기 때문이다. 특히 영국이나 프랑스와 같이 핵무기와 항공모함을 보유한 국가보다 더 높은 수준을 유지하는 이유는 현역 병력과 대규모의 육군 전력 때문으로 추정된다. 이것은 한국이 모병제가 아닌 징병제로 국민이 병역의 의무를 수행하고 있는 국가이기 때문이다. (㉣)

1) (　　　)에 들어갈 알맞은 것을 고르십시오. (　　　)

① 수출을 통해
② 외국에서 수입해서
③ 외국의 기술을 도입해
④ 수입에 의존하지 않고

2) 위의 글에서 〈보기〉의 문장이 들어가기에 가장 알맞은 곳을 고르십시오. (　　　)

보기　이는 국토의 면적에 비해 매우 높은 수준이라고 할 수 있다.

① ㉠　　② ㉡　　③ ㉢　　④ ㉣

3) 한국의 군대 복무기간은 육군 18개월, 해군 20개월, 공군 22개월입니다. 여러분은 몇 개월이 적당하다고 생각하십니까? 그 이유는 무엇입니까?

정답

1. 1) 징병제　2) 무기　3) 국방력　4) 최첨단　5) 매진
2. 1) ④　2) ③　3) 생략

토픽에서 시사한자 찾기4

1. 다음 글에서 'ㅁ'으로 시작하는 한자 어휘를 찾아 써 보십시오.

『박철수의 거주 박물지』는 건축학자가 서울을 중심으로 한 거주 문화사를 소개한 책이다. 중산층이 아파트를 왜 선호하게 되었는가와 같은 물음들을 도면과 신문 기사를 곁들여 풀어내는 식이다. 무엇보다 독자들이 더 흥미롭게 읽을 수 있도록 문답의 형식으로 구성되어 있다. 이웃과 정답게 살아가는 모습을 그려내고자 하는 미래의 건축학도에게 추천하고 싶다.

출처: 제60회 한국어능력시험 읽기

1) (　　　　　　　　)
2) (　　　　　　　　)
3) (　　　　　　　　)
4) (　　　　　　　　)

2. 다음 (　　　)에 들어갈 한자 어휘를 보기에서 골라서 써 보십시오.

보기: 마련　면접　목적　미각　미식가

요리사 박찬일 씨가 에세이집 『(㉮)의 허기』를 펴냈다. 이 책에는 서민들이 일상적으로 먹던 음식들이 계절별로 소개되어 있다. 그러나 음식에 대한 내용만 담겨 있는 것은 아니다. 산지에서 음식 재료를 생산하기 위해 애쓰는 사람들, 그 재료로 뜨거운 불 앞에서 음식을 준비하는 사람들에 대한 이야기도 있다. 이 책은 (㉯)을 자극하기보다는 한 끼 식사가 (㉰)되는 과정의 어려움을 일깨운다.

출처: 제52회 한국어능력시험 읽기

1) ㉮ (　　　　　　　　)
2) ㉯ (　　　　　　　　)
3) ㉰ (　　　　　　　　)

정답

1. 1) 문화사　2) 물음　3) 문답　4) 미래
2. 1) 미식가　2) 미각　3) 마련

한자 어휘 연습하기4

49. 마(馬)

발음	의미
마	말

★ 써 보십시오.

馬	馬	馬	馬	馬	馬

★ 다음 어휘의 의미를 추측해서 연결해 보십시오.

가. 출마(出馬) • • ① '하늘이 높고 말이 살찐다'는 뜻으로 가을이 좋은 계절임을 의미함

나. 죽마고우(竹馬故友) • • ② '대나무 말을 타고 놀던 옛날 친구'라는 뜻으로 어렸을 때부터 가까이 지낸 친구를 말함

다. 천고마비(天高馬肥) • • ③ 선거에 후보자로 나감

★ 다음 문장에 맞는 어휘를 써 보십시오.

가. 이 친구는 초등학교 때부터 알고 지낸 (　　　)(이)라서 서로 비밀이 없다.

나. 오늘 밤 서울시장 선거에 (　　　)하는 후보자들의 TV 토론이 있다.

다. 무더운 여름이 지나고 (　　　)의 계절인 가을이 되었다.

한자 어휘 넓히기

마(磨)
의미: 갈다, 닦다, 고생하다
예문: 그 드라마는 주인공이 복수를 위해 산속에서 검술을 연마한 후 원수를 갚는다는 내용이다.

마(魔)
의미: 악마, 마귀, 마술
예문: 어렸을 때 모자 속에서 비둘기가 나오는 마술을 보고 마술사가 되고 싶었다.

마(摩)
의미: 문지르다, 갈다, 비비다
예문: 요즘은 집집마다 안마 의자나 안마기가 하나씩은 있다.

정답
가) ③　　나) ②　　다) ①
가) 죽마고우　　나) 출마　　다) 천고마비

50. 만(滿)

발음	의미
만	차다, 가득하다, 넉넉하다

★ 써 보십시오.

滿	滿	滿	滿	滿	滿

★ 다음 어휘의 의미를 추측해서 연결해 보십시오.

가. 만원(滿員) • • ① 마음에 들어 부족함이 없음
나. 만족(滿足) • • ② 어떤 것에 대한 사람들의 결정이 모두 같음
다. 만장일치(滿場一致) • • ③ 정해진 인원수가 다 채워짐

★ 다음 문장에 맞는 어휘를 써 보십시오.

가. 우리 학교는 이번에 모은 성금을 (　　　)(으)로 동물보호단체에 기부하기로 했다.
나. 출퇴근 시간의 지하철은 항상 (　　　)(이)라서 발 디딜 틈이 없다.
다. 백화점은 고객이 (　　　)할 때까지 서비스를 제공하겠다고 했다.

한자 어휘 넓히기

만(萬)
의미: 일만, 대단히, 매우 많은, 크다
예문: 만일 내가 로또복권에 당첨된다면 세계여행을 하고 싶다.

만(晩)
의미: 늦다, (해가)저물다, 저녁, 늦은 밤, 노년, 끝
예문: '대기만성'이란 '큰 그릇을 만드는 데에는 시간이 오래 걸린다'는 뜻으로, 성공하기 위해서는 많은 시간과 노력이 필요하다는 것을 의미한다.

만(漫)
의미: 흩어지다, 넓다, 넘치다
예문: 요즘은 만화를 드라마로 만든 것이 인기가 많다.

정답
가) ③　나) ①　다) ②
가) 만장일치　나) 만원　다) 만족

51. 망(望)

발음	의미
망	바라다, 원하다, 기대하다

★ 써 보십시오.

望	望	望	望	望	望

★ 다음 어휘의 의미를 추측해서 연결해 보십시오.

가. 망원경(望遠鏡) • • ① 바라고 기대하는 마음
나. 소망(所望) • • ② 멀리 있는 것을 보기 위해 렌즈를 사용해 만든 물건
다. 원망(怨望) • • ③ 분하고 마음에 안 들어 탓하고 미워함

★ 다음 문장에 맞는 어휘를 써 보십시오.

가. 음력 4월 8일 '부처님 오신 날'에는 연꽃 모양의 등에 (　　)을/를 적어서 절에 걸어 두는 사람들이 많다.
나. 날씨가 좋은 날에는 남산서울타워 전망대에서 (　　)(으)로 인천 앞바다를 볼 수 있다.
다. 사춘기 아이들은 외모가 마음에 들지 않는다고 부모를 (　　)하는 경우가 많다.

한자 어휘 넓히기

망(網)
의미: 그물, 조직, 엮다
예문: 한국은 초고속 인터넷망이 깔려 있어 지하철 안에서도 실시간으로 드라마를 볼 수 있다.

망(忘)
의미: 잊다, 버리다, 끝나다
예문: 나는 요즘 건망증이 심해져서 안경을 끼고도 안경을 찾을 때가 있다.

망(亡)
의미: 망하다, 잃다, 없애다
예문: 고려는 1392년 이성계에 의해 멸망되고 조선이 건국되었다.

정답
가) ② 나) ① 다) ③
가) 소망 나) 망원경 다) 원망

52. 매(每)

발음	의미
매	늘, 언제나, 각각, -마다

★ 써 보십시오.

每	每	每	每	每	每

★ 다음 어휘의 의미를 추측해서 연결해 보십시오.

가. 매번(每番) • • ① 하나하나의 모든 일
나. 매사(每事) • • ② 하루하루의 모든 날마다
다. 매일(每日) • • ③ 어느 때에나 모두

★ 다음 문장에 맞는 어휘를 써 보십시오.

가. 언니는 요즘 다이어트를 한다고 (   ) 사과 1개만 먹는다.
나. 어떤 일을 시작하는 것도 중요하지만 (   )에 마무리를 잘하는 것이 더 중요하다.
다. 그 사람은 나를 만날 때마다 (   ) 장미 한 송이씩을 준다.

한자 어휘 넓히기

매(賣)
의미: 팔다, 속이다
예문: 우리 집 앞에 있는 편의점에서는 '1+1' 판매 행사를 자주 한다.

매(妹)
의미: 누이, 누이동생, 소녀, 여자
예문: 내 친구와 나는 많이 닮아서 자매 같아 보인다고 한다.

매(埋)
의미: 묻다, 땅에 파묻다, 장사 지내다
예문: 쓰레기 매립은 토양 오염의 원인 중 하나이다.

정답
가) ③ 나) ① 다) ②
가) 매일 나) 매사 다) 매번

53. 면(面)

발음	의미
면	얼굴, 겉, 모양

★ 써 보십시오.

面	面	面	面	面	面

★ 다음 어휘의 의미를 추측해서 연결해 보십시오.

가. 면도(面刀) • • ① 얼굴을 마주 대함
나. 면접(面接) • • ② 얼굴의 털이나 수염을 깎는 일
다. 장면(場面) • • ③ 영화, 드라마 등의 한 상황, 모습

★ 다음 문장에 맞는 어휘를 써 보십시오.

가. 요즘 수염이 나기 시작한 남동생에게 생일선물로 ( )기를 사 줄까 한다.
나. 필기시험은 통과했고 ( ) 시험만 남았는데 실수할까 봐 걱정이다.
다. 그 영화의 마지막 ( )은/는 너무 감동적이어서 계속 기억이 난다.

한자 어휘 넓히기

면(眠)
의미: 잠자다
예문: 수면 부족이 계속되면 병에 걸릴 확률이 높아진다.

면(免)
의미: 벗다, 면하다
예문: 인천공항 면세점은 크고 물건도 다양해서 쇼핑하기 좋다.

면(勉)
의미: 힘쓰다, 부지런히 일하다, 권하다
예문: 그 사람은 자신의 성공 비결이 성실과 근면이라고 말했다.

정답
가) ② 나) ① 다) ③
가) 면도 나) 면접 다) 장면

54. 명(名)

발음	의미
名	이름

★ 써 보십시오.

名	名	名	名	名	名

★ 다음 어휘의 의미를 추측해서 연결해 보십시오.

가. 명품(名品) • • ① 세계적으로 유명하고 비싼 브랜드의 제품
나. 서명(書名) • • ② 많은 사람에게 이름이 알려짐
다. 유명(有名) • • ③ 자신의 이름을 서류 등에 써넣음

★ 다음 문장에 맞는 어휘를 써 보십시오.

가. 그 지역은 포도 생산지로 (　　　)하다.
나. 나는 유명하고 비싼 (　　　)보다는 실용적이고 품질이 좋은 물건을 더 좋아한다.
다. 계약 내용을 읽고 동의하시면 여기에 (　　　)해 주세요.

한자 어휘 넓히기

명(命)
의미: 목숨, 명령
예문: 의학기술의 발달로 인간의 수명이 길어지고 있다.

명(明)
의미: 밝다, 나타나다
예문: 그 바닷물은 깨끗하고 투명해서 물고기와 해초들이 다 보인다.

명(冥)
의미: 어둡다, 깊숙하다
예문: 생각할 일이 많아서 머리가 복잡할 때에는 눈을 감고 조용히 명상을 하는 것이 도움이 된다.

정답
가) ① 나) ③ 다) ②
가) 유명 나) 명품 다) 서명

55. 모(母)

발음	의미
모	어머니, 나이 많은 여자, 근본

★ 써 보십시오.

母	母	母	母	母	母

★ 다음 어휘의 의미를 추측해서 연결해 보십시오.

가. 모국(母國) • • ① 아버지와 어머니
나. 모녀(母女) • • ② 외국에 가 있을 때 자신의 나라를 말함
다. 부모(父母) • • ③ 어머니와 딸

★ 다음 문장에 맞는 어휘를 써 보십시오.

가. (　　　)이/가 살아계실 때 효도해야 나중에 후회하지 않는다.
나. 그 사람은 프랑스어를 (　　　)어로 쓰는 사람이다.
다. 두 사람은 (　　　) 사이인데 어머니가 젊어 보여 자매처럼 보인다.

한자 어휘 넓히기

모(毛)
의미: 털
예문: 동물 보호 단체들이 모피 코트 반대 운동을 벌이고 있다.

모(募)
의미: 모으다, 뽑다
예문: 이 사건은 그 사람이 친구와 공모하여 벌인 사기극으로 밝혀졌다.

모(模)
의미: 본받다, 법
예문: 대전시는 이 지역에 대규모 관광지를 만들 계획이라고 발표했다.

정답
가) ② 나) ③ 다) ①
가) 부모 나) 모국 다) 모녀

56. 목(目)

발음	의미
목	눈

★ 써 보십시오.

目	目	目	目	目	目

★ 다음 어휘의 의미를 추측해서 연결해 보십시오.

가. 목적(目的) • • ① 직접 어떤 것을 본 사람
나. 목격자(目擊者) • • ② 이루려고 하는 일
다. 제목(題目) • • ③ 글, 작품 등에서 내용을 알려 주기 위한 이름

★ 다음 문장에 맞는 어휘를 써 보십시오.

가. 책을 읽지 않아도 (   )만 보면 대충 내용을 알 수 있다.
나. 경찰이 지난주 일어난 교통사고의 (   )을/를 찾고 있다.
다. 우리 학교의 설립 (   )은/는 훌륭한 예술가를 키우는 것이다.

한자 어휘 넓히기

목(木)
의미: 나무
예문: 이번 주 월요일부터 목요일까지 4일간 시험 기간이다.

목(牧)
의미: 말과 소 등을 놓아기르다, 치다
예문: 강원도에는 양을 치는 목장이 많이 있다.

목(睦)
의미: 화목하다
예문: 화목한 가정에서 어린 시절을 보냈다.

목(沐)
의미: 머리를 감다
예문: 요즘은 대중목욕탕에 가는 사람들이 많지 않다.

정답
가) ② 나) ① 다) ③
가) 제목 나) 목격자 다) 목적

57. 무(無)

발음	의미
무	없다, 아니다

★ 써 보십시오.

無	無	無	無	無	無

★ 다음 어휘의 의미를 추측해서 연결해 보십시오.

가. 무료(無料) • • ① 있음과 없음
나. 무리(無理) • • ② 요금이 없음
다. 유무(有無) • • ③ 일반적인 것에서 심하게 벗어남

★ 다음 문장에 맞는 어휘를 써 보십시오.

가. 나는 이번 학기에 1등을 해서 다음 학기 등록금은 전액 (　　　)(이)라고 한다.
나. (　　　)한 다이어트를 하면 건강이 나빠질 수 있다.
다. 고속도로에 가기 전에 자동차의 이상 (　　　)을/를 확인하는 것이 필요하다.

한자 어휘 넓히기

무(武)
의미: 용감하다, 굳세다, 무기
예문: 태권도는 한국의 전통 무술이다.

무(貿)
의미: 바꾸다, 사다, 무역하다
예문: 일본에서 온 내 친구는 한국어, 영어, 중국어를 모두 잘해서 큰 무역회사에 취직했다.

무(舞)
의미: 춤추다, 춤
예문: 세계적인 현대 무용가의 공연을 본 적이 있다.

정답
가) ② 나) ③ 다) ①
가) 무료 나) 무리 다) 유무

58. 문(文)

발음	의미
문	글, 문장, 문서

★ 써 보십시오.

文	文	文	文	文	文

★ 다음 어휘의 의미를 추측해서 연결해 보십시오.

가. 문법(文法) • • ① 음악, 미술 등 한 사회의 생각이나 삶의 모습, 행동
나. 문화(文化) • • ② 공부에 필요한 연필, 공책, 지우개 등의 물건
다. 문구(文具) • • ③ 언어를 사용할 수 있게 하는 방법, 법칙

★ 다음 문장에 맞는 어휘를 써 보십시오.

가. 다른 나라를 여행하면 음식과 건물, 사는 모습 등 그 나라의 ( )을/를 느낄 수 있어서 좋다.
나. 한국어와 일본어는 ( )이/가 비슷해서 배우기가 쉬운데, 한국어와 중국어는 완전히 달라서 배우기 어렵다.
다. 요즘에는 캐릭터가 있는 예쁜 공책이나 수첩 같은 ( )이/가 인기가 많다.

한자 어휘 넓히기

문(聞)
의미: 듣다, 알다
예문: 온라인이 발달하면서 종이로 만든 신문이 점점 사라지고 있다.

문(問)
의미: 질문하다
예문: 이번 시험에는 단답형 문제, OX형 문제, 의견을 쓰는 문제가 출제된다.

문(門)
의미: 문, 대문
예문: 초등학교 교문 앞에는 많은 학원 차들이 학생들을 태우려고 기다리고 있다.

정답
가) ③ 나) ① 다) ②
가) 문화 나) 문법 다) 문구

59. 미(美)

발음	의미
미	아름답다, 예쁘다

★ 써 보십시오.

美	美	美	美	美	美

★ 다음 어휘의 의미를 추측해서 연결해 보십시오.

가. 미국(美國) • • ① 지도상에서 캐나다 남쪽에 있고 수도가 워싱턴인 나라

나. 미술(美術) • • ② 그림으로 표현하는 예술

다. 미용실(美容室) • • ③ 머리를 자르거나 염색 등을 하기 위해 가는 곳

★ 다음 문장에 맞는 어휘를 써 보십시오.

가. 한국 영화 〈기생충〉이 ( ) 아카데미 시상식에서 4개 부문을 수상했다.

나. 나는 ( )에는 소질이 없어서 그림을 잘 그리는 사람을 보면 부럽다.

다. 기분전환으로 머리를 자르려고 ( )에 갔다.

한자 어휘 넓히기

미(未)
의미: 아니다, 못하다, 아직
예문: 머지않은 미래에 집안일 하는 인공지능 로봇, 우주여행이 현실이 될 것이다.

미(迷)
의미: 미혹하다
예문: 한국에서는 숫자 '4'가 죽음과 연관되어 있다는 미신을 믿는 사람들이 있어서 건물 '4층' 대신 'F층'으로 표기하기도 한다.

미(味)
의미: 맛, 기분, 취향
예문: 학생들의 흥미를 끌기 위해 노래와 영화로 한국어를 배우는 반을 개설했다.

정답

가) ① 나) ② 다) ③

가) 미국 나) 미술 다) 미용실

60. 민(民)

발음	의미
민	백성

★ 써 보십시오.

民	民	民	民	民	民

★ 다음 어휘의 의미를 추측해서 연결해 보십시오.

가. 민속(民俗) • • ① 사람들 사이에 전해 내려온 습관이나 풍습
나. 민주주의(民主主義) • • ② 국민이 나라의 주인이고 권력을 가진다는 사상
다. 이민(移民) • • ③ 다른 나라로 이사하는 것

★ 다음 문장에 맞는 어휘를 써 보십시오.

가. 주말에 ( )촌에 가서 한국 사람들의 옛날 생활과 문화를 구경했다.
나. 지나친 입시 위주의 교육이 싫어서 다른 나라로 ( )을/를 가고 싶어하는 부모들이 있다.
다. ( )이/가 처음 시작된 곳은 고대 그리스의 도시국가였다고 한다.

한자 어휘 넓히기

민(敏)
의미: 아주 빠르다, 영리하다
예문: 나는 피부가 민감한 편이라서 화장품이나 비누를 아무거나 사용할 수 없다.

민(悶)
의미: 답답하다, 깨닫지 못했다
예문: 내가 좋아하는 사람을 내 친구도 좋아해서 고민이다.

정답
가) ① 나) ② 다) ③
가) 민속 나) 이민 다) 민주주의

쉬어가기 5

★ 여러분이 제일 좋아하는 한국 음식은 무엇입니까?

음식에서 한자 어휘 찾기

한국에서는 사람들을 초대하여 음식(飮食)을 대접할 때 "차린 것은 없지만 많이 드세요." 라고 합니다. 그런데 차려 놓은 음식을 보면 반찬(飯饌)이 너무 많아서 "상다리가 부러지게 차리셨네요!"라는 말이 나오지요.

한국에서 먹을 수 있는 음식은 한식(韓食), 일식(日食), 중식(中食), 양식(洋食) 등 종류별로 많습니다. 학생들은 떡볶이나 라면, 만두(饅頭)와 같은 분식(粉食)을 좋아하고, 잔치에는 잡채(雜菜)가 빠지지 않습니다. 그리고 여름에는 냉면(冷麵)과 시원한 빙수(氷水)가 아이스크림만큼 인기가 있습니다.

★ 한국의 음식 중에서 한자어 '육'이 들어간 음식은 무엇입니까?

MEMO

제5과 ㅂ

시사 뉴스 살펴보기5: 환경

1. 다음에서 알맞은 어휘를 골라 빈칸을 채우십시오.

발전	빙하	방치	반성	배출
변환	화석연료	멸종	해수면	탄소

1) 지구상에서 공룡이 (　　　)된 주요 원인은 극심한 추위라는 학설이 있다.
2) 눈이 오랫동안 쌓여 육지의 일부를 덮고 있는 얼음층을 (　　　)(이)라고 한다.
3) 탄산음료는 물에 이산화(　　　)을/를 녹여 만든 음료이다.
4) 환경부는 매연이 많이 나오는 차량을 줄이기 위해 자동차 (　　　)가스 등급제를 실시해 5등급 차량의 운행을 제한하고 있다.
5) 해발고도를 측정하는 기준은 (　　　)인데, 해발고도가 100미터라면 평균 해수면에서 100미터 높은 곳에 있다는 의미이다.

2. 다음 환경 관련 기사를 읽고 물음에 답하십시오.

지구온난화 대책 마련 활발

4월 22일 지구의 날을 맞아 지구온난화 대책을 마련하기 위한 각계의 움직임이 활발하다. 지구온난화는 석유나 석탄 등의 화석연료 사용, 각종 교통수단의 이용, 산업용 에너지의 발전으로 인해 심화되고 있는데 한국뿐만 아니라 전 세계가 지구온난화로 고통받고 있다. 매년 기온이 상승하면서 빙하가 녹아내려 극지방의 동물들은 멸종 위기에 놓여 있다. (　　　) 이러한 현상을 방치한다면 해수면의 지속적인 상승과 기상 이변 현상으로 인간도 삶의 터전을 잃어 더 이상 생존하지 못하게 될 것이다.

여러 환경 단체에서는 이러한 지구온난화 문제를 알리기 위한 홍보를 계속하고 있으며, 이에 대한 반성과 함께 대책 마련을 위한 연구에 기업의 기부금들이 몰리고 있다. 또한, 정부에서는 햇빛, 물, 지열 등을 변환하여 이용하는 신재생 에너지 연구와 함께 탄소 배출을 줄이기 위한 다양한 정책을 내놓고 있다.

1) (   )에 들어갈 알맞은 것을 고르십시오. (   )

① 게다가　② 만일
③ 왜냐하면　④ 그러므로

2) 위 글의 내용과 같은 것을 고르십시오. (   )

① 빙하가 녹으면서 해수면이 낮아지고 있다.
② 지구온난화의 대책 중 하나는 화석연료 사용 증가이다.
③ 신재생 에너지란 햇빛, 물, 지열 등을 활용하는 에너지이다.
④ 지구의 남쪽에 위치한 국가들이 지구온난화의 영향을 더 많이 받는다.

3) 개인이 지구온난화 문제를 해결할 수 있는 방법은 무엇인지 이야기해 보십시오.

정답

1. 1) 멸종　2) 빙하　3) 탄소　4) 배출　5) 해수면
2. 1) ②　2) ③　3) 생략

토픽에서 시사한자 찾기5

1. 다음 글에서 'ㅂ'으로 시작하는 한자 어휘를 찾아 써 보십시오.

나비 박사 석주명은 나비의 종류를 분류하고 이름을 지어 준 생물학자이다. 1931년부터 나비를 연구한 그는 한국의 나비가 총 844종이라는 당시의 분류를 248종으로 수정하였다. 날개 무늬나 모양이 조금만 달라도 다른 종이라고 판단한 기존의 분류가 틀렸음을 배추흰나비 16만여 마리의 무늬를 비교해서 밝혔다. 또한, 그때까지 한자어나 외래어로 명명된 나비에 '떠들썩 팔랑나비'와 같은 고유어 이름을 지어 주는 데 앞장섰다.

출처: 제64회 한국어능력시험 읽기

1) ( )
2) ( )
3) ( )

2. 다음 ( )에 들어갈 한자 어휘를 보기에서 골라서 써 보십시오.

보기 방향 보장 보완 보호 분야

보수와 진보의 개념은 정치뿐만 아니라 경제 (㉮)에서도 사용된다. 자유를 중시하는 보수주의자들은 자유가 최대한 (㉯)될 때 경제 성장이 가능하다고 본다. 반면 평등을 우선시하는 진보주의자들은 국가가 개입하여 시장 경제 체제의 불평등을 해소해야 한다고 주장한다. 보수와 진보 중 어느 하나의 입장만이 옳다고 단정하기는 어렵다. 보수와 진보가 서로 (㉰)하여 상호 균형을 이룰 때 경제는 더 발전적인 (㉱)(으)로 나아갈 수 있을 것이다.

출처: 제52회 한국어능력시험 읽기

1) ㉮ ( )
2) ㉯ ( )
3) ㉰ ( )
4) ㉱ ( )

정답

1. 1) 박사 2) 분류 3) 비교
2. 1) 분야 2) 보장 3) 보완 4) 방향

한자 어휘 연습하기5

61. 박(博)

발음	의미
박	넓다, 깊다, 많다

★ 써 보십시오.

博	博	博	博	博	博

★ 다음 어휘의 의미를 추측해서 연결해 보십시오.

가. 박사(博士) • • ① 교육이나 연구를 위한 많은 자료, 예술품 등을 모아 놓은 곳

나. 박물관(博物館) • • ② 어떤 것에 대해 깊이 있게 잘 알고 있는 사람

다. 박학다식(博學多識) • • ③ 배운 것이 많아 지식이 넓고 아는 것이 많음

★ 다음 문장에 맞는 어휘를 써 보십시오.

가. 경복궁 옆에는 역사적 유물들이 전시되어 있는 국립민속(　　　)이/가 있다.

나. 그 사람은 오랜 공부 끝에 드디어 (　　　) 학위를 받았다.

다. 김 선생님은 책도 많이 읽고 강연도 많이 들어서 그런지 정말 모르는 것이 없이 (　　　)하다.

한자 어휘 넓히기

박(朴)
의미: 성씨, 후박나무
예문: 신라는 흰 말이 낳은 알에서 태어난 박혁거세가 나라를 세웠다는 건국신화를 가지고 있다.

박(拍)
의미: 치다
예문: 손바닥을 마주쳐 소리를 내는 박수는 많이 치면 칠수록 건강에도 좋다고 한다.

박(迫)
의미: 핍박하다, 가난하고 어렵다
예문: 새엄마의 구박을 받던 여자아이가 후에 행복하게 된다는 옛날이야기는 동서양에 모두 있다.

정답

가) ② 나) ① 다) ③
가) 박물관 나) 박사 다) 박학다식

62. 반(半)

발음	의미
반	반, 가운데

★ 써 보십시오.

半	半	半	半	半	半

★ 다음 어휘의 의미를 추측해서 연결해 보십시오.

가. 반도(半島) • • ① 수나 양이 1/2을 넘음

나. 절반(折半) • • ② 하나를 둘로 똑같이 나눔

다. 과반수(過半數) • • ③ 한 부분이 육지와 연결되고 나머지 세 부분은 바다에 둘러싸여 있는 땅

★ 다음 문장에 맞는 어휘를 써 보십시오.

가. 모인 사람의 (　　　)이/가 찬성해야 이 법이 통과될 수 있다.

나. 세계 인구의 거의 (　　　)이/가 빈곤한 생활을 하고 있다는 조사 결과가 나왔다.

다. 한국과 이탈리아는 삼면이 바다인 (　　　) 국가이다.

한자 어휘 넓히기

반(反)
의미: 돌이키다, 되풀이하다
예문: 제일 좋은 외국어 공부 방법은 같은 표현을 여러 번 반복해서 듣고 말하는 것이다.

반(班)
의미: 나누다, 이별하다
예문: 그 아이는 친구들과의 관계도 좋고 리더십도 있어서 3년 내내 반장을 했다.

반(般)
의미: 한 가지, 두 가지와 같이 쓰는 단위, 돌다, 옮기다
예문: 결혼에 대한 전반적 인식이 바뀌어 가고 있다.

정답

가) ③ 나) ② 다) ①
가) 과반수 나) 절반 다) 반도

63. 발(發)

발음	의미
발	꽃이 피다, 쏘다, 일어나다

★ 써 보십시오.

發	發	發	發	發	發

★ 다음 어휘의 의미를 추측해서 연결해 보십시오.

가. 발전(發展) • • ① 사실, 결과, 작품 등을 사람에게 알림
나. 발표(發表) • • ② 길을 떠나거나 일을 시작함
다. 출발(出發) • • ③ 어떤 것을 쓸모 있게 만들거나 더 좋은 상태로 바꿈

★ 다음 문장에 맞는 어휘를 써 보십시오.

가. 전쟁 이후에 이룬 한국의 경제( )에 대하여 사람들은 '한강의 기적'이라고 말한다.
나. 국제올림픽위원회(IOC)는 2024년 하계올림픽이 프랑스에서 열린다고 ( )했다.
다. 우승 후보였던 그 선수는 100m 결선에서 부정 ( )(으)로 실격됐다.

한자 어휘 넓히기

발(髮)
의미: 몸에 난 털, 머리털
예문: 남자들이 머리를 자를 때 주로 이용하는 곳은 이발소인데, 요즘은 쉽게 찾아볼 수가 없다.

발(拔)
의미: 뽑다, 쳐서 빼앗다
예문: 장학금 신청자가 예년보다 많아져서 선발 기준이 까다로워졌다.

발(鉢)
의미: 스님의 밥그릇
예문: 밥이나 죽을 담는 사기로 만든 그릇을 사발이라고 한다.

정답
가) ③ 나) ① 다) ②
가) 발전 나) 발표 다) 출발

64. 방(方)

발음	의미
방	네모, 방향, 방법

★ 써 보십시오.

方	方	方	方	方	方

★ 다음 어휘의 의미를 추측해서 연결해 보십시오.

가. 방안(方案) • • ① 서울이 아닌 지역, 경기도, 강원도, 경상도, 전라도 등
나. 일방(一方) • • ② 어떤 문제를 해결하기 위해 만든 계획안
다. 지방(地方) • • ③ 양쪽이 아닌 한쪽 방향, 한쪽으로만

★ 다음 문장에 맞는 어휘를 써 보십시오.

가. (　　　)에서 서울로 온 학생들은 기숙사에서 살거나 원룸 등에서 자취를 한다.
나. 서울시는 젊은 세대들을 위한 주택 마련 (　　　)을/를 찾고 있다.
다. 비교적 도로가 넓은 강남에 비해 강북 지역에는 (　　　)통행 도로가 많아서 운전할 때 조심해야 한다.

한자 어휘 넓히기

방(放)
의미: 놓다, 내쫓다
예문: 청와대는 1988년부터 일반인들에게 개방되었다.

방(防)
의미: 막다, 맞서다
예문: 겨울철이 되면서 무료 독감 예방 주사를 맞기 위해 보건소를 찾는 사람이 늘어나고 있다.

방(訪)
의미: 찾다, 뵙다
예문: 방송국 직원이 아닌 방문객은 안내 데스크에서 신청서를 작성한 후 이름표를 받아야 출입할 수 있다.

정답
가) ② 나) ③ 다) ①
가) 지방 나) 방안 다) 일방

65. 배(配)

발음	의미
배	나누다, 짝을 지어 주다, 걸맞다

★ 써 보십시오.

配	配	配	配	配	配

★ 다음 어휘의 의미를 추측해서 연결해 보십시오.

가. 배달(配達) • • ① 물건 등을 직접 가져다가 줌
나. 배우자(配偶者) • • ② 어떤 일정한 기준을 정하여 각 개인에게 나눔
다. 분배(分配) • • ③ 결혼한 부부의 다른 한 편, 남편에게는 아내, 아내에게는 남편

★ 다음 문장에 맞는 어휘를 써 보십시오.

가. 한국은 ( ) 문화가 발달되어 있어서 어디에서든지 먹고 싶은 음식을 먹을 수 있다.
나. 무언가를 나누어야 할 때는 공평하게 ( )하는 것이 중요하다.
다. 한국 가족 관계에서는 촌수가 있어서 아버지의 형제는 삼촌, 이모와 고모의 자녀는 사촌인데 ( )은/는 촌수가 없는 무촌이다.

한자 어휘 넓히기

배(倍)
의미: 갑절, 점점 더, 많게 하다
예문: 2, 4, 6, 8은 2의 배수, 3, 6, 9, 12는 3의 배수이다

배(拜)
의미: 절하다, 굽히다
예문: 새해에 부모님과 어른들께 하는 절을 세배라고 한다.

배/북(北)
의미: 달아나다/북쪽
예문: 축구 경기에서 연장전까지 했지만 결국 2:1로 패배했다.

정답
가) ① 나) ③ 다) ②
가) 배달 나) 분배 다) 배우자

66. 번(番)

발음	의미
번	차례, 횟수, 번

★ 써 보십시오.

番	番	番	番	番	番

★ 다음 어휘의 의미를 추측해서 연결해 보십시오.

가. 순번(順番) • • ① 차례로 번호를 정함
나. 학번(學番) • • ② 대학에서 입학한 해에 학생에게 주는 번호
다. 우편번호(郵便番號) • • ③ 편지나 소포 등을 보낼 때 사용하는 지역 번호

★ 다음 문장에 맞는 어휘를 써 보십시오.

가. ( )을/를 안 쓰거나 잘못 쓰면 편지나 소포가 다른 집으로 가거나 늦게 보내질 수 있다.
나. 나이가 달라도 ( )이/가 같으면 모두 동기이므로 서로 반말을 하는 경우가 많다.
다. 우리 반 학생들은 ( )을/를 정해 돌아가면서 교실 청소를 하기로 했다.

한자 어휘 넓히기

번(繁)
의미: 번성하다, 많다
예문: 경주에 가면 신라 시대의 문화가 얼마나 번영했는지 볼 수 있다.

번(煩)
의미: 귀찮다, 성가시다
예문: 어릴 때는 식당에도 가기 힘들 정도로 번잡하던 아이가 중학생이 되더니 조용하고 얌전한 아이가 되었다.

번(飜)
의미: 번역하다, 뒤집다
예문: 그 사람의 소설이 여러 나라의 언어로 번역되어 세계인들이 다 읽을 수 있는 베스트셀러가 되었다.

정답
가) ① 나) ② 다) ③
가) 우편번호 나) 학번 다) 순번

67. 변(變)

발음	의미
변	변하다, 고치다, 움직이다

★ 써 보십시오.

變	變	變	變	變	變

★ 다음 어휘의 의미를 추측해서 연결해 보십시오.

가. 변동(變動) • • ① 성질이 달라지거나 질이 변함
나. 변질(變質) • • ② 어떤 상황이나 숫자가 달라짐
다. 돌연변이(突然變異) • • ③ 생태계에서 부모에게 없던 것이 새롭게 나타나 유전되는 것, 유전자나 염색체 구조에 변화가 생기는 것

★ 다음 문장에 맞는 어휘를 써 보십시오.

가. 쓰나미 같은 여러 자연 현상들로 지각(　　　)이/가 일어나서 큰 지진이 일어날 가능성이 높아졌다.
나. 냉동 음식이나 유제품 등의 유통기한을 확인하지 않으면 (　　　)된 음식을 먹을 수 있으므로 주의해야 한다.
다. 영화 〈괴물〉은 환경오염으로 인하여 (　　　)이/가 된 물고기가 한강공원에 나타나 쫓고 쫓기는 SF영화이다.

한자 어휘 넓히기

변(辯)
의미: 말씀, 이리저리 둘러대는 말
예문: 그 정당의 대변인이 국회의원들의 뇌물 수수 의혹에 대해서 기자회견을 했다.

변(辨)
의미: 구분하다, 나누다, 밝히다
예문: 실수하거나 잘못을 했을 때 변명하지 말고 빨리 사과하는 것이 좋다.

변(邊)
의미: 가장자리, 곁
예문: 촛불 시위가 끝난 후 시위에 참여한 사람들이 주변의 쓰레기를 치우는 장면이 뉴스에 나와 눈길을 끌었다.

정답
가) ② 나) ① 다) ③
가) 변동 나) 변질 다) 돌연변이

68. 별(別)

발음	의미
별	나누다, 분리하다, 헤어지다

★ 써 보십시오.

別	別	別	別	別	別

★ 다음 어휘의 의미를 추측해서 연결해 보십시오.

가. 별도(別途) • • ① 등급이나 수준의 차이를 두어 다른 대우를 함
나. 이별(離別) • • ② 따로 덧붙이거나 추가함
다. 차별(差別) • • ③ 함께 하지 못하고 헤어짐

★ 다음 문장에 맞는 어휘를 써 보십시오.

가. 남자와 여자를 다르게 대우하는 것은 성(   ), 피부의 색으로 다르게 대우하는 것은 인종(   )이라고 한다.
나. 코로나19 환자는 따로 준비된 병실에서 (   )의 치료를 받는다.
다. 1990년대의 한국 가요는 사랑하는 사람과 헤어지는 슬픈 (   )의 아픔을 담은 가사가 많다.

한자 어휘 넓히기

별(鼈)
의미: 자라, 고사리
예문: 『별주부전』은 바다 용왕의 병을 치료하기 위해 토끼의 간을 구하러 땅으로 올라온 거북이와 지혜있는 토끼의 이야기로, 한국 고전 소설 중 하나이다. 대표적인 한국 고전 소설에는 『흥부전』, 『심청전』 등이 있고 한국의 전통 음악인 판소리로 공연되기도 한다.

정답
가) ② 나) ③ 다) ①
가) 차별 나) 별도 다) 이별

★ 여러분 집 근처에 편의점이 있습니까? 여러분은 편의점에서 무엇을 삽니까?

편의점에서 한자 어휘 찾기

밤늦게 배가 고파도 걱정하지 마십시오. 편의점(便宜店)에 가면 24시간 필요한 것을 살 수 있습니다. 그럼 편의점에서 뭘 살 수 있는지 살펴볼까요? 시원한 물, 생수(生水), 각종 맛의 우유(牛乳), 탄산음료(炭酸飮料), 종이컵 같은 일회용품(一回用品), 다양한 종류의 과자(菓子), 술과 같이 먹을 수 있는 안줏거리(按酒거리)도 살 수 있습니다. 요즘은 편의점에서 먹을 수 있는 도시락이나 삼각김밥 등 맛있는 메뉴도 있어서 싸고 간편하게 한 끼를 해결할 수도 있답니다.

★ 윗글에서 언급한 음식 외에 편의점에서 요즘 인기 있는 음식은 무엇입니까?

69. 병(病)

발음	의미
병	병, 근심, 결점

★ 써 보십시오.

病	病	病	病	病	病

★ 다음 어휘의 의미를 추측해서 연결해 보십시오.

가. 병원(病院) • • ① 아픈 사람을 걱정하여 병원이나 집으로 찾아감
나. 문병(問病) • • ② 아픈 사람을 고치기 위한 시설을 갖춘 곳
다. 전염병(傳染病) • • ③ 다른 사람이나 동물에게서 균이 옮아서 생기는 질병

★ 다음 문장에 맞는 어휘를 써 보십시오.

가. 아픈 사람에게 ( )을/를 갈 때 과일이나 주스는 괜찮지만, 꽃은 알레르기를 일으킬 수 있기 때문에 가져가면 안 된다.
나. 부모님은 종합( )에서 1년에 한 번씩 건강검진을 받는다.
다. 흑사병, 천연두 등의 ( )은/는 지역적으로 발생했는데, 2020년 코로나19 바이러스는 전 세계로 퍼져 사람들이 죽고, 생활의 많은 변화를 가져왔다.

한자 어휘 넓히기

병(兵)
의미: 병사, 무기, 전쟁
예문: 한국은 2010년부터 2012년까지 아이티의 지진 복구를 위해 한국 군인들을 파병하여 도운 적이 있다.

병(竝)
의미: 나란히, 모두
예문: 다이어트를 하려면 음식 조절과 운동을 병행하는 것이 효과적이다.

병(屛)
의미: 담, 울타리, 병풍
예문: 병풍은 바람을 막거나 무엇을 가리기 위해 세워놓는 것인데, 길고 넓은 나무 위에 종이를 붙여 그림이나 글씨로 꾸민다.

정답
가) ② 나) ① 다) ③
가) 문병 나) 병원 다) 전염병

70. 보(報)

발음	의미
보	갚다, 알리다, 대답하다

★ 써 보십시오.

報	報	報	報	報	報

★ 다음 어휘의 의미를 추측해서 연결해 보십시오.

가. 보고서(報告書) • • ① 널리 알림
나. 정보(情報) • • ② 자료를 수집하여 도움이 되도록 정리한 지식
다. 홍보(弘報) • • ③ 어떤 일에 대해 내용이나 결과를 쓴 글이나 문서

★ 다음 문장에 맞는 어휘를 써 보십시오.

가. 새로 제작한 영화의 주연 배우들이 (　　　)을/를 위해 예능 프로그램에 출연했다.
나. 인터넷을 통해 쏟아져 나오는 많은 (　　　)은/는 진짜와 가짜를 잘 구별해야 한다.
다. 해외 출장을 다녀오면 출장 내용과 결과를 쓴 (　　　)을/를 회사에 내야 한다.

한자 어휘 넓히기

보(保)
의미: 지키다, 보호하다, 유지하다
예문: 어린이 보호 구역에서는 속도를 줄이고 운전을 조심해야 한다.

보(寶)
의미: 보물, 돈
예문: 남대문은 국보 1호, 동대문은 보물 1호로 지정되어 있다.

보(步)
의미: 걸음, 행위
예문: 지하철이나 버스에서 어린아이나 노인에게 자리를 양보한다.

정답
가) ③ 나) ② 다) ①
가) 홍보 나) 정보 다) 보고서

71. 복(服)

발음	의미
복	옷, 의복, 일

★ 써 보십시오.

服	服	服	服	服	服

★ 다음 어휘의 의미를 추측해서 연결해 보십시오.

가. 복종(服從) • • ① 다른 사람의 명령이나 말을 따름
나. 교복(校服) • • ② 학교에서 학생들에게 입게 하는 옷
다. 극복(克服) • • ③ 어려움이나 고생을 이겨 냄

★ 다음 문장에 맞는 어휘를 써 보십시오.

가. 한국은 1997년의 IMF 외환위기를 빠르게 (　　　)하고 경제 회복을 했다.
나. 1980년대 이전의 중·고등학생들은 주로 하얀색과 검은색의 (　　　)을/를 입고, 머리도 길게 기르지 못했다.
다. 군인에게 가장 중요한 것은 명령에 무조건 (　　　)하는 것이다.

한자 어휘 넓히기

복/부(福)
의미: 복, 행복
예문: 새해가 되면 아는 사람들에게 "새해 복 많이 받으세요"라고 인사를 한다.

복/부(復)
의미: 회복하다, 돌아가다
예문: 서울시에서는 2003년부터 2005년까지 고가도로를 없애고 청계천 복원 사업을 했다.

복/부(伏)
의미: 엎드리다, 머리를 숙이다
예문: 여름의 가장 더울 때인 삼복에는 삼계탕을 먹는 사람이 많다.

정답
가) ① 나) ② 다) ③
가) 극복 나) 교복 다) 복종

72. 봉(封)

발음	의미
봉	봉하다, 쌓다, 높이다

★ 써 보십시오.

封	封	封	封	封	封

★ 다음 어휘의 의미를 추측해서 연결해 보십시오.

가. 봉쇄(封鎖) • • ① 열어서 공개하거나 속에 들어있는 것을 꺼냄
나. 봉투(封套) • • ② 종이나 물건을 넣을 수 있도록 만든 것
다. 개봉(開封) • • ③ 들어가거나 나오지 못하도록 막음, 다니지 못하게 함

★ 다음 문장에 맞는 어휘를 써 보십시오.

가. 이 영화는 지난주에 ( )한 후 벌써 관객 수가 3만 명을 넘었다고 한다.
나. 오래된 이 다리는 붕괴 위험이 있어서 아무도 다니지 못하게 ( )했다.
다. 장을 볼 때 비닐( )을/를 주지 않기 때문에 장바구니를 꼭 가지고 다녀야 한다.

한자 어휘 넓히기

봉(奉)
의미: 받들다, 바치다, 섬기다
예문: 나는 한 달에 한 번씩 보육원이나 양로원에 가서 자원 봉사를 한다.

봉(峯)
의미: 봉우리, 산
예문: 일만 이천 개의 산봉우리로 되어 있다는 금강산은 아름답기로 유명하지만 아쉽게도 북한에 있어서 갈 수가 없다.

봉(逢)
의미: 만나다, 맞이하다, 크다
예문: 1985년에 남한과 북한이 헤어진 가족을 찾아 만나는 남북한 이산가족 상봉이 처음으로 이루어졌다.

정답
가) ③ 나) ② 다) ①
가) 개봉 나) 봉쇄 다) 봉투

73. 부(部)

발음	의미
부	떼, 집단, 마을

★ 써 보십시오.

部	部	部	部	部	部

★ 다음 어휘의 의미를 추측해서 연결해 보십시오.

가. 부서(部署) • • ① 거의 다, 일반적인 경우에
나. 일부(一部) • • ② 사무적으로 나누어 놓은 각 부분
다. 대부분(大部分) • • ③ 전부가 아닌 한 부분

★ 다음 문장에 맞는 어휘를 써 보십시오.

가. 매운 음식을 안 좋아하는 한국 사람들도 있지만 (　　　) 매운 것을 잘 먹는 편이다.
나. 인턴사원으로 일할 때는 한 곳에서만 일하지 않고, 여러 (　　　)을/를 옮겨 다니면서 일을 배우는 경우가 많다.
다. 일행이 다 같이 택시를 탈 수가 없어서 (　　　)은/는 지하철을 이용하기로 했다.

한자 어휘 넓히기

부(父)
의미: 아버지, 친족의 어른
예문: 태권도나 합기도, 검도 등을 배울 때 선생님을 사부님이라고 부른다.

부/불(不)
의미: 아니다, 못하다, 없다
예문: 음식을 골고루 먹지 않으면 영양소가 부족해져서 건강이 나빠질 수 있다.

부(府)
의미: 마을, 도시
예문: 1919년 한국 독립 운동가들이 중국 상하이에 임시정부를 세웠다.

정답
가) ② 나) ③ 다) ①
가) 대부분 나) 부서 다) 일부

74. 분(分)

발음	의미
분	나누다, 몇 개로 갈라지다
푼	푼

★ 써 보십시오.

分	分	分	分	分	分

★ 다음 어휘의 의미를 추측해서 연결해 보십시오.

가. 분리(分離) • • ① 종류별로 나눔, 나누어서 떨어지게 함
나. 분명(分明) • • ② 사회나 국가에서 그 사람이 가지고 있는 법률적 위치
다. 신분(身分) • • ③ 틀림없음, 확실함

★ 다음 문장에 맞는 어휘를 써 보십시오.

가. 조선 시대는 양반, 중인, 상민, 천민으로 사회적 계층이 나누어진 (　　　)사회였다.
나. 성공한 사람들을 보면 항상 목표가 (　　　)하고 쉽게 포기하지 않는다.
다. 쓰레기를 버릴 때 음식물, 종이, 플라스틱 등을 따로 나누어 (　　　)수거를 해야 한다.

한자 어휘 넓히기

분(憤)
의미: 분하다, 성내다, 분노하다
예문: 그 배우는 SNS의 자신을 비방하는 악플을 읽고 격분해서 글을 올린 사람들을 고소하겠다고 했다.

분(粉)
의미: 가루, 분, 색칠하는 가루
예문: 분식집에서는 라면이나 떡볶이, 만두 등 간단하고 싼 음식을 사 먹을 수 있다.

분(紛)
의미: 담, 울타리, 병풍
예문: 지하철역에 잃어버린 물건을 찾을 수 있는 분실물 센터가 있다.

분(奔)
의미: 달리다, 급히 가다
예문: 아침에는 아이들을 학교에 보내고 출근 준비도 해야 해서 항상 분주하다.

정답
가) ① 나) ③ 다) ②
가) 신분 나) 분명 다) 분리

75. 불(拂)

발음	의미
불	떨치다, 털다, 어기다

★ 써 보십시오.

拂	拂	拂	拂	拂	拂

★ 다음 어휘의 의미를 추측해서 연결해 보십시오.

가. 지불(支拂) • • ① 돈으로 다시 돌려받음
나. 환불(還拂) • • ② 값을 돈으로 냄
다. 일시불(一時拂) • • ③ 돈을 나누어 내지 않고 한 번에 냄

★ 다음 문장에 맞는 어휘를 써 보십시오.

가. 물건을 구입한 후 10일 안에 영수증을 가지고 가면 (　　　)이/가 가능하다.
나. 요즘은 현금이나 카드가 아닌 휴대폰으로도 물건값을 (　　　)할 수 있어서 편리하다.
다. 자동차 같이 큰 금액의 물건을 구입할 때는 돈을 한꺼번에 내는 (　　　)이/가 아닌 할부로 나누어서 산다.

한자 어휘 넓히기

불(佛)
의미: 부처, 불교, 프랑스의 한자어
예문: 고려 시대의 국교는 불교였다.

불/부(不)
의미: 아니다, 못하다, 없다
예문: 주차금지구역에 차를 세워서 불법주차로 벌금을 냈다.

불(彿)
의미: 비슷하다, 흡사하다
예문: 도로에 차들이 많아서 '주차장을 방불케 한다'는 것은 '주차장과 비슷하다', '주차장과 똑같다'라는 뜻이다.

정답
가) ② 나) ① 다) ③
가) 환불 나) 지불 다) 일시불

76. 비(比)

발음	의미
비	견주다, 비교하다, 본뜨다

★ 써 보십시오.

比	比	比	比	比	比

★ 다음 어휘의 의미를 추측해서 연결해 보십시오.

가. 비유(比喩) • • ① 직접 설명하지 않고 비슷한 것으로 설명함

나. 비중(比重) • • ② 빗살이 줄지어 있는 것처럼 빽빽하게 늘어서 있음

다. 즐비(櫛比) • • ③ 두 가지를 비교했을 때 어느 것 하나가 더 차지하는 중요도

★ 다음 문장에 맞는 어휘를 써 보십시오.

가. 무서운 사람은 호랑이, 부지런한 사람은 개미, 귀여운 아이들은 토끼나 강아지에 (　　　)한다.

나. 그 숲은 30여 그루의 소나무가 (　　　)하게 늘어서 있어서 걸어 다니면 기분이 상쾌하다.

다. 그 배우는 영화나 드라마에서 항상 (　　　) 있는 역할을 맡아 연기한다.

한자 어휘 넓히기

비(費)
의미: 쓰다, 소비하다, 소모하다
예문: 돈을 낭비할까 봐 매일 그날 쓴 돈을 자세하게 기록한다.

비(鼻)
의미: 코, 구멍
예문: 이가 아프면 치과에 가고, 목이 아프거나 기침이 나면 이비인후과에 간다.

비(非)
의미: 아니다, 그르다, 나쁘다
예문: 인도의 '마하트마 간디'는 무저항 비폭력 운동을 전개했던 독립 운동가이다.

비(備)
의미: 갖추다, 준비하다, 채우다
예문: 오래전부터 한국 사람들은 겨울을 대비하여 김치를 많이 만들었는데, 요즘도 날씨가 추워지면 다 같이 모여 김장을 한다.

정답

가) ①　　나) ③　　다) ②

가) 비유　　나) 즐비　　다) 비중

쉬어가기 7

★ 여러분이 가장 좋아하는 숫자는 무엇입니까?

숫자에서 한자 어휘 찾기

한국어에서 숫자는 한자에서 온 일(一), 이(二), 삼(三), 사(四) 등과 한국어 숫자인 하나, 둘, 셋, 넷 등이 있지요. 책이나 개수를 말할 때는 하나, 둘, 셋, 넷 등을 쓰지만 '2021년 5월 16일'은 '이천이십일년(二千二十一年) 오월(五月) 십육일(十六日)', '123,365원'은 '십이만(十二萬) 삼천삼백육십오(三千三百六十五) 원'이라고 말하고, 더 큰 숫자는 십만(十萬), 백만(百萬), 천만(千萬), 억(億)이라고 하지요. 그 외에 숫자가 들어가 있는 어휘도 있는데요. '일렬(一列)로 줄을 서세요', '십자가(十字架)', '팔자(八字)걸음', '오십보백보(五十步百步)' 등으로 쓰이기도 합니다.

★ 여러분 나라에서 사람들이 가장 좋아하는 숫자와 싫어하는 숫자는 무엇입니까? 그 이유는 무엇입니까?

제6과 人

시사 뉴스 살펴보기6: 미디어

1. 다음에서 알맞은 어휘를 골라 빈칸을 채우십시오.

세상	영상	선정성	심각하다	인식
선고	실형	실추	심각	실명제

1) 은행에서 거래를 할 때 가명이나 무기명이 아닌 자신의 실제 이름을 사용해야 하는 금융(　　　)이/가 1993년에 실시되었다.
2) 요즘 청소년들 사이에서 인기 있는 웹툰들이 폭력적이고 (　　　)이/가 강한 내용이 많아서 논란이 되고 있다.
3) 한국에서는 청소년에게 담배를 파는 경우 판매자는 징역 2년의 (　　　)을/를 받을 수 있다.
4) 저작권 문제로 인터넷에 있는 사진이나 (　　　)을/를 마음대로 사용할 수 없다.
5) 그 회사는 직원이 회사에 손해를 입히거나 명예를 (　　　)시키는 경우 징계한다.

2. 다음 미디어 관련 기사를 읽고 물음에 답하십시오.

구독자 늘리기 위한 유튜브 허위 정보 넘쳐

요즘은 남녀노소 모두 유튜브 세상에 빠져 있다. 일반인은 물론 연예인, 정치인들까지 활발한 개인 유튜버 활동을 하며, 이용자들은 영화나 드라마를 보는 경우에도 TV 등의 매체를 통해 전편을 보는 것이 아니라 유튜브를 통해 소위 '짤'이라고 하는 부분 영상을 즐긴다.

그러나 한 언론 관련 기관의 조사 결과에 따르면, 대부분의 이용자들은 유튜브의 선정성과 허위 정보를 심각한 사회문제로 인식하고 있다고 한다. 현재 마땅한 제재 방법이 없으므로 관련 기관의 적극적 모니터링과 유튜버를 대상으로 하는 윤리 교육, (　　　)이/가 필요하다.

1) (　　　)에 들어갈 알맞은 것을 고르십시오. (　　　)

① 이용자들의 현명한 판단
② 인기 연예인들의 유튜브 제작
③ 구독자 수를 늘리기 위한 방안
④ 인기를 끌기 위한 콘텐츠 제작

악성 댓글 유포자 설 곳 없어진다

가수 겸 배우인 A 씨에게 지속해서 악성 댓글을 올린 B 씨에게 재판부는 6개월 징역형을 선고했다. 악성 댓글로 실형을 선고받은 것은 이번이 처음이다. A 씨는 지난해 7월 허위 사실을 유포해 명예를 실추시킨 B 씨를 고소했다.

최근 지속적인 악성 댓글로 극단적인 선택을 하는 연예인들이 많아지면서 심각성이 대두되고 있다. 온라인상에서 끊이지 않고 있는 '혐오 표현(악성 댓글)'을 규제하기 위한 방안이 사회단체, 학계, IT기업을 중심으로 논의되고 있으며, 국회에서는 인터넷 실명제 법안이 거론되고 있다. 그러나 아직 '혐오 표현'의 정확한 개념 정의가 없고 처벌 대상 규정이 어려워 또 다른 문제로 대두되고 있다.

2) 위 글의 내용과 같은 것을 고르십시오. (　　　)

① 한국은 인터넷 실명제를 시행하고 있다.
② B 씨는 A 씨에 대한 악성 댓글을 한 번 올렸다.
③ B 씨는 악성 댓글을 달았다는 이유로 벌금을 냈다.
④ 사회적으로 악성 댓글에 대한 문제가 제기되고 있다.

3) 여러분의 나라에서는 악성 댓글을 어떻게 규제하는지 이야기해 보십시오.

정답

1. 1) 실명제　2) 선정성　3) 실형　4) 영상　5) 실추
2. 1) ①　2) ③　3) 생략

토픽에서 시사한자 찾기6

1. 다음 글에서 'ㅅ'으로 시작하는 한자 어휘를 찾아 써 보십시오.

보통 수학에서는 개념이 먼저 정립되고 기호가 등장한다. 그러나 수가 끝없이 커지는 상태를 가리키는 무한대의 경우에는 정반대이다. 무한대는 학계에서 활발히 연구된 후에도 한동안 개념이 정립되지 못했다. 왜냐하면, 당시의 학자들은 무한대를 인간의 능력으로는 파악할 수 없다고 여겼기 때문이다. 그래서 수학계에서 무한대를 정의하는 것은 오랫동안 시도되지 않았다.

출처: 제60회 한국어능력시험 읽기

1) (　　　　　　　　)
2) (　　　　　　　　)
3) (　　　　　　　　)
4) (　　　　　　　　)

2. 다음 (　　　)에 들어갈 한자 어휘를 보기에서 골라서 써 보십시오.

보기 사진　선발　성별　생년월일　신규

우리가 일반적으로 사용하는 이력서에는 반드시 (㉮)을/를 붙여야 하죠. 그런데 인사 담당자들이 이 사진을 보고 전혀 영향을 받지 않는다는 건 아주 힘든 일입니다. 그래서 공정한 (㉯)을/를 위해 사진 없는 이력서가 나오게 된 거죠. 그런데 앞으로는 '익명이력서'라는 새로운 형식의 이력서도 등장할 것 같습니다. '익명이력서'는 사진은 물론이고 이름, (㉰), (㉱) 같은 개인 정보를 전혀 기재하지 않는 건데요. 능력이 있는 인재를 공정하게 선발할 수 있는 좋은 대안이 되지 않을까 싶습니다.

출처: 제47회 한국어능력시험 듣기

1) ㉮ (　　　　　　　　)
2) ㉯ (　　　　　　　　)
3) ㉰ (　　　　　　　　)
4) ㉱ (　　　　　　　　)

정답

1. 1) 수학　2) 수　3) 상태　4) 시도
2. 1) 사진　2) 선발　3) 성별　4) 생년월일

한자 어휘 연습하기6

77. 사(事)

발음	의미
사	일, 직업, 재능

★ 써 보십시오.

事	事	事	事	事	事

★ 다음 어휘의 의미를 추측해서 연결해 보십시오.

가. 사건(事件) • • ① 사회적인 문제, 관심을 받을 만한 뜻밖의 일
나. 사실(事實) • • ② 어떤 일을 알리려고 신문이나 잡지 등에 쓴 글
다. 기사(記事) • • ③ 실제의 일, 현재 있는 일

★ 다음 문장에 맞는 어휘를 써 보십시오.

가. 아동학대 ( )에 대한 뉴스가 일주일 내내 보도되었다.
나. 연예인이나 정치인들은 많은 스캔들이 나는데 ( )이/가 아닌 경우가 많다.
다. 글쓰기 실력을 키우기 위해 신문 ( )을/를 읽고 요약하는 연습을 한다.

한자 어휘 넓히기

사(使)
의미: 하여금, 가령, 심부름꾼
예문: 교사는 지식만이 아니라 학생을 바른 길로 지도한다는 사명감도 가져야 한다.

사(死)
의미: 죽다, 생기가 없다
예문: 해마다 교통사고로 죽는 사망자가 늘어나고 있다.

사(士)
의미: 선비, 관리, 남자
예문: 출판 기념회에서 방송으로만 보던 유명 인사들을 만날 수 있었다.

정답
가) ① 나) ③ 다) ②
가) 사건 나) 사실 다) 기사

78. 산(算)

발음	의미
산	셈, 계산, 수

★ 써 보십시오.

算	算	算	算	算	算

★ 다음 어휘의 의미를 추측해서 연결해 보십시오.

가. 산수(算數) • • ① 어떤 일을 하기 전에 필요한 돈을 미리 계산함
나. 예산(豫算) • • ② 수를 세는 기초적 방법
다. 정산(精算) • • ③ 정밀한 계산

★ 다음 문장에 맞는 어휘를 써 보십시오.

가. 초등학교에서 배우는 더하기, 빼기, 곱하기, 나누기 등의 간단한 (　　)은/는 잘 했는데 중학교 때 수학은 잘 못 했다.
나. 여행을 할 때는 처음 생각했던 (　　)보다 돈이 더 들어가는 경우가 생기기 때문에 여유 있게 돈을 가져가는 것이 좋다.
다. 은행은 일찍 문을 닫지만 은행원들은 그날 일한 금액의 (　　)이/가 끝나야 퇴근할 수 있다.

한자 어휘 넓히기

산(山)
의미: 산
예문: 한국에서 제일 높은 산은 한라산이다.

산(産)
의미: 낳다, 나다, 태어나다
예문: 훈민정음이 유네스코 기록 유산으로 지정되었다.

산(散)
의미: 흩다, 한가롭다, 헤어지다
예문: 여름 방학이 끝나서 그런지 워터파크와 놀이 공원이 한산하다.

정답
가) ② 나) ① 다) ③
가) 산수 나) 예산 다) 정산

79. 삼(三)

발음	의미
삼	셋, 자주, 거듭

★ 써 보십시오.

三	三	三	三	三	三

★ 다음 어휘의 의미를 추측해서 연결해 보십시오.

가. 삼촌(三寸) • • ① 아버지의 형제 중 결혼하지 않은 남자 형제
나. 삼차원(三次元) • • ② 세 개로 나누어진 공간, 상하, 좌우, 앞뒤
다. 삼삼오오(三三五五) • • ③ 서너 명씩, 대여섯 명씩 모여 다님

★ 다음 문장에 맞는 어휘를 써 보십시오.

가. 우리가 사는 세상은 ( )인데, 엉뚱한 사람에게는 가끔 사차원 같다는 말을 한다.
나. 우리 아버지는 여덟 형제 중 장남이어서 나하고 막내 ( )은/는 나이가 비슷하다.
다. 놀이터에 가면 어린아이들이 ( ) 모여서 논다.

한자 어휘 넓히기

삼(滲)
의미: 스며들다, 스미다, 배다
예문: 김치는 배추를 소금에 절여 배춧속의 물이 나오는 삼투압을 이용한 조리법이다.

삼(森)
의미: 수풀, 무성한 모양, 많은 모양
예문: 숲속에서 삼림욕을 하면 피톤치드의 효과로 건강이 좋아진다.

삼(蔘)
의미: 삼, 인삼
예문: 여름에 많이 먹는 삼계탕은 닭 속에 인삼을 넣어 만든 영양식이다.

정답
가) ① 나) ② 다) ③
가) 삼차원 나) 삼촌 다) 삼삼오오

80. 상(上)

발음	의미
상	위, 앞, 첫째

★ 써 보십시오.

上	上	上	上	上	上

★ 다음 어휘의 의미를 추측해서 연결해 보십시오.

가. 상승(上昇) • • ① 사람들이 살고 있는 모든 곳
나. 세상(世上) • • ② 수량이나 정도가 일정 기준보다 더 많음
다. 이상(以上) • • ③ 낮은 곳에서 위로 올라감

★ 다음 문장에 맞는 어휘를 써 보십시오.

가. 우리가 사는 지구가 아닌 우주에 다른 ( )이/가 있을 것이라고 믿는 사람들이 많다.
나. 마트에서 술과 담배를 사려면 20세 ( )이/가 되어야 한다.
다. 지구 온난화 때문에 북극의 얼음이 녹으면서 지구의 기온이 ( )하고 있다.

한자 어휘 넓히기

상(相)
의미: 서로, 바탕, 도움
예문: 상대방의 눈을 보면서 이야기하면 좀 더 믿음이 생기는 것 같다.

상(商)
의미: 장사, 장사하는 사람
예문: 오랜 회의 끝에 회사 측과 노조 측의 협상이 잘 이루어졌다.

상(賞)
의미: 담, 울타리, 병풍
예문: K-POP 오디션 프로그램에서 1등 수상자에게 상금과 승용차를 준다.

정답
가) ③ 나) ① 다) ②
가) 세상 나) 이상 다) 상승

81. 생(生)

발음	의미
생	나다, 낳다, 살다

★ 써 보십시오.

生	生	生	生	生	生

★ 다음 어휘의 의미를 추측해서 연결해 보십시오.

가. 생일(生一) • • ① 살아가며 움직이는 모든 행위
나. 생활(生活) • • ② 태어난 날
다. 발생(發生) • • ③ 어떤 일이나 사건이 일어남

★ 다음 문장에 맞는 어휘를 써 보십시오.

가. 도난 사건이 (　　　)한 지 2시간 만에 범인이 잡혔다.
나. 한국 사람들은 (　　　)에 미역국을 먹는다.
다. 군대에 가면 규칙적인 (　　　)을/를 하게 된다.

한자 어휘 넓히기

생/성(省)
의미: 덜다, 생략하다/살피다, 깨닫다
예문: 할 말은 많으나 시간이 없으므로 이만 생략하고 끝내겠습니다.

생(牲)
의미: 희생, 제사에 쓰는 소
예문: 6월 6일 현충일은 나라를 위해 희생한 사람들을 기억하기 위해 만든 날이다.

정답
가) ② 나) ① 다) ③
가) 발생 나) 생일 다) 생활

82. 서(書)

발음	의미
서	글, 글씨, 문장

★ 써 보십시오.

書	書	書	書	書	書

★ 다음 어휘의 의미를 추측해서 연결해 보십시오.

가. 서류(書類) • • ① 글자로 기록한 모든 문서
나. 서점(書店) • • ② 책을 파는 곳, 책방
다. 저서(著書) • • ③ 책을 씀, 또는 그 책

★ 다음 문장에 맞는 어휘를 써 보십시오.

가. 신용카드를 만들거나 은행에서 돈을 대출하려면 여러 가지 (　　　)을/를 준비해야 한다.
나. 영국 작가 셰익스피어는 유명한 (　　　)을/를 많이 남겼다.
다. 주말에는 아이들과 놀이터에 가는 것도 좋지만 (　　　)에 가서 책을 읽으면서 책을 가까이 하는 습관을 들여 주는 것도 좋다.

한자 어휘 넓히기

서(西)
의미: 서쪽, 서양
예문: 태양은 동쪽에서 뜨고 서쪽으로 진다.

서(序)
의미: 차례, 학교, 학당
예문: 지하철이나 버스를 탈 때 줄을 서는 것은 질서를 지키는 기본이다.

서(署)
의미: 마을, 부서, 관청
예문: 소방서, 경찰서, 관공서 등은 정부 기관이고, 여기에서 일하는 사람들은 공무원이라고 한다.

정답
가) ① 나) ② 다) ③
가) 서류 나) 저서 다) 서점

83. 석(席)

발음	의미
석	자리, 앉을 자리, 여럿이 모인 자리

★ 써 보십시오.

席	席	席	席	席	席

★ 다음 어휘의 의미를 추측해서 연결해 보십시오.

가. 석권(席卷) • • ① 모임이나 회의에 함께 함, 그 자리에 함께 있음
나. 즉석(卽席) • • ② 먼저 하거나 나중이 아닌, 그 자리에서 바로
다. 참석(參席) • • ③ 빠른 속도로 땅이나 세력 범위를 넓힘

★ 다음 문장에 맞는 어휘를 써 보십시오.

가. 복권 종류가 많은데 번호를 추첨하는 것도 있고, ( )에서 맞추어 보는 것도 있다.
나. 미국에서는 결혼식 초대장을 받으면 결혼식 전에 ( ) 여부를 알려 주어야 한다.
다. 올림픽 양궁에서 한국이 전 종목을 모두 ( )했다.

한자 어휘 넓히기

석(夕)
의미: 저녁, 밤
예문: 강화도에 있는 노천 온천은 석양에 물든 붉은 노을을 보면서 온천을 즐길 수 있는 것으로 유명하다.

석(石)
의미: 돌, 섬
예문: 한국은 석유 생산국이지만 그 양이 적어서 소비되는 석유는 모두 수입에 의존하고 있다.

석(釋)
의미: 풀다, 설명하다, 풀리다
예문: 표현된 내용을 이해하고 설명하는 것은 해석이고, 어떤 언어로 된 글을 다른 언어로 옮기는 것은 번역이다.

정답
가) ③ 나) ② 다) ①
가) 즉석 나) 참석 다) 석권

84. 선(先)

발음	의미
선	먼저, 옛날, 앞, 처음

★ 써 보십시오.

先	先	先	先	先	先

★ 다음 어휘의 의미를 추측해서 연결해 보십시오.

가. 선배(先輩) • • ① 어떤 분야에서 지위나 나이, 학년이 자신보다 많거나 앞섬

나. 선진국(先進國) • • ② 어떤 일에 앞섬

다. 우선(于先) • • ③ 다른 나라보다 정치, 경제, 문화 등이 더 발달한 나라

★ 다음 문장에 맞는 어휘를 써 보십시오.

가. 미국, 프랑스, 스웨덴 등 대부분의 (　　　)들은 저출산 문제로 어려움을 겪고 있다.

나. 한국에서는 (　　　)와/과 후배가 만나면 보통 선배가 밥을 산다.

다. 시간을 효율적으로 사용하려면 먼저 일의 (　　　) 순위를 정하는 것이 좋다.

한자 어휘 넓히기

선(線)

의미: 묶을 수 있는 줄, 실

예문: 요즘은 카페나 식당, 지하철 안에서도 무선인터넷이 된다.

선(鮮)

의미: 곱다, 빛나다

예문: 생선이나 고기는 신선한 상태로 보존하는 것이 중요하다.

선(善)

의미: 착하다, 좋다, 훌륭하다

예문: 그 문제를 해결하기 위해 최선을 다하겠습니다.

정답

가) ①　　나) ③　　다) ②

가) 선진국　　나) 선배　　다) 우선

85. 설(說)

발음	의미
설	말씀, 말하다, 이야기하다
세	달래다, 유세하다

★ 써 보십시오.

說	說	說	說	說	說

★ 다음 어휘의 의미를 추측해서 연결해 보십시오.

가. 설득(說得) • • ① 어떤 일이나 내용을 잘 알 수 있게 말함, 또는 그런 말
나. 설명(說明) • • ② 문제나 사건의 내용 등을 알기 쉽게 풀어 이야기함, 또는 그런 글이나 책
다. 해설(解說) • • ③ 말로 그 사람의 생각을 바꿈

★ 다음 문장에 맞는 어휘를 써 보십시오.

가. TV를 통해 축구나 야구 등 운동경기 방송을 할 때 그 분야를 잘 알고 있는 사람이 나와서 (　　　)을/를 한다.
나. 죄송하지만 전 이 기계를 어떻게 사용하는지 모르는데 사용 방법을 (　　　)해 주세요.
다. 우리 아버지는 고집이 세셔서 마음을 바꾸도록 (　　　)하기가 어렵다.

한자 어휘 넓히기

설(設)
의미: 베풀다, 세우다
예문: 휠체어가 들어갈 수 있도록 장애인을 위한 시설을 갖춘 건물이 많다.

설(雪)
의미: 눈, 흰색
예문: 흰 설탕은 건강에 좋지 않아서 음식을 할 때 꿀이나 과일로 단맛을 낸다.

설(舌)
의미: 혀, 말, 언어
예문: 직장에서 구설수에 오르기 싫어서 항상 말조심을 하고 행동을 조심하는 편이다.

정답
가) ③　　나) ②　　다) ①
가) 해설　　나) 설명　　다) 설득

86. 성(性)

발음	의미
성	성품, 천성, 성질

★ 써 보십시오.

性	性	性	性	性	性

★ 다음 어휘의 의미를 추측해서 연결해 보십시오.

가. 성격(性格) • • ① 남과 같지 않아서 구별되는 성질
나. 개성(個性) • • ② 한 사람이 가지고 있는 성질, 품성
다. 특성(特性) • • ③ 어떤 사물, 장소에만 있는 특수한 성질

★ 다음 문장에 맞는 어휘를 써 보십시오.

가. 요즘은 다른 사람을 따라 하거나 눈치를 보지 않고 자신의 (　　)에 따라 머리 색깔이나 옷, 액세서리 등을 선택하는 사람들이 많다.

나. 지방자치제가 되면서 그 지역의 (　　)을/를 살려 관광지를 개발하는 곳이 많아졌다.

다. 사람의 (　　)은/는 유전이라고도 하지만 생활환경에 따라 많이 바뀔 수 있다.

한자 어휘 넓히기

성(姓)
의미: 성씨, 겨레, 백성
예문: 한국에서는 이름을 쓸 때 성을 먼저 쓰고 그 다음에 이름을 쓴다.

성/생(省)
의미: 살피다, 깨닫다
예문: 교실에서 친구들과 싸웠는데 선생님이 무엇을 잘못했는지 자세히 반성문을 쓰라고 하셨다.

성(星)
의미: 별
예문: 로켓을 이용하여 하늘 위로 쏘아 올린 인공위성들도 밤에는 별처럼 반짝인다.

정답

가) ②　　나) ①　　다) ③
가) 개성　　나) 특성　　다) 성격

87. 세(勢)

발음	의미
세	형세, 권세, 기세

★ 써 보십시오.

勢	勢	勢	勢	勢	勢

★ 다음 어휘의 의미를 추측해서 연결해 보십시오.

가. 세력(勢力) • • ① 병이 있거나 아플 때 나타나는 상태나 모양
나. 자세(姿勢) • • ② 몸을 움직이는 모양, 어떤 일을 대할 때 마음가짐
다. 증세(症勢) • • ③ 어떤 사람이나 사물이 가진 힘이나 능력, 또한 그 힘을 가진 집단

★ 다음 문장에 맞는 어휘를 써 보십시오.

가. 오랜 시간 컴퓨터 작업이나 게임을 할 때 (　　　)이/가 나빠지기 쉽다.
나. 감기에 걸리면 기침, 코 막힘, 열 등의 (　　　)에 따라 약을 먹는 것이 좋다
다. 일기 예보에 의하면 북쪽의 찬 고기압 (　　　)이/가 점점 확장되면서 한반도에서 장마가 예년에 비해 길어질 것이라고 한다.

한자 어휘 넓히기

세(世)
의미: 인간, 일생, 생애
예문: 21세기는 2001년 1월 1일부터 2100년 12월 31일까지이다.

세/선(洗)
의미: 씻다, 다듬다
예문: 이 옷은 줄어들기 쉬워서 집에서 세탁하면 안 된다.

세(歲)
의미: 해, 나이, 세월
예문: '세월이 쏜살같다'는 속담은 '시간이 쏜 화살처럼 빨리 지나간다'는 의미이다.

정답
가) ③ 나) ② 다) ①
가) 자세 나) 증세 다) 세력

88. 소(所)

발음	의미
소	어떤 일의 방법, 곳, 장소

★ 써 보십시오.

所	所	所	所	所	所

★ 다음 어휘의 의미를 추측해서 연결해 보십시오.

가. 소문(所聞) • • ① 어떤 일이나 사람에 대하여 사람들 사이에 돌아다니는 이야기

나. 소재(所在) • • ② 어떤 곳에 있음, 또는 있는 곳

다. 연구소(研究所) • • ③ 무엇인가를 깊이 따져 보고 알아보기 위해 만든 곳

★ 다음 문장에 맞는 어휘를 써 보십시오.

가. '발 없는 말이 천리 간다'는 속담은 (　　　)이/가 아주 빨리, 멀리 퍼진다는 뜻이다.

나. 김 박사 연구팀은 재생에너지 연구를 위해 쉬는 날에도 집에 가지 않고 (　　　)에서 산다.

다. 도망친 범인의 (　　　)이/가 파악되지 않고 있어 주민들의 불안감이 크다.

한자 어휘 넓히기

소(小)
의미: 작다, 적다
예문: 두 명이 시작한 소규모 반찬가게가 이제는 직원이 20명이 넘는 기업이 되었다.

소(消)
의미: 사라지다, 없애다
예문: 코로나19 여파로 모든 콘서트와 운동경기가 취소됐다.

소(素)
의미: 원래, 바탕, 성질
예문: 나는 가족들과 가까운 친구들만 초대해서 간소하게 결혼식을 할 예정이다.

정답

가) ①　　나) ②　　다) ③
가) 소문　　나) 연구실　　다) 소재

쉬어가기 8

★ 여러분은 옷이나 구두, 가방을 어디에서 삽니까?

백화점에서 한자 어휘 찾기

시장(市場)보다 비싸지만, 백화점(百貨店)은 물건(物件)도 사고 친구들과도 만나기 좋은 약속장소(約束場所)지요. 한국 백화점은 지하(地下)에 음식(飮食)을 파는 식품(食品) 코너가 있고, 1층에는 화장품(化粧品)과 가방 같은 소품(小品)이 있어요. 2~4층에는 여성복(女性服), 5층은 남성복(男性服), 6층에는 아동복(兒童服)이나 가구(家具) 등의 매장(賣場)이 있고, 제일 위층에는 식당가(食堂街)와 커피숍이 있습니다. 백화점에는 옥상(屋上)에 정원(庭園)을 만들어 밖의 경치(景致)를 보면서 사진도 찍고 쉴 수 있는 공간(空間)을 제공하고 있습니다.

★ 한국의 백화점과 여러분 나라의 백화점을 비교해 보면 무엇이 다릅니까? 한국 백화점에만 있는 것이 있습니까?

89. 송(送)

발음	의미
송	보내다, 전달하다, 배웅하다

★ 써 보십시오.

送	送	送	送	送	送

★ 다음 어휘의 의미를 추측해서 연결해 보십시오.

가. 송금(送金) • • ① 자동차 등의 교통수단으로 사람이나 물건을 옮김
나. 방송(放送) • • ② 라디오나 텔레비전을 통해 음성이나 영상을 보냄
다. 수송(輸送) • • ③ 은행을 통해 돈을 보냄

★ 다음 문장에 맞는 어휘를 써 보십시오.

가. 텔레비전 드라마나 예능 등 모든 프로그램은 ( )심의위원회의 심의를 거친다.
나. 자동차가 없던 시절에는 말과 마차가 가장 중요한 ( ) 수단이었다.
다. 외국으로 돈을 ( )할 때 얼마까지 보낼 수 있습니까?

한자 어휘 넓히기

송(頌)
의미: 기리다, 낭송하다, 외우다
예문: 요즘 베트남에서는 한국에서 온 축구 감독에 대한 칭송이 끊이질 않는다.

송(訟)
의미: 다투다, 법적으로 고소하다
예문: 박 부장님은 직원에게 무심코 한 성차별적 농담으로 소송까지 가게 됐다.

송(誦)
의미: 외우다, (음악에 맞춰) 노래하다
예문: 시를 사랑하는 사람들은 같이 모여서 잔잔한 음악에 맞춰 시를 낭송하는 모임을 갖는다.

정답
가) ③ 나) ② 다) ①
가) 방송 나) 수송 다) 송금

90. 수(水)

발음	의미
수	물, 강물

★ 써 보십시오.

水	水	水	水	水	水

★ 다음 어휘의 의미를 추측해서 연결해 보십시오.

가. 수분(水分) • • ① 바다나 강 등 물에서 나오는 먹을 수 있는 것
나. 수산물(水産物) • • ② 축축한 물의 기운, 물기
다. 호수(湖水) • • ③ 바다나 강은 아니지만, 땅이 우묵하게 넓게 파여 물이 있는 곳

★ 다음 문장에 맞는 어휘를 써 보십시오.

가. 요즘은 기름기가 있는 유분 화장품보다 가벼운 느낌의 (　　　) 화장품이 더 인기가 많다.
나. 노량진에 있는 수산시장에 가면 신선한 생선이나 오징어, 조개 등 각종 (　　　)을/를 싸게 살 수 있다.
다. 강원도 춘천은 아름다운 (　　　)이/가 많아서 '호반의 도시'라고도 불린다.

한자 어휘 넓히기

수(手)
의미: 손, 재주, 솜씨
예문: 그 사람은 성공을 위해서는 수단과 방법을 가리지 않는다.

수(樹)
의미: 나무, 심다, 세우다
예문: 경복궁 옆길은 은행나무를 가로수로 심어서 가을이 되면 노란 낙엽이 예쁘다.

수(數)
의미: 셈, 계산법, 등급
예문: 공부를 잘하는 아이들이 점수에 예민하다.

수(首)
의미: 머리, 우두머리, 임금
예문: 한국과 미국에는 대통령이 있고 일본과 영국에는 수상이 있다.

정답
가) ③ 나) ① 다) ②
가) 수분 나) 수산물 다) 호수

91. 숙(宿)

발음	의미
숙	잠을 자다, 묵다, 나이가 많다

★ 써 보십시오.

宿	宿	宿	宿	宿	宿

★ 다음 어휘의 의미를 추측해서 연결해 보십시오.

가. 숙박(宿泊) • • ① 집이 없어서 길이나 공원에서 살거나 자는 사람들

나. 숙제(宿題) • • ② 집에서 할 수 있도록 내준 과제, 복습이나 예습

다. 노숙자(露宿者) • • ③ 잠을 잠, 호텔이나 여관 같은 곳에서 자거나 지냄

★ 다음 문장에 맞는 어휘를 써 보십시오.

가. 그 봉사단체는 집이 없는 (   )들을 위해 날마다 점심을 만들어 무료로 나누어 주는 일을 한다.

나. 7월 말부터 8월 초까지는 휴가철이어서 미리 예약하지 않으면 바닷가 근처의 (   ) 시설을 구하기는 어렵다.

다. 시험도 끝나고 (   )도 없어서 이번 주말은 신나게 놀 수 있다.

한자 어휘 넓히기

숙(肅)
의미: 엄숙하다, 공경하다
예문: 다 같이 사용하는 공공장소에서는 떠들지 말고 정숙해야 한다.

숙(熟)
의미: 익다, 무르익다, 익히다
예문: 포도를 잘 숙성시키면 맛있는 포도주가 된다.

숙(淑)
의미: 깨끗하다, 착하다
예문: 예전에는 '아가씨'라는 말보다 '숙녀'라는 말을 더 많이 썼다.

정답

가) ③ 나) ② 다) ①
가) 노숙자 나) 숙박 다) 숙제

92. 순(順)

발음	의미
순	순하다, 도리를 따르다, 가르치다

★ 써 보십시오.

順	順	順	順	順	順

★ 다음 어휘의 의미를 추측해서 연결해 보십시오.

가. 순(順)하다 • • ① 먼저와 다음의 관계를 따라 차례대로 함
나. 순서(順序) • • ② 성격이나 태도가 고집스럽거나 사납지 않음
다. 순차적(順次的) • • ③ 어떤 일을 할 때 이루어지는 관계, 먼저와 다음의 정해진 차례

★ 다음 문장에 맞는 어휘를 써 보십시오.

가. 복잡하게 얽힌 문제일수록 급하게 서두르지 말고 (　　　)(으)로 해결해야 한다.
나. 은행이나 우체국에 가면 번호표를 뽑은 다음 (　　　)에 따라 업무를 볼 수 있다.
다. 나는 아기 때 (　　　)아서/어서 울지도 않고, 잘 먹고 잘 잤다고 한다.

한자 어휘 넓히기

순(純)
의미: 순수하다, 진실하다
예문: 아이는 어른과 다르게 단순하고 순수하다.

순(巡)
의미: 돌다, 따르다, 순행하다
예문: 가수들은 전국의 도시를 다니며 순회공연을 한다.

순(瞬)
의미: 눈을 깜짝이다, 보다
예문: 졸음운전은 순간적으로 교통사고를 일으킬 수 있으므로 졸리면 차를 세워 두고 쉬는 것이 좋다.

정답

가) ②　　나) ③　　다) ①
가) 순차적　　나) 순서　　다) 순해

93. 습(習)

발음	의미
습	익히다, 익숙하다, 배우다

★ 써 보십시오.

習	習	習	習	習	習

★ 다음 어휘의 의미를 추측해서 연결해 보십시오.

가. 습관(習慣) • • ① 그 나라나 지역에서 전통적으로 해 오던 것, 풍속, 관습

나. 연습(練習) • • ② 학문이나 음악, 미술, 운동, 기술 등을 익숙해지도록 계속 익힘

다. 풍습(風習) • • ③ 어떤 행동을 계속 되풀이하여 몸에 익숙해진 행동 방식

★ 다음 문장에 맞는 어휘를 써 보십시오.

가. 서양에는 핼러윈 데이에 귀신분장을 하는 ( )이/가 있고, 한국에는 동짓날에 귀신을 쫓기 위해 팥죽을 먹는 ( )이/가 있다.

나. 유명한 음악가나 운동선수들의 성공담에는 힘든 ( ) 과정 중에 있었던 에피소드가 빠지지 않는다.

다. '세 살 버릇이 여든까지 간다'는 속담은 어렸을 때 만들어진 ( )은/는 고치기 어렵다는 뜻이다.

한자 어휘 넓히기

습(襲)
의미: 작다, 적다
예문: 그 나라는 할아버지, 아버지, 아들까지 3 대째 권력을 세습하고 있다.

습(拾)
의미: 줍다, 모으다
예문: 회사에 들어가면 보통 3개월 정도 일을 배우는 수습기간이 있다.

습(濕)
의미: 젖다, 축축하다, 마르다
예문: 한국의 여름은 덥고 습기가 많아 무덥다.

정답

가) ③ 나) ② 다) ①
가) 풍습 나) 연습 다) 습관

94. 승(勝)

발음	의미
승	이기다, 뛰어나다, 훌륭하다

★ 써 보십시오.

勝	勝	勝	勝	勝	勝

★ 다음 어휘의 의미를 추측해서 연결해 보십시오.

가. 승리(勝利) • • ① 기운이나 힘이 세서 줄어들거나 사라지지 않음
나. 결승(決勝) • • ② 전쟁이나 운동경기에서 이김
다. 기승(氣勝) • • ③ 운동경기 중 마지막 경기

★ 다음 문장에 맞는 어휘를 써 보십시오.

가. 8월 말인데 아직도 30도를 웃돌며 더위가 ( )을/를 부린다.
나. 브레이크댄스로 유명한 한국의 비보이(B-Boy)들이 비보이 세계대회에서 항상 ( )에 진출한다.
다. 2018년 월드컵에서 프랑스가 크로아티아를 4대 2로 ( )하여 20년 만에 두 번째 우승을 차지하였다.

한자 어휘 넓히기

승(承)
의미: 잇다, 받아들이다
예문: 고유한 전통문화를 잃어버리지 않도록 계승하고 발전시키는 것이 중요하다.

승(乘)
의미: 타다, 오르다
예문: 비행기 승무원들은 직업병으로 허리와 호흡기, 피부 계통의 질병을 많이 가지고 있다고 한다.

승(昇)
의미: 해가 떠오르다, 지위가 오르다, 위로 오르다, (왕이) 죽다
예문: 과장에서 부장으로 승진하신 김 부장님을 축하하기 위해 회식을 했다.

정답
가) ② 나) ③ 다) ①
가) 기승 나) 결승 다) 승리

95. 시(時)

발음	의미
시	때, 계절, 시대

★ 써 보십시오.

時	時	時	時	時	時

★ 다음 어휘의 의미를 추측해서 연결해 보십시오.

가. 시급(時急) • • ① 아주 급하고 절박함
나. 시절(時節) • • ② 정해진 시간이 아니고 잠시, 그때그때 필요에 따라
다. 임시(臨時) • • ③ 일정한 시기나 때

★ 다음 문장에 맞는 어휘를 써 보십시오.

가. 아직 사무실이 정해지지 않아 한 달 동안 이곳을 ( )(으)로 사용하기로 했다.
나. 홍수가 난 지역에 전염병까지 돌고 있어 깨끗한 물과 약의 공급이 ( )하다.
다. 이 노래는 고등학교 때 많이 듣던 노래라서 들으면 그때 그 ( )이/가 생각난다.

한자 어휘 넓히기

시(始)
의미: 비로소, 먼저, 일찍
예문: '시작이 반이다'라는 말은 '무슨 일이든지 시작하는 것이 어렵지, 일단 시작하면 일을 끝내는 것은 그렇게 어렵지 않다'는 의미의 속담이다.

시(市)
의미: 시장, 번화한 곳, 장사
예문: 서울에서는 남대문시장과 동대문시장이 제일 크고 유명하다.

시(示)
의미: 보이다, 알리다, 지시하다
예문: 학교 게시판에는 방학 동안 열릴 여러 강좌의 포스터들이 붙어 있다.

정답
가) ① 나) ③ 다) ②
가) 임시 나) 시급 다) 시절

96. 식(食)

발음	의미
식	밥, 음식, 제사

★ 써 보십시오.

食	食	食	食	食	食

★ 다음 어휘의 의미를 추측해서 연결해 보십시오.

가. 식료품(食料品) • • ① 학교나 단체에서 음식을 나눠 줌, 또는 그 음식
나. 간식(間食) • • ② 음식을 만들 수 있는 고기, 야채, 과일 등
다. 급식(給食) • • ③ 식사와 식사 사이에 간단히 먹는 음식

★ 다음 문장에 맞는 어휘를 써 보십시오.

가. 요즘은 마트에 직접 가지 않아도 온라인으로 모든 (　　　)을/를 살 수 있다.
나. 점심 식사 후 3시 정도가 되면 (　　　)이/가 먹고 싶어서 도넛이나 과자를 먹는다.
다. 노숙자들을 위해 아침이나 점심을 제공하는 무료 (　　　)소가 많다.

한자 어휘 넓히기

식(識)
의미: 알다, 지식
예문: 다양한 지식을 쌓기 위해 책을 많이 읽는다.

식(式)
의미: 법, 제도, 의식
예문: 수학을 잘하려면 일단 많은 공식들을 외워야 한다.

식(植)
의미: 심다, 세우다, 수립하다
예문: 해마다 4월 5일을 식목일로 정해서 나무를 심는다.

정답
가) ② 나) ③ 다) ①
가) 식료품 나) 간식 다) 급식

97. 신(新)

발음	의미
신	새, 새롭게, 처음

★ 써 보십시오.

新	新	新	新	新	新

★ 다음 어휘의 의미를 추측해서 연결해 보십시오.

가. 신규(新規) • • ① 계획적으로 대도시 근처에 새롭게 만든 도시
나. 신도시(新都市) • • ② 새로 어떤 것을 함, 새 규정이나 규모
다. 혁신(革新) • • ③ 옛것을 완전히 바꾸어 새롭게 함

★ 다음 문장에 맞는 어휘를 써 보십시오.

가. 세탁기의 발명은 집안일을 하는 주부들에게는 ( )적인 발명이었다.
나. 일산, 평촌, 남양주 등은 아파트가 많은 ( )(이)다.
다. 스포츠센터에 새로 가입하는 ( ) 회원에게는 개인 사물함 사용료가 면제되며, 한 달 동안 무료로 수영장도 이용할 수 있다.

한자 어휘 넓히기

신(身)
의미: 몸, 줄기, 나
예문: 그 사람은 50대인데 운동도 많이 하고 음식 조절도 잘해서 건강검진에서 신체 나이가 30대로 나왔다.

신(信)
의미: 믿다, 신임하다, 맡기다
예문: 20세 이상이고 직장이 있으면 은행에서 신용카드를 만들 수 있다.

신(神)
의미: 귀신, 신령, 정신
예문: 요즘은 우울증이나 공황장애로 신경정신과에 가서 상담을 받는 사람들이 늘고 있다.

정답
가) ② 나) ① 다) ③
가) 혁신 나) 신도시 다) 신규

98. 실(失)

발음	의미
실	잃다, 달아나다, 남기다

★ 써 보십시오.

失	失	失	失	失	失

★ 다음 어휘의 의미를 추측해서 연결해 보십시오.

가. 실망(失望) • • ① 어떤 일을 조심하지 않아서 잘못함
나. 실수(失手) • • ② 잃어버리거나 없어져서 손해를 봄
다. 손실(損失) • • ③ 바라던 일이 잘 안 되어 마음이 상함

★ 다음 문장에 맞는 어휘를 써 보십시오.

가. 정부가 원자력발전소를 폐기한다는 발표를 하자 폐기할 때 발생하는 경제적 (　　　)도 생각해야 한다는 목소리가 높다.

나. '원숭이도 나무에서 떨어질 때가 있다'는 속담은 '완벽한 사람은 하나도 없다'는 의미로 누구나 (　　　)할 수 있다는 것을 말한다.

다. 인기 연예인의 뺑소니 음주 운전 소식에 많은 팬들이 (　　　)하여 등을 돌렸다.

한자 어휘 넓히기

실(室)
의미: 집, 방
예문: 한국은 2015년부터 간접흡연을 막기 위해 식당과 건물 등 실내에서의 금연 정책을 실시하고 있다.

실(實)
의미: 열매, 씨
예문: 법적으로 직장에서 남자들의 육아 휴직이 가능하지만 현실적으로는 어려운 경우가 많다.

정답
가) ③ 나) ① 다) ②
가) 손실 나) 실수 다) 실망

99. 심(深)

발음	의미
심	깊다, 깊어지다, 심하다, 두텁다

★ 써 보십시오.

深	深	深	深	深	深

★ 다음 어휘의 의미를 추측해서 연결해 보십시오.

가. 심각(深刻) • • ① 상황이 절박하고 중대함
나. 심화(深化) • • ② 정도가 점점 깊어짐
다. 수심(水深) • • ③ 물의 깊은 정도

★ 다음 문장에 맞는 어휘를 써 보십시오.

가. 중앙아프리카에 있는 콩고강은 세계에서 ( )이/가 가장 깊은 강으로, 웬만한 바다의 깊이와 같다고 한다.

나. 한국 사회는 중간층이 점점 없어지고 부유층과 빈곤층으로 양극화되는 현상이 ( )되고 있다.

다. 그 사람은 치료가 필요할 정도로 ( )한 알코올 중독자이다.

한자 어휘 넓히기

심(心)
의미: 마음, 뜻, 생각
예문: 그 사람은 심장병을 앓고 있는 가난한 아이들의 수술비에 써 달라며 1억 원의 돈을 기부했다.

심(甚)
의미: 심하다, 지나치다
예문: 극심한 스트레스는 여러 가지 질병을 일으킬 수 있다.

심(審)
의미: 살피다, 주의하여 보다
예문: 그 드라마는 너무 폭력적이어서 방송심의위원회로부터 방송 불가 판정을 받았다.

정답
가) ① 나) ② 다) ③
가) 수심 나) 심화 다) 심각

★ 여러분은 형제가 몇 명입니까?

가족에서 한자 어휘 찾기

가족(家族)에 관한 어휘는 거의 다 한자어로 되어 있습니다. 먼저 아버지와 어머니를 합쳐서 부모(父母), 할아버지와 할머니를 조부(祖父), 조모(祖母)라고 합니다. 아이들은 자녀(子女), 남자끼리는 형제(兄弟), 여자끼리는 자매(姊妹)라고 하지요. 그리고 아버지의 남자 형제는 삼촌(三寸), 아버지의 여자 형제는 고모(姑母)라 하는데요. 어머니의 남자 형제에게는 외삼촌(外三寸), 여자 형제에게는 이모(姨母)라고 해서 부르는 호칭(呼稱)도 다릅니다. 이외에도 가족과 친척(親戚)들의 관계를 말하거나 부르는 호칭은 아주 다양하고 어렵습니다. 이것은 가족 관계를 중요하게 생각하는 한국의 전통적 사고방식을 보여줍니다.

★ 여러분은 고모와 이모가 있습니까? 사촌 형제가 있습니까?

MEMO

제7과 ㅇ

시사 뉴스 살펴보기7: 경제

1. 다음에서 알맞은 어휘를 골라 빈칸을 채우십시오.

연장	인상	영향	연구	음주
흡연	소비	주류	광고	조장

1) 한국의 (　　) 판매량은 해마다 증가하고 있는데 그중 제일 잘 팔리는 술은 맥주이고, 최근에는 와인의 판매가 증가하고 있다고 한다.
2) 담뱃값 인상, 담뱃갑의 경고 그림과 문구, 금연구역 확대와 같은 꾸준한 정책으로 20~30대의 (　　)율은 감소했으나 담배를 피우는 청소년의 수는 계속 증가하고 있다.
3) 이번 설 연휴 기간 동안 지하철 운행 시간이 새벽 2시까지 (　　)된다고 한다.
4) K-pop 아이돌을 모델로 하는 명품 브랜드 회사의 (　　)이/가 청소년의 명품 구매를 부추긴다.
5) 치즈 및 요구르트 등의 (　　)이/가 늘어나면서 유제품의 해외 수입이 증가하고 있다.

2. 다음 경제 관련 기사를 읽고 물음에 답하십시오.

누구를 위한 담뱃값 상승인가

보건복지부는 2030년까지 국민 건강을 위해 담배와 술의 소비를 줄이기 위한 방안을 내놓았다. 먼저 담뱃값을 올려 흡연량을 줄이고 건강 수명을 3년 연장한다는 건강증진 대책이다. 이는 담뱃값에 건강증진부담금을 부과하는 형식으로, 담뱃값을 경제협력개발기구(OECD)의 평균 이상으로 인상한다는 것이다.

그러나 이것은 20~30대의 흡연을 감소시킬 수는 있으나 전자 담배 등의 접근이 쉬워진 청소년들의 흡연율을 줄이는 데 효과적인 방안인지에 대해서는 논란이 많다.

정부는 또한 (　　) 말했다. 복지부 관계자는 아직 주류에 대한 가격 정책이 구체화된 것은 아니지만 해외의 사례를 살펴보고, 우리나라에서 부과했을 때 어떤 영향이 있는지 연구할 것이라고 밝혔다. 정부는 주류 광고 금지 내용과 대상에 대해서도 기준 개선을 추진할 예정인데, 주류 광고 금지 시간대를 정하고, 주류 용기에 광고 모델 부착을 금지하는 등 음주를 조장하는 환경을 개선하는 내용을 담고 있다고 한다.

1) (   )에 들어갈 알맞은 것을 고르십시오. (   )

① 주류 수입도 늘린다고
② 주류 판매도 금지한다고
③ 술값 인상도 검토 중이라고
④ 술의 종류도 다양화한다고

2) 위 글의 내용과 같은 것을 고르십시오. (   )

① 정부는 주류 가격을 대폭 인상하기로 했다.
② 현재 담배 광고는 시간에 관계없이 볼 수 있다.
③ 이번 방안은 청소년 흡연자를 줄이는 데 효과적이다.
④ 술병에 광고 모델을 부착하는 것이 음주를 조장할 수 있다.

3. 다음 신문 기사의 제목을 가장 잘 설명한 것을 고르십시오. (   )

갑작스러운 폭설로 배춧값 폭등

① 갑작스러운 눈으로 배춧값이 떨어졌다.
② 갑자기 비가 많이 내려 배춧값이 올랐다.
③ 갑자기 눈이 많이 쏟아져 배춧값이 상승했다.
④ 갑작스러운 바람과 비로 배추들이 다 떠내려가 배추를 사기가 어려워졌다.

정답

1. 1) 주류　2) 흡연　3) 연장　4) 광고　5) 소비
2. 1) ③　2) ④　3. ③

토픽에서 시사한자 찾기7

1. 다음 글에서 'ㅇ'으로 시작하는 한자 어휘를 찾아 써 보십시오.

음주 운전으로 인명 피해를 낸 사람에 대한 처벌 강화 법안이 국회에서 통과되었다. 하지만 새 법안은 원래 안건보다 처벌의 강도를 낮춘 것이라는 점에서 반쪽짜리 법안에 불과하다. 이 법안에 따르면 여전히 음주 운전 가해자의 처벌이 미뤄지거나 일정 기간이 지난 후 효력이 없어질 수도 있다. 이는 음주 운전에 대한 경각심을 높이고 재발 위험성을 낮추려던 본래의 취지에는 맞지 않는 것이다.

출처: 제64회 한국어능력시험 읽기

1) (　　　　　　　　)　2) (　　　　　　　　)
3) (　　　　　　　　)　4) (　　　　　　　　)
5) (　　　　　　　　)　6) (　　　　　　　　)

2. 다음 (　　　)에 들어갈 한자 어휘를 보기에서 골라서 써 보십시오.

보기 역학　연구　이해관계　이기적　이기심

사회학자들은 개인적으로는 도덕적인 사람도 집단 속에서는 (㉮)(이)고 폭력적으로 변할 수 있다고 말합니다. 집단에서는 개인적인 친밀도도 서로 떨어지고, 누가 누구에게 책임을 물을 수도 없는 복잡한 관계가 되죠. 그래서 도덕적인 개인들이 만든 사회도 각 집단들의 속성과 (㉯)관계에 따라 민족적, 인종적 충돌이나 (㉰)을/를 보이게 되지요. 그러므로 이런 집단 간의 관계는 도덕보다 힘의 (㉱) 관계에 따라 정치적으로 조정해야 하는 경우가 많습니다.

출처: 제47회 한국어능력시험 듣기

1) ㉮ (　　　　　　　　)　2) ㉯ (　　　　　　　　)
3) ㉰ (　　　　　　　　)　4) ㉱ (　　　　　　　　)

정답

1. 1) 음주　2) 운전　3) 인명　4) 원래　5) 안건　6) 일정
2. 1) 이기적　2) 이해　3) 이기심　4) 역학

한자 어휘 연습하기7

100. 아(兒)

발음	의미
아	아이, 아기

★ 써 보십시오.

兒	兒	兒	兒	兒	兒

★ 다음 어휘의 의미를 추측해서 연결해 보십시오.

가. 아동(兒童) • • ① 어린아이, 보통 유치원생부터 초등학생까지를 말함
나. 고아(孤兒) • • ② 길을 잃고 헤매는 아이
다. 미아(迷兒) • • ③ 부모가 없는 아이

★ 다음 문장에 맞는 어휘를 써 보십시오.

가. 그 작가는 주로 어린아이들을 위한 책을 쓰는 (　　　) 문학 작가이다.
나. 한국 전쟁 후에 부모를 잃은 (　　　)들이 많았다.
다. 놀이 공원에서 아이가 없어져 여기저기 찾다가 (　　　)보호소에서 아이를 보호하고 있다는 방송을 듣고 안심했다.

한자 어휘 넓히기

아(我)
의미: 나, 우리
예문: 돈을 벌기 위해 직업을 찾는 것이 아니라 자아실현을 위해 일을 할 수 있다면 얼마나 좋을까?

아(亞)
의미: 아시아의 준말, 두 번째로
예문: 기상청은 지구 온난화가 계속된다면 평균기온이 5~6도 올라가 남부지방의 기후가 아열대로 바뀔 것이라고 했다.

아(雅)
의미: 맑다, 바르다
예문: 플루트의 연주 소리는 새소리같이 맑고 청아하다

정답

가) ① 　 나) ③ 　 다) ②
가) 아동 　 나) 고아 　 다) 미아

101. 악(樂)

발음	의미
악/낙/락	노래, 음악, 악기

★ 써 보십시오.

樂	樂	樂	樂	樂	樂

★ 다음 어휘의 의미를 추측해서 연결해 보십시오.

가. 악기(樂器) • • ① 인생이나 어떤 일을 밝고 희망적으로 봄
나. 낙관(樂觀) • • ② 여러 가지 방법으로 기분을 즐겁게 하는 일
다. 오락(娛樂) • • ③ 음악을 연주하는 데 쓰는 기구

★ 다음 문장에 맞는 어휘를 써 보십시오.

가. 윷놀이는 많은 사람들이 다 같이 즐길 수 있는 ( ) 중 하나이다.
나. 내 동생은 성격이 너무 ( )적이라서 실수를 하거나 문제가 생겨도 걱정을 안 한다.
다. 나는 그림에는 소질이 없는 편인데, 드럼이나 피아노, 기타 같은 ( )은/는 잘 다루는 편이다.

한자 어휘 넓히기

악(惡)
의미: 악하다, 나쁘다
예문: 그들은 여름에는 선풍기도 없고 겨울에는 난로도 없는 열악한 환경에서 12시간씩 일한다.

악(岳)
의미: 큰 산, 높은 산
예문: 높은 산의 이름에는 '악'자가 들어가는 경우가 많다.

악(握)
의미: 잡다
예문: 회사에 입사한 지 얼마 되지 않아서 아직 일을 다 파악하지 못했다.

정답
가) ③ 나) ① 다) ②
가) 오락 나) 낙관 다) 악기

102. 안(安)

발음	의미
안	편안하다, 아무 일 없이 평안히 지내다

★ 써 보십시오.

安	安	安	安	安	安

★ 다음 어휘의 의미를 추측해서 연결해 보십시오.

가. 안전(安全) • • ① 걱정이 없어 편하고 좋음
나. 안정(安定) • • ② 위험하지 않고 사고가 생길 일이 없음
다. 편안(便安) • • ③ 바뀌거나 변하지 않고 일정한 상태를 유지함

★ 다음 문장에 맞는 어휘를 써 보십시오.

가. 기말시험도 끝나고 숙제도 다 제출해서 이번 주말은 (　　　)하게 쉴 수 있다.
나. 우리 엄마가 어제 그 소식을 듣고 너무 놀라서 쓰러지셨는데 이제 (　　　)을/를 찾고 식사도 조금씩 하신다.
다. 학교 앞에서는 아이들의 (　　　)을/를 위해 운전 속도를 줄이고 조심해서 운전해야 한다.

한자 어휘 넓히기

안(案)
의미: 책상
예문: 미성년자를 대상으로 하는 성폭력에 대한 처벌이 너무 가벼워 시민들은 더 강력한 법안이 필요하다고 주장하고 있다.

안(眼)
의미: 눈, 눈동자, 구멍
예문: 새로운 사업을 하거나 주식 투자를 하려면 미래를 볼 줄 아는 안목을 키우는 것이 중요하다.

안(顔)
의미: 얼굴
예문: 그 사람은 지난번 모임 때 인사를 해서 안면은 있지만, 이름이나 다른 개인적인 것은 잘 알지 못한다.

정답
가) ② 나) ③ 다) ①
가) 편안 나) 안정 다) 안전

103. 암(暗)

발음	의미
암	어둡다, 보이지 않다, 숨기다

★ 써 보십시오.

暗	暗	暗	暗	暗	暗

★ 다음 어휘의 의미를 추측해서 연결해 보십시오.

가. 암기(暗記) • • ① 어두워서 안 보이는 것처럼 희망이 없고 절망적임
나. 암담(暗澹) • • ② 밝음과 어두움, 색 밝기의 정도
다. 명암(明暗) • • ③ 머리로 외움

★ 다음 문장에 맞는 어휘를 써 보십시오.

가. 그 사람은 사고로 시력을 잃어서 사람과 사물도 구별하지 못하고, 밝고 어두운 (　　　) 정도만 구별할 수 있다고 한다.

나. 직장도 잃었고 아르바이트할 곳도 없으니 다음 달부터 집세와 생활비를 어떻게 벌어야 할지 (　　　)하다.

다. 외우기를 할 때 무작정 외우는 것보다는 완벽히 이해한 후에 (　　　)하는 것이 가장 좋은 방법이다.

한자 어휘 넓히기

암(癌)
의미: 병, 종기
예문: 그 요양원은 항암치료를 받는 환자들을 위한 시설과 환경을 갖추고 있다.

암(闇)
의미: 숨다, 어둡다
예문: 성경에서는 세상이 만들어지기 전에는 빛이 없는 흑암의 세계였다고 말한다.

암(庵)
의미: 바위
예문: 경주에 있는 신라의 유물 중에서 돌에 불상을 새긴 석굴암이 유명하다.

정답
가) ③ 나) ① 다) ②
가) 명암 나) 암담 다) 암기

104. 애(愛)

발음	의미
애	사랑, 자애, 사모

★ 써 보십시오.

愛	愛	愛	愛	愛	愛

★ 다음 어휘의 의미를 추측해서 연결해 보십시오.

가. 애국(愛國) • • ① 나라를 사랑함
나. 애정(愛情) • • ② 사랑하는 마음
다. 우애(友愛) • • ③ 형제나 친구 사이의 정

★ 다음 문장에 맞는 어휘를 써 보십시오.

가. 한 나라의 노래를 국가라고 하는데 한국 국가의 이름은 ( )가이다.
나. 유치원 발표회에서 부모들은 자기 아이가 노래하는 것을 ( ) 가득한 눈으로 바라보고 있었다.
다. 형제끼리 싸우지 않고 ( )이/가 깊어야 가정이 행복하다.

한자 어휘 넓히기

애(哀)
의미: 슬프다, 불쌍히 여기다
예문: 평생을 가난한 사람들을 위해 산 그 사람의 사망 소식에 애도의 글들이 인터넷에 올라오고 있다.

애(涯)
의미: 물가가 있는 가장자리
예문: 오랫동안 기다렸지만 그 사람 생애에는 잃어버린 가족을 만나지 못했다.

정답

가) ① 나) ② 다) ③
가) 애국 나) 애정 다) 우애

105. 야(夜)

발음	의미
야	밤, 저녁 무렵, 한밤중

★ 써 보십시오.

夜	夜	夜	夜	夜	夜

★ 다음 어휘의 의미를 추측해서 연결해 보십시오.

가. 야간(夜間) • • ① 밤의 경치
나. 야경(夜景) • • ② 어떤 일을 하느라고 밤을 새움
다. 철야(徹夜) • • ③ 밤사이, 밤 동안

★ 다음 문장에 맞는 어휘를 써 보십시오.

가. 그 회사 노동자들은 월급 인상안에 반대하며 일주일째 ( ) 농성 중이다.
나. 서울에서는 밤에 남산타워나 롯데타워에 가면 아름다운 ( )을/를 볼 수 있다.
다. KTX 개통 이후 밤에 이용할 수 있는 ( )열차가 수익이 없다는 이유로 폐지되었다.

한자 어휘 넓히기

야(野)
의미: 들, 민간
예문: 김 박사님은 심장 수술 분야에서는 일인자이다.

야/약(若)
의미: 반야/같다
예문: 만약 이번 축구 경기에서 한국이 이기면 4강에 올라가게 된다.

야/이(也)
의미: 잇기, 어조사/잇달다
예문: 하루 종일 흐리고 습하더니 급기야 천둥, 번개를 동반한 소나기가 내리기 시작했다.

정답

가) ③ 나) ① 다) ②
가) 철야 나) 야경 다) 야간

106. 약(藥)

발음	의미
약	약, 약초

★ 써 보십시오.

藥	藥	藥	藥	藥	藥

★ 다음 어휘의 의미를 추측해서 연결해 보십시오.

가. 약국(藥局) • • ① 병을 치료하는 데에 쓰이는 약품

나. 마약(痲藥) • • ② 모르핀, 코카인 등 마취작용을 하며 습관성을 가진 약

다. 의약품(醫藥品) • • ③ 약을 파는 곳, 병원 안에서 약사가 약을 지어 주는 부서

★ 다음 문장에 맞는 어휘를 써 보십시오.

가. 지진으로 많은 사상자가 나온 그 지역에 의료진 파견과 (　　　) 지원이 시급하다.

나. 한국은 대마초도 (　　　)(으)로 간주되어 처벌을 받는다.

다. 병원에서 진료한 후 의사한테 처방전을 받으면 (　　　)에서 약을 살 수 있다.

한자 어휘 넓히기

약(弱)
의미: 약하다
예문: 힘이 센 동물이 약한 동물을 잡아먹는 약육강식은 사람들 사이에서도 늘 존재한다.

약(略)
의미: 짧고 간단하다, 생략하다
예문: 감상문을 쓸 때는 내용이나 줄거리는 간략하게 쓰고, 느낀 점을 자세히 쓰는 것이 좋다.

약(約)
의미: 맺다, 묶다
예문: 정치인들은 선거 때 당선을 위한 약속이 아닌 자신이 실천할 수 있는 공약을 내세워야 한다.

정답

가) ③　　나) ②　　다) ①

가) 의약품　　나) 마약　　다) 약국

107. 양(養)

발음	의미
양	낳아서 기르다, 심어 가꾸다

★ 써 보십시오.

養	養	養	養	養	養

★ 다음 어휘의 의미를 추측해서 연결해 보십시오.

가. 양성(養成) • • ① 식물이나 미생물 등을 인공적으로 가꾸어 기름
나. 양로원(養老院) • • ② 가르쳐서 유능한 사람을 키워 냄
다. 배양(培養) • • ③ 의지할 곳 없는 노인들을 모아 돌보는 시설

★ 다음 문장에 맞는 어휘를 써 보십시오.

가. 효소, 호르몬, 백신 등 의료용 치료 단백질을 생산하기 위해서 동물 세포를 (　　　) 하는데, 주로 미생물학을 전공한 사람들이 이것을 연구한다.
나. 나는 10년째 노인들이 계신 (　　　)에 가서 봉사활동을 해 오고 있다.
다. 외국인들에게 한국어를 가르치고 싶어서 한국어 교사 (　　　) 과정을 수강하고 있다.

한자 어휘 넓히기

양(洋)
의미: 큰 바다, 서양, 외국
예문: 한국과 미국 사이에 있는 큰 바다의 이름은 태평양이다.

양/량(良)
의미: 어질다, 좋다
예문: 전통 한복은 생활하는 데 불편하기 때문에 요즘은 편하게 입을 수 있는 개량 한복을 많이 입는다.

양(陽)
의미: 태양
예문: 한국 달력에는 양력과 음력이 모두 나와 있다.

정답
가) ② 나) ③ 다) ①
가) 배양 나) 양로원 다) 양성

108. 어(語)

발음	의미
어	말, 이야기

★ 써 보십시오.

語	語	語	語	語	語

★ 다음 어휘의 의미를 추측해서 연결해 보십시오.

가. 어학(語學) • • ① 한 나라의 언어 중에서 특히 문법을 연구하는 학문
나. 어휘(語彙) • • ② 자신의 나라에서 사용하는 언어, 태어나서 처음 익힌 언어
다. 모국어(母國語) • • ③ 단어, 관용어, 속담 등을 포함한 낱말의 총집합

★ 다음 문장에 맞는 어휘를 써 보십시오.

가. 아버지, 어머니가 한국인이면 그 사람의 ( )은/는 한국어이다.
나. 대학에서 언어를 전공할 때 문학은 시나 소설을 주로 공부하고, ( )은 문법을 중심으로 공부한다.
다. 외국어를 공부할 때는 ( )의 뜻만 외우지 말고 어떤 상황에서 사용하는지도 알아야 한다.

한자 어휘 넓히기

어(魚)
의미: 물고기
예문: 어류 중에서 먹을 수 있는 것은 생선이라고 한다.

어(漁)
의미: 고기를 잡다, 빼앗다
예문: 여름휴가 동안 어촌에서 일주일 동안 민박을 하면서 바다낚시를 했다.

어(於)
의미: 어조사, 기대다
예문: 내 머리 길이가 아주 짧지도 않고 묶을 만큼 길지도 않아서 아주 어중간한 상태이다.

정답
가) ① 나) ③ 다) ②
가) 모국어 나) 어학 다) 어휘

109. 억(抑)

발음	의미
억	누르다, 굽히다, 물러나다

★ 써 보십시오.

抑	抑	抑	抑	抑	抑

★ 다음 어휘의 의미를 추측해서 연결해 보십시오.

가. 억압(抑壓) • • ① 하고 싶지만 억눌러 제지함
나. 억울(抑鬱) • • ② 하지 못하게 압박함
다. 억제(抑制) • • ③ 황당한 일을 당해 원통하여 가슴이 답답함

★ 다음 문장에 맞는 어휘를 써 보십시오.

가. 6개월간 계속된 오디션 프로그램에서 1등을 한 그 가수는 감정을 ( )하지 못하고 울음이 터져 말을 잇지 못했다.
나. 국회나 법원 앞에는 ( )하게 당한 일을 호소하는 1인 시위자들이 자주 보인다.
다. 그 프로그램은 정치적 ( )을/를 견디지 못하고 자신의 나라에서 탈출한 사람들이 나와 자신의 이야기를 털어놓는 방식의 토크쇼이다.

한자 어휘 넓히기

억(憶)
의미: 생각하다
예문: 우리는 그동안 사랑했지만 이제는 좋은 기억만을 갖기로 하고 헤어졌다.

억/의(臆)
의미: 가슴, 마음
예문: 엄마가 안 된다고 하는데도 아이는 장난감을 사 달라고 억지를 부렸다.

억(億)
의미: 많은 수, 억
예문: 그 사고로 자식을 잃은 부모들은 억장이 무너지는 슬픔을 겪었다.

정답
가) ② 나) ③ 다) ①
가) 억제 나) 억울 다) 억압

110. 언(言)

발음	의미
언	말씀, 언어

★ 써 보십시오.

言	言	言	言	言	言

★ 다음 어휘의 의미를 추측해서 연결해 보십시오.

가. 언론(言論) • • ① 생각이나 느낌을 소리나 글자로 나타낸 것
나. 언어(言語) • • ② 사실을 증명하는 말
다. 증언(證言) • • ③ TV, 라디오 등의 매체를 통해 사실을 알리는 행동

★ 다음 문장에 맞는 어휘를 써 보십시오.

가. 횡단보도를 건너던 사람을 치고 달아난 뺑소니 운전자가 목격자의 ( )(으)로 잡혔다.

나. 신문사와 방송국 등의 모든 ( ) 기관에서 연예인 해외 도박 사건을 머리기사로 보도하였다.

다. 세계에서 가장 많이 쓰이는 ( ) 순위를 보면 중국어가 1위, 스페인어가 2위, 영어가 3위라고 한다.

정답

가) ③ 나) ① 다) ②
가) 증언 나) 언론 다) 언어

111. 업(業)

발음	의미
업	직업, 과업

★ 써 보십시오.

業	業	業	業	業	業

★ 다음 어휘의 의미를 추측해서 연결해 보십시오.

가. 업무(業務) • • ① 직장에서 맡은 일
나. 업체(業體) • • ② 일자리를 잃은 사람
다. 실업자(失業者) • • ③ 가게나 기업

★ 다음 문장에 맞는 어휘를 써 보십시오.

가. 그 자동차 회사가 부도가 난다면 직장을 잃는 (　　　) 수는 엄청나게 많아질 것이다.
나. 월말이라서 처리해야 할 (　　　)이/가 많아 밤샘 작업을 해야 한다.
다. 음식을 판매하는 대부분의 (　　　)들은 배달 시스템을 도입하여 매출을 늘리려고 노력한다.

정답
가) ① 나) ③ 다) ②
가) 실업자 나) 업무 다) 업체

112. 여(女)

발음	의미
여/녀	여자, 딸

★ 써 보십시오.

女	女	女	女	女	女

★ 다음 어휘의 의미를 추측해서 연결해 보십시오.

가. 여성(女性) • • ① 여자를 말함
나. 남녀(男女) • • ② 남자와 여자
다. 자녀(子女) • • ③ 아들과 딸을 높여 부르는 말

★ 다음 문장에 맞는 어휘를 써 보십시오.

가. 저출산으로 가구당 평균 (　　　) 수가 점점 감소하고 있다.
나. 우리 회사는 (　　　) 차별이 전혀 없다.
다. 조선 시대에는 (　　　)와/과 남성의 역할이 엄격하게 분리되어 있었다.

한자 어휘 넓히기

여(餘)
의미: 남다, 넉넉하다
예문: 나는 아르바이트를 해서 생활비와 등록금을 마련해야 되기 때문에 한가하게 친구들과 놀 여유가 없다.

여(與)
의미: 주다, 베풀다
예문: 이번 모금 운동은 홍보가 부족해서 그런지 참여 인원이 너무 적어 아쉽다.

여(如)
의미: 같다, 같게 하다, 따르다
예문: 그 작품은 예술성은 뛰어나지만 대중성이 결여되어 있다는 평을 받았다.

정답

가) ① 나) ② 다) ③
가) 자녀 나) 남녀 다) 여성

113. 역(易)

발음	의미
역	바꾸다, 교환하다
이	쉽다

★ 써 보십시오.

易	易	易	易	易	易

★ 다음 어휘의 의미를 추측해서 연결해 보십시오.

가. 역지사지(易地思之) • • ① 물건을 서로 사고팔아서 바꿈
나. 교역(交易) • • ② 어렵지 않고 아주 쉬움
다. 용이(容易) • • ③ 서로 처지를 바꿔 생각함

★ 다음 문장에 맞는 어휘를 써 보십시오.

가. 그곳은 교통이 좋지 않아서 접근하기가 (　　　)하지 않다.
나. 서로 자신의 주장만 고집하지 말고 (　　　)(으)로 상대편 주장도 들어 봐.
다. 예전부터 실크로드를 통해 서양과 동양의 (　　　)이/가 이루어져 왔다.

한자 어휘 넓히기

역/력(力)
의미: 힘, 힘쓰다
예문: 이번 시험은 고급 수준의 말하기 능력을 평가한다.

역(役)
의미: 일을 시키다, 부리다
예문: 내 동생은 이번 영화에서 아이돌 가수 역할을 맡았다.

역(逆)
의미: 어기다, 배반하다
예문: 농구 경기에서 계속 지고 있다가 마지막 3분을 남기고 역전에 성공했다.

역(域)
의미: 땅의 경계, 나라, 국토
예문: 한국에는 흡연구역이 정해져 있어서 아무 곳에서나 담배를 피우면 안 된다.

정답
가) ③ 나) ① 다) ②
가) 용이 나) 역지사지 다) 교역

114. 연(然)

발음	의미
연	그렇다, 그렇다고 여기다

★ 써 보십시오.

然	然	然	然	然	然

★ 다음 어휘의 의미를 추측해서 연결해 보십시오.

가. 자연(自然) • • ① 뜻하지 않게 생긴 일
나. 당연(當然) • • ② 마땅히 해야 할 일
다. 우연(偶然) • • ③ 저절로 그렇게 되는 모양, 또는 사람의 힘을 더하지 않은 그대로의 상태

★ 다음 문장에 맞는 어휘를 써 보십시오.

가. 죄를 지었으면 벌을 받는 것은 (　　　)한 일이다.
나. 사진을 찍을 때는 (　　　)스러운 표정을 짓는 것이 제일 잘 나온다.
다. 길을 가다가 (　　　)히 초등학교 동창을 만나 너무 반가웠다.

한자 어휘 넓히기

연(研)
의미: 갈다, 문지르다
예문: 연구 결과에 의하면 음주는 간뿐만 아니라 피부에도 나쁜 영향을 미친다고 한다.

연/년(年)
의미: 해, 나이, 때
예문: 그 식당은 하루도 쉬는 날이 없이 연중무휴로 영업한다.

연/련(連)
의미: 계속되다, 이어지다
예문: 그 이야기는 회의 주제와는 관련이 없는 내용이다.

연(煙)
의미: 연기, 안개, 담배
예문: 병실에서는 절대 금연입니다.

정답
가) ③　나) ②　다) ①
가) 당연　나) 자연　다) 우연

115. 열(熱)

발음	의미
열	덥다, 따뜻하다

★ 써 보십시오.

熱	熱	熱	熱	熱	熱

★ 다음 어휘의 의미를 추측해서 연결해 보십시오.

가. 열심(熱心) • • ① 어떤 일을 할 때 정신을 집중해서 함
나. 열정(熱情) • • ② 매우 뜨거운 애정
다. 과열(過熱) • • ③ 너무 심하게 뜨거워지는 것

★ 다음 문장에 맞는 어휘를 써 보십시오.

가. 음악에 대한 그의 ( )은/는 많은 사람을 감동시켰다.
나. 부동산 경기가 ( )되어 아파트 가격이 폭등했다.
다. 나는 장학금을 받기 위해 ( )히 공부했다.

한자 어휘 넓히기

열(閱)
의미: 보다, 가리다, 조사하다
예문: 예전에는 영화를 상영하기 전에 사전 검열을 했다고 한다.

열/렬(列)
의미: 주다, 벌이다
예문: 부처님 오신 날 연등행렬은 정말 구경할 만하다.

열(劣)
의미: 못하다, 낮다
예문: 동생은 무엇이든지 잘 하는 언니에게 늘 열등감을 느낀다.

정답
가) ① 나) ② 다) ③
가) 열정 나) 과열 다) 열심

쉬어가기 10

★ 여러분은 언제 온라인 쇼핑을 합니까?

쇼핑에서 한자 어휘 찾기

세계적으로 온라인 쇼핑이 유행입니다. 배송(配送)이 빠르고 물건이 마음에 들지 않으면 반품(返品)도 가능하고 환불(還拂)도 해 주기 때문에 온라인을 이용하는 사람들이 많아졌습니다. 스마트폰에 온라인 쇼핑 앱을 깔면 언제, 어디에서든지 주문(注文)이 가능합니다. 돈을 낼 때 카드나 스마트폰으로 결제(決濟)하기 때문에 편합니다. 온라인 쇼핑몰에는 없는 것이 없어서 필요한 것을 인터넷 검색(檢索)으로 확인해 보면 됩니다. 그리고 다른 사이트와 서로 비교해서 더 좋은 물건을 싸게 구입(購入)할 수도 있습니다.

★ 여러분 나라에서 많이 이용하는 온라인 쇼핑 앱은 무엇입니까?

116. 영(營)

발음	의미
영	경영하다, 만들다, 다스리다

★ 써 보십시오.

營	營	營	營	營	營

★ 다음 어휘의 의미를 추측해서 연결해 보십시오.

가. 영업(營業) • • ① 탄수화물, 단백질 등 생물체의 영양이 되는 성분
나. 영양소(營養素) • • ② 이익을 내기 위해 하는 일
다. 운영(運營) • • ③ 조직, 회사 등을 관리하고 경영함

★ 다음 문장에 맞는 어휘를 써 보십시오.

가. 국립대학은 국가에서 지원하는 돈으로 ( )되는 대학을 말한다.
나. 비타민은 우리 몸에 꼭 필요한 중요한 ( )(이)다.
다. 그 식당은 새벽까지 ( )을/를 해서 회식을 마친 직장인들에게 인기가 많다.

한자 어휘 넓히기

영(英)
의미: 꽃부리, 뛰어나다
예문: 친구는 어렸을 때 미국에서 살아서 영어를 유창하게 구사한다.

영(永)
의미: 시간이 길다, 멀다
예문: 이 세상에 변하지 않고 영원한 것이 있을까?

영(映)
의미: 비치다, 반사하다
예문: 최근 한국영화가 해외 영화제에서 수상을 했다는 소식이 자주 들린다.

영(泳)
의미: 헤엄치다, 수영하다
예문: 너무 더워서 수업이 끝난 후에 친구들과 수영장에 가기로 했다.

정답
가) ② 나) ① 다) ③
가) 운영 나) 영양소 다) 영업

117. 예(豫)

발음	의미
예	미리, 미리 하다

★ 써 보십시오.

豫	豫	豫	豫	豫	豫

★ 다음 어휘의 의미를 추측해서 연결해 보십시오.

가. 예보(豫報) • • ① 미래의 일을 생각해서 미리 알림
나. 예비(豫備) • • ② 앞으로 있을 일을 미리 추측함
다. 예측(豫測) • • ③ 미리 준비해 갖춤

★ 다음 문장에 맞는 어휘를 써 보십시오.

가. 소독약이나 소화제 등의 간단한 약품들은 집에 (　　　)(으)로 갖춰 놓아야 한다.
나. 일기(　　　)을/를 보니 내일 큰 눈이 내린대요.
다. 이번 대통령 선거의 결과는 많은 사람의 (　　　)을/를 뒤집었다.

한자 어휘 넓히기

예(藝)
의미: 재주, 심다
예문: 장래 희망이 연예인이라는 아이들이 많다.

예/례(禮)
의미: 예도, 예절
예문: 식사 자리에서 윗사람보다 먼저 음식을 먹으면 예의에 어긋난다.

예(銳)
의미: 날카롭다, 빠르다
예문: 요즘 시험 기간이라 좀 예민해져서 입맛도 없고 짜증이 난다.

정답
가) ① 나) ③ 다) ②
가) 예비 나) 예보 다) 예측

118. 오(午)

발음	의미
오	낮

★ 써 보십시오.

午	午	午	午	午	午

★ 다음 어휘의 의미를 추측해서 연결해 보십시오.

가. 오전(午前) • • ① 잘 차린 점심 식사
나. 오찬(午餐) • • ② 밤 12시부터 낮 12시까지의 동안
다. 정오(丁午) • • ③ 낮 12시

★ 다음 문장에 맞는 어휘를 써 보십시오.

가. 오전 회의 후에 ( )이/가 준비될 예정이니 빠지지 마시고 모두 참석하세요.
나. 보통 백화점의 개점 시간은 ( ) 10시 30분이다.
다. 이 도시에서는 낮 12시가 되면 ( )을/를 알리는 종이 울린다.

한자 어휘 넓히기

오(汚)
의미: 더럽다
예문: 자동차 배기가스로 인한 대기오염 문제가 나날이 심각해지고 있다.

오(五)
의미: 다섯
예문: 다섯 가지 맛이 나는 오미자 열매는 여름에 음료수로 만들어서 마실 수도 있다.

오(誤)
의미: 잘못하다, 실수하다
예문: 어머니는 나이보다 젊어 보여서 같이 다니면 사람들이 친구로 오해한다.

정답
가) ③ 나) ① 다) ②
가) 오찬 나) 오전 다) 정오

119. 완(完)

발음	의미
완	완전하다, 끝내다

★ 써 보십시오.

完	完	完	完	完	完

★ 다음 어휘의 의미를 추측해서 연결해 보십시오.

가. 완성(完成) • • ① 부족하지 않도록 모두 보충함
나. 완전(完全) • • ② 어떤 것을 모두 이룸
다. 보완(補完) • • ③ 필요한 것이 모두 있어서 부족하지 않음

★ 다음 문장에 맞는 어휘를 써 보십시오.

가. 혼자 사는 것뿐만 아니라 경제적으로도 돈을 받지 않아야 부모님으로부터의 (　　　)한 독립이라고 할 수 있다.
나. 회의 전에 부족한 자료를 (　　　)해야 하는데 그럴 시간이 없어서 걱정이다.
다. 3년 동안의 고생 끝에 드디어 이 논문을 (　　　)했다.

한자 어휘 넓히기

완(緩)
의미: 느리다, 늦추다
예문: 주변 도로를 넓히는 공사가 끝나면 교통 체증이 완화될 것이다.

완(玩)
의미: 가지고 놀다
예문: 요즘은 '애완동물'보다는 '반려동물'이라는 말을 더 많이 쓴다.

완(婉)
의미: 순하다, 예쁘다
예문: 그가 나에게 한 부탁을 완곡하게 거절했다.

정답
가) ② 나) ③ 다) ①
가) 완전 나) 보완 다) 완성

120. 왕(王)

발음	의미
왕	임금, 왕

★ 써 보십시오.

王	王	王	王	王	王

★ 다음 어휘의 의미를 추측해서 연결해 보십시오.

가. 왕궁(王宮) • • ① 임금이 사는 궁전
나. 왕세자(王世子) • • ② 여자 임금
다. 여왕(女王) • • ③ 왕의 자리를 이을 왕자

★ 다음 문장에 맞는 어휘를 써 보십시오.

가. 어떤 나라의 (　　　)은/는 사랑을 위하여 왕의 자리를 버렸다고 한다.
나. 신라 시대에는 총 세 명의 (　　　)이/가 있었다.
다. 조선의 (　　　)(으)로는 경복궁, 창덕궁, 창경궁, 경희궁, 덕수궁이 있다.

한자 어휘 넓히기

왕(旺)
의미: 성하다
예문: 봄이 되니 식욕이 왕성해져서 살이 찐다.

왕(往)
의미: 가다, 옛
예문: 이리저리 왔다 갔다 하며 일이나 방향을 제대로 잡지 못하는 것을 '우왕좌왕'이라고 한다.

정답
가) ① 나) ③ 다) ②
가) 왕세자 나) 여왕 다) 왕궁

121. 외(外)

발음	의미
외	밖, 겉, 남

★ 써 보십시오.

外	外	外	外	外	外

★ 다음 어휘의 의미를 추측해서 연결해 보십시오.

가. 외교(外交) • • ① 나라 사이의 일을 처리하기 위해 다른 나라와 맺는 관계

나. 해외(海外) • • ② 바다 밖의 다른 나라, 외국

다. 내유외강(內柔外剛) • • ③ 속은 부드럽고 겉은 강함

★ 다음 문장에 맞는 어휘를 써 보십시오.

가. 그 사람은 (　　)의 성격이라서 처음에는 가까이 하기가 어렵지만 만나면 만날수록 따뜻하고 친절하다.

나. 그 나라와 좋은 (　　)관계를 맺기 위해서 대통령이 그 나라를 방문하기도 한다.

다. 한국 드라마에 이어 예능 프로그램도 (　　)에서 인기가 높아지고 있다.

한자 어휘 넓히기

외(畏)

의미: 두려워하다, 조심하다

예문: 신은 경외의 대상이라서 인간은 신을 공경하면서 두려워한다.

외(猥)

의미: 행동이나 생각이 지나치다, 뒤섞이다, 더럽다

예문: 혹시 내가 도움이 될 수 있지 않을까 싶어서 외람하게도 그분을 만나자고 했다.

정답

가) ①　　나) ②　　다) ③

가) 내유외강　　나) 외교　　다) 해외

122. 요(要)

발음	의미
요	원하다, 구하다

★ 써 보십시오.

要	要	要	要	要	要

★ 다음 어휘의 의미를 추측해서 연결해 보십시오.

가. 요구(要求) • • ① 물건을 사고자 하는 욕망
나. 수요(需要) • • ② 없어서는 안 됨
다. 필요(必要) • • ③ 필요해서 달라고 강하게 청함

★ 다음 문장에 맞는 어휘를 써 보십시오.

가. 회의에 (　　　)한 자료를 미리 복사해 놓아야 한다.
나. 청소년들 사이에서 무선 이어폰의 (　　　)이/가 급증하고 있다.
다. 비행기가 결항되자 비행기를 타지 못한 승객들은 항공료 반환을 (　　　)했다.

한자 어휘 넓히기

요/료(料)
의미: 세다, 헤아리다, 생각하다
예문: 맛있는 요리를 하려면 재료가 좋아야 한다.

요(曜)
의미: 빛나다
예문: 금요일 저녁은 다음날 출근이나 등교의 부담이 없이 마음껏 놀 수 있으므로 '불타는 금요일'의 줄임말인 '불금'으로 부르기도 한다.

요/료(療)
의미: 병을 고치다
예문: 그 구호기관은 병에 걸려도 제대로 의료 서비스를 받지 못하는 사람들에게 의약품을 보내 주는 일을 한다.

요(謠)
의미: 노래
예문: 요즘 아이들은 동요보다 가요를 더 많이 부른다.

정답
가) ③ 나) ① 다) ②
가) 필요 나) 수요 다) 요구

123. 욕(欲)

발음	의미
욕	하려고 하다, 바라다

★ 써 보십시오.

欲	欲	欲	欲	欲	欲

★ 다음 어휘의 의미를 추측해서 연결해 보십시오.

가. 욕망(欲望) • • ① 부족을 느껴 무엇을 하거나 가지려고 하는 마음
나. 의욕(意欲) • • ② 적극적으로 하려고 하는 마음, 노력
다. 탐욕(貪欲) • • ③ 지나치게 가지고자 하는 욕심

★ 다음 문장에 맞는 어휘를 써 보십시오.

가. 백설 공주의 새엄마, 흥부의 형 놀부는 모두 (　　　)적인 캐릭터이다.
나. 불교는 인간적 (　　　)을/를 끊고 부처가 되는 것을 지향한다.
다. 내 동생은 모든 일에 (　　　)이/가 넘치고 적극적이다.

한자 어휘 넓히기

욕(辱)
의미: 욕되게 하다
예문: 두 사람은 싸우면서 소리를 지르다가 욕설을 퍼붓기 시작했다.

욕(浴)
의미: 목욕하다, 물로 몸을 씻다
예문: 큰 찜질방이 생겨서 동네 목욕탕들이 점점 사라지고 있다.

정답
가) ① 나) ② 다) ③
가) 탐욕 나) 욕망 다) 의욕

124. 용(用)

발음	의미
용	쓰다, 베풀다

★ 써 보십시오.

用	用	用	用	用	用

★ 다음 어휘의 의미를 추측해서 연결해 보십시오.

가. 용도(用度) • • ① 물건을 씀
나. 고용(雇用) • • ② 쓰이는 곳
다. 사용(使用) • • ③ 돈을 주고 사람에게 일을 시킴

★ 다음 문장에 맞는 어휘를 써 보십시오.

가. 이 건물은 원래 호텔이었지만 다른 (　　)(으)로 쓰일 예정이다.
나. 종이컵, 빨대 등의 일회용품을 많이 (　　)하면 환경이 오염된다.
다. 그 연예인은 지나치게 따라다니는 팬 때문에 경호원을 (　　)했다.

한자 어휘 넓히기

용(容)
의미: 얼굴, 모양, 받아들이다
예문: 잘못했어요. 한 번만 용서해 주세요.

용(龍)
의미: 용, 임금
예문: '용두사미'라는 말은 처음은 좋지만 끝은 좋지 않을 때 쓰는 말이다.

용(勇)
의미: 날쌔다, 과감하다
예문: 나는 그 일에 대해 사실대로 말할 용기가 없어 결국 거짓말을 했다.

용(踊)
의미: 뛰다, 춤추다
예문: 무용은 음악에 맞추어 동작으로 감정과 의지를 표현하는 예술이다.

정답
가) ② 나) ③ 다) ①
가) 용도 나) 사용 다) 고용

125. 우(雨)

발음	의미
우	비

★ 써 보십시오.

雨	雨	雨	雨	雨	雨

★ 다음 어휘의 의미를 추측해서 연결해 보십시오.

가. 우산(雨傘) • • ① 갑자기 많이 쏟아지는 비

나. 폭우(暴雨) • • ② 비를 몸에 맞지 않게 손에 들어서 머리 위로 쓰는 물건

다. 호우주의보 (豪雨注意報) • • ③ 기상청에서 많은 비가 내릴 것을 미리 주의시켜 줌

★ 다음 문장에 맞는 어휘를 써 보십시오.

가. ( )을/를 동반한 태풍으로 인해 강물이 넘쳐 피해가 컸다.

나. 오늘 저녁에 비가 온다고 하니까 ( ) 가지고 가.

다. 태풍이 북상하면서 전국에 ( )이/가 내려졌다.

한자 어휘 넓히기

우(憂)
의미: 근심하다
예문: 가뭄이 너무 심해 식수난이 우려된다.

우(遇)
의미: 만나다
예문: '천재일우'란 '천 년에 한 번 만난다'는 뜻으로 쉽게 얻기 어려운 기회를 말한다.

우(友)
의미: 벗, 친구
예문: 드라마 〈응답하라 1988〉은 친구들과의 우정과 사랑을 다룬 드라마이다.

우(牛)
의미: 소
예문: 한우가 비싸져서 수입 소고기를 많이 먹는다.

정답

가) ② 나) ① 다) ③

가) 폭우 나) 우산 다) 호우주의보

126. 운(運)

발음	의미
운	옮기다, 돌다, 회전하다

★ 써 보십시오.

運	運	運	運	運	運

★ 다음 어휘의 의미를 추측해서 연결해 보십시오.

가. 운동(運動) • • ① 몸을 건강하게 하기 위해 몸을 움직이는 것

나. 운행(運行) • • ② 살아 움직이는 힘, 어떤 일이 생기려고 하는 분위기

다. 기운(氣運) • • ③ 차량 등을 정해진 노선에 따라 운전함

★ 다음 문장에 맞는 어휘를 써 보십시오.

가. 다이어트를 하느라고 3일 동안 굶었더니 (   )이/가 하나도 없다.

나. 지나친 (   )은/는 오히려 건강에 해가 된다.

다. 동해안 지역은 눈이 많이 쌓여 버스와 대중교통의 (   )이/가 중단되었다.

한자 어휘 넓히기

운(雲)
의미: 구름, 습기
예문: 바다에서 떠오르는 새해 일출을 보려고 해운대 해수욕장에 많은 사람이 모였다.

운(韻)
의미: 소리, 음운
예문: 고려의 시조는 운율에 맞추어 지어야 한다.

운(隕)
의미: 떨어지다, 잃다
예문: 밤하늘에 가끔 떨어지는 운석을 별똥별이라고도 한다.

정답

가) ① 나) ③ 다) ②

가) 기운 나) 운동 다) 운행

127. 원(原)

발음	의미
원	근원, 들, 언덕

★ 써 보십시오.

原	原	原	原	原	原

★ 다음 어휘의 의미를 추측해서 연결해 보십시오.

가. 원료(原料) • • ① 만들거나 가공하는 데 바탕인 재료, 생산에 쓰이는 재료

나. 원인(原因) • • ② 어떤 일의 근본이 되는 이유

다. 원칙(原則) • • ③ 일반적인 경우에 적용되는 근본적인 법칙

★ 다음 문장에 맞는 어휘를 써 보십시오.

가. 해외에서 ( )을/를 수입해서 완제품을 만들어 수출하는 회사가 많다.

나. 이번 지하철 고장의 ( )은/는 부품 불량이라고 한다.

다. 표준어는 교양 있는 사람들이 두루 쓰는 현대 서울말로 정함을 ( )(으)로 한다.

한자 어휘 넓히기

원(員)
의미: 인원, 수효, 둥글다
예문: 그 사람은 2년 동안 뉴욕 특파원으로 일하다가 이번에 귀국했다.

원(院)
의미: 집, 담, 마을
예문: 법원은 그 사람에게 무죄를 선고하였다.

원(源)
의미: 근원, 기원, 출처
예문: 한국은 인적 자원이 풍부한 나라이다.

원(遠)
의미: 멀다, 세월이 오래다
예문: 정보통신 기술이 발달하여 원격 교육이 일반화되었다.

원(願)
의미: 원하다, 바라다
예문: 새해에는 가정이 평안하고 모두 건강하시기를 기원합니다.

정답

가) ① 나) ② 다) ③

가) 원료 나) 원인 다) 원칙

쉬어가기 11

★ 여러분은 버스나 지하철 중에서 무엇을 자주 이용합니까?

대중교통에서 한자 어휘 찾기

한국은 대중교통(大衆交通)의 천국이라고 할 수 있습니다. 지하철(地下鐵)만 타면 서울 어디든지 갈 수 있고, 환승(換乘)역에서 갈아타면 서울 근교까지도 정확한 시간에 도착할 수 있지요. 부산까지 가려면 고속(高速)버스를 타도 되지만 서울역에서 기차(汽車)를 이용해도 됩니다. 고속열차(列車)인 KTX를 타면 2시간 안에 부산까지 갈 수 있습니다. 비행기(飛行機)로도 갈 수 있는데 김포공항(空港)에서 국내선(國內線)을 타고 김해공항에 도착한 후 버스나 택시를 타면 됩니다.

★ 윗글에서 언급한 교통수단 외에 여러분 고향에는 다른 교통수단이 있습니까?

128. 월(月)

발음	의미
월	달, 달빛

★ 써 보십시오.

月	月	月	月	月	月

★ 다음 어휘의 의미를 추측해서 연결해 보십시오.

가. 월급(月給) • • ① 건물이나 방, 집을 빌린 후 다달이 주인에게 내는 돈
나. 월세(月貰) • • ② 한 달, 두 달 등의 달을 세는 단위
다. 개월(個月) • • ③ 일을 한 대가로 매달 받는 돈

★ 다음 문장에 맞는 어휘를 써 보십시오.

가. (　　　)의 반이 아이들의 교육비로 지출되고 있어서 생활비가 부족하다.
나. 한국에 온 지 벌써 10(　　　)이/가 지났다.
다. 유학생은 전세보다는 (　　　)(으)로 집을 구하는 것이 낫다.

한자 어휘 넓히기

월(越)
의미: 넘다, 건너다
예문: 그는 거짓말도 진실처럼 믿게 만드는 능력이 탁월하다.

정답
가) ③ 나) ① 다) ②
가) 월급 나) 개월 다) 월세

129. 위(位)

발음	의미
위	자리, 자리하다

★ 써 보십시오.

位	位	位	位	位	位

★ 다음 어휘의 의미를 추측해서 연결해 보십시오.

가. 위치(位置) • • ① 사람이나 물건이 있는 자리나 장소
나. 순위(順位) • • ② 차례, 순서
다. 지위(地位) • • ③ 한 개인이 차지하는 사회적인 자리

★ 다음 문장에 맞는 어휘를 써 보십시오.

가. 부모의 사회적 ( )이/가 자녀에게 대물림되는 사회는 공정한 사회가 아니다.
나. 물건을 썼으면 원래 있던 ( )에 그대로 두어라.
다. 요즘 인기가 있는 오디션 프로그램들은 심사위원들과 시청자들의 투표로 ( )이/가 결정된다.

한자 어휘 넓히기

위(危)
의미: 위태하다, 불안하다
예문: 밤새 내린 눈으로 길이 미끄러워서 위험하니 오늘은 대중교통을 이용하세요.

위(僞)
의미: 거짓, 잘못, 속이다
예문: 인터넷상으로 허위 사실을 유포하면 처벌받는다.

위(爲)
의미: 하다, 위하다, 다스리다
예문: '전화위복'이란 말은 '불행한 일이 바뀌어 오히려 행복이 된다'는 뜻이다.

위(委)
의미: 맡기다, 버리다
예문: 선거 관리 위원회는 불법적인 행위를 한 후보자의 자격을 박탈하였다.

정답
가) ① 나) ② 다) ③
가) 지위 나) 위치 다) 순위

130. 유(有)

발음	의미
有	있다, 존재하다, 가지다

★ 써 보십시오.

有	有	有	有	有	有

★ 다음 어휘의 의미를 추측해서 연결해 보십시오.

가. 유리(有利) • • ① 가지고 있음, 또는 가지고 있는 물건
나. 유비무환(有備無患) • • ② '준비가 있으면 근심이 없다'라는 뜻
다. 소유(所有) • • ③ 이익이 있음

★ 다음 문장에 맞는 어휘를 써 보십시오.

가. (　　　)의 정신으로 미리 준비해 두면 갑자기 어려운 일을 당해도 당황하지 않고 해결할 수 있다.
나. 농구는 키가 크면 클수록 (　　　)하다.
다. 이 땅은 모두 국가의 (　　　)(이)라서 개인이 마음대로 건물을 지을 수 없다.

한자 어휘 넓히기

유/류(類)
의미: 무리, 동아리
예문: 바다 밑에는 많은 종류의 동물들이 살고 있다.

유(由)
의미: 말미암다, 쓰다, 따르다
예문: 친구가 화가 난 이유를 모르겠다.

유(遺)
의미: 남기다, 끼치다
예문: 그 배우는 부모의 좋은 유전자를 모두 물려받은 것 같다.

유(遊)
의미: 놀다, 즐기다, 여행하다
예문: 처음 한국 유학을 결심했을 때 부모님께서 반대하셨다.

정답
가) ③ 나) ② 다) ①
가) 유비무환 나) 유리 다) 소유

131. 육(育)

발음	의미
육	기르다, 자라다, 낳다

★ 써 보십시오.

育	育	育	育	育	育

★ 다음 어휘의 의미를 추측해서 연결해 보십시오.

가. 육아(育兒) • • ① 어린아이를 기르는 것
나. 체육(體育) • • ② 가르쳐서 키움
다. 훈육(訓育) • • ③ 신체 활동을 가르쳐 운동 능력을 키우고 건강하게 하는 것

★ 다음 문장에 맞는 어휘를 써 보십시오.

가. 학교 (　　　) 시간에 운동장에 모여 축구를 했다.
나. 과거에는 어머니가 집에서 (　　　)을/를 책임졌지만 이제는 맞벌이 부부가 늘고 있어서 어린이집 등의 유아교육 기관에 맡기는 경우가 많다.
다. 때리거나 벌을 주는 등의 체벌은 좋은 (　　　) 방법이 아니다.

한자 어휘 넓히기

육(肉)
의미: 고기
예문: 근육을 키우려면 단백질을 많이 섭취해야 한다.

육/륙(陸)
의미: 육지, 땅
예문: 제주도의 강풍으로 비행기가 착륙하지 못하고 되돌아갔다.

육(六)
의미: 여섯
예문: 예순 살을 육순이라고 한다.

정답
가) ① 나) ③ 다) ②
가) 체육 나) 육아 다) 훈육

132. 은(恩)

발음	의미
은	은혜, 인정, 사랑하다

★ 써 보십시오.

恩	恩	恩	恩	恩	恩

★ 다음 어휘의 의미를 추측해서 연결해 보십시오.

가. 은사(恩師) • • ① '풀을 묶어서 은혜를 갚는다'라는 뜻으로 죽어도 은혜를 잊지 않고 갚음

나. 은인(恩人) • • ② 은혜를 베풀어 준 사람

다. 결초보은(結草報恩) • • ③ 감사한 마음으로 선생님을 이르는 말

★ 다음 문장에 맞는 어휘를 써 보십시오.

가. 그분은 내가 목숨이 위험할 때 구해 주신 생명의 (　　　)이다.

나. 이 은혜는 언젠가 꼭 (　　　)하겠습니다.

다. 스승의 날을 맞아 고등학교 동창들과 함께 (　　　)님을 찾아뵙기로 했다.

한자 어휘 넓히기

은(隱)
의미: 숨기다, 숨다, 근심하다
예문: 직장인들에게 물어보니 은퇴 후 가장 하고 싶은 것은 가족들과의 여행이라고 한다.

은(銀)
의미: 은, 화폐, 돈
예문: 고향에서 가져온 돈을 환전하기 위해 은행에 갔다.

은(慇)
의미: 괴로워하다, 친절하다
예문: 요즘은 센 불에 빨리 익힌 음식보다 약한 불로 오래 은근하게 조리한 음식이 건강에 좋다고 하여 한식이 인기가 많다.

정답

가) ③　　나) ②　　다) ①

가) 은인　　나) 결초보은　　다) 은사

133. 음(音)

발음	의미
음	소리, 말, 언어

★ 써 보십시오.

音	音	音	音	音	音

★ 다음 어휘의 의미를 추측해서 연결해 보십시오.

가. 음성(音聲) • • ① 박자, 음색, 가락 등을 목소리나 악기로 연주하는 것
나. 음악(音樂) • • ② 발음 기관에서 생기는 목소리
다. 소음(騷音) • • ③ 시끄러워 불쾌함을 느끼게 하는 소리

★ 다음 문장에 맞는 어휘를 써 보십시오.

가. 최근 아파트의 층간 (　　　)(으)로 인해 갈등이 많이 생기고 있다.
나. 카페에 조용한 (　　　)이/가 흘러나왔다.
다. 요즘 출시되는 스마트폰은 (　　　) 인식 기능이 있어 편리하다.

한자 어휘 넓히기

음(陰)
의미: 그늘, 음기, 그림자
예문: 추석은 음력 8월 15일이다.

음(飮)
의미: 마시다, 호흡하다, 먹이다
예문: 손님이 온다고 하니 어머니께서 상다리가 부러지도록 음식을 차리셨다.

정답
가) ② 나) ① 다) ③
가) 소음 나) 음악 다) 음성

134. 의(意)

발음	의미
의	뜻, 생각하다

★ 써 보십시오.

意	意	意	意	意	意

★ 다음 어휘의 의미를 추측해서 연결해 보십시오.

가. 의미(意味) • • ① 같은 의견
나. 의지(意志) • • ② 어떤 것을 하겠다는 마음의 상태, 뜻
다. 동의(同意) • • ③ 말이나 글의 뜻이나 내용

★ 다음 문장에 맞는 어휘를 써 보십시오.

가. 그 사람은 강한 (   )(으)로 역경을 이겨냈다.
나. 나는 그 의견에 (   )하지 않는다.
다. 이 글은 너무 길고 논리적이지 않아서 (   )을/를 이해하기가 어렵다.

한자 어휘 넓히기

의(義)
의미: 옳다, 바르다
예문: 교육은 국민의 의무이자 권리이다.

의(議)
의미: 의논하다
예문: 이것은 논의가 필요한 사항인 것 같다.

의(依)
의미: 의지하다, 돕다
예문: 부모에 대한 의존성이 지나치게 강한 아이는 성숙한 어른으로 자라기 어렵다.

의(醫)
의미: 의원, 치료하다
예문: 의과대는 의학을 연구하고 가르치는 대학이다.

의(疑)
의미: 의심하다, 두려워하다
예문: 그 사람은 너무 순수해서 남을 의심하지 않는다.

의(衣)
의미: 옷
예문: 이번 모임에 입을 옷을 사려고 백화점 의류 매장에 갔다.

정답

가) ③ 나) ② 다) ①
가) 의지 나) 동의 다) 의미

135. 이(利)

발음	의미
이/리	이롭다, 유익하다

★ 써 보십시오.

利	利	利	利	利	利

★ 다음 어휘의 의미를 추측해서 연결해 보십시오.

가. 이용(利用) • • ① 편리하고 쓸모 있게 씀

나. 이익(利益) • • ② 어부의 이익, 둘이 싸우는 틈에 제삼자가 이익을 얻음

다. 어부지리(漁父之利) • • ③ 유익하고 도움이 됨

★ 다음 문장에 맞는 어휘를 써 보십시오.

가. 유력했던 두 후보가 서로 싸우는 사이에 관심을 받지 못했던 후보가 (　　　)(으)로 당선되었다.

나. 자신의 (　　　)만을 생각하는 사람은 이기적인 사람이다.

다. 대기오염을 줄이기 위해서 휘발유와 경유의 사용을 줄이고 전기나 수소를 (　　　)해야 한다.

한자 어휘 넓히기

이/리(理)
의미: 다스리다, 수선하다, 깨닫다
예문: 그 사람은 늘 맡은 일을 완벽하게 처리해서 회사에서 능력을 인정받고 있다.

이(移)
의미: 옮기다, 바꾸다
예문: 학교까지 너무 멀어 가까운 곳으로 이사할 예정이다.

이(異)
의미: 다르다, 기이하다, 뛰어나다
예문: 항상 밝던 친구가 요즘 이상하게 말도 없고 웃지도 않아서 무슨 일이 있는지 걱정이다.

이(耳)
의미: 귀, 듣다
예문: 내 친구는 이목구비가 뚜렷해서 사진을 찍으면 잘 나온다.

정답

가) ①　나) ③　다) ②

가) 어부지리　나) 이익　다) 이용

136. 인(人)

발음	의미
인	사람, 인간

★ 써 보십시오.

人	人	人	人	人	人

★ 다음 어휘의 의미를 추측해서 연결해 보십시오.

가. 인구(人口) • • ① 한 지역, 또는 한 나라에 사는 사람의 수
나. 인류(人類) • • ② 세계의 모든 사람
다. 인생(人生) • • ③ 사람이 세상을 살아가는 것

★ 다음 문장에 맞는 어휘를 써 보십시오.

가. 환경오염이 전세계 ( )의 생존을 위협하고 있다.
나. 내 ( )을/를 되돌아보면 초등학교 때가 가장 행복했던 것 같다.
다. 의학의 발달로 평균 수명이 늘어나면서 노인 ( )이/가 증가하고 있다.

한자 어휘 넓히기

인(仁)
의미: 어질다, 자애롭다
예문: 이러한 국가적 어려움을 이겨내기 위해서는 살신성인의 정신이 필요하다.

인(認)
의미: 알다, 인식하다, 인정하다
예문: 그 연구소는 지문과 안면을 모두 인식시켜야 출입이 가능하다.

인(忍)
의미: 참다
예문: 성공을 이루기 위해서는 많은 노력과 인내심이 필요하다.

인(因)
의미: 말미암다, 인하다
예문: 이번 신제품의 실패 요인은 홍보 부족이라고 생각된다.

정답
가) ① 나) ② 다) ③
가) 인류 나) 인생 다) 인구

137. 일(日)

발음	의미
일	날, 해, 태양

★ 써 보십시오.

日	日	日	日	日	日

★ 다음 어휘의 의미를 추측해서 연결해 보십시오.

가. 일정(日程) • • ① 해가 뜸
나. 일출(日出) • • ② 날마다 늘 있는 것
다. 일상적(日常的) • • ③ 그날 해야 할 일

★ 다음 문장에 맞는 어휘를 써 보십시오.

가. 도시의 (　　　)인 생활에서 벗어나 제주도와 같은 조용한 곳으로 떠나고 싶다.
나. 그날 (　　　)을/를 좀 확인해 보고 다시 연락드리겠습니다.
다. 새해의 (　　　)을/를 보기 위해 동해안의 정동진으로 가는 사람들이 많다.

한자 어휘 넓히기

일(逸)
의미: 편안하다, 없어지다
예문: 흡연, 음주, 폭력 등 청소년들의 일탈이 늘고 있다.

일(一)
의미: 하나, 일, 첫 번째
예문: 성실하고 부지런한 사람을 일반적으로 개미에 비유한다.

일(溢)
의미: 넘치다, 가득 차다
예문: 지진이 난 후 일어난 해일로 인해 많은 피해를 입었다.

정답
가) ③ 나) ① 다) ②
가) 일상적 나) 일정 다) 일출

138. 입(入)

발음	의미
입	들다, 들이다, 빠지다

★ 써 보십시오.

入	入	入	入	入	入

★ 다음 어휘의 의미를 추측해서 연결해 보십시오.

가. 입장(入場) • • ① 어떤 사건에 들어가 관계함
나. 입학(入學) • • ② 신입생이 학교에 들어감
다. 개입(介入) • • ③ 어떤 장소 안으로 들어감

★ 다음 문장에 맞는 어휘를 써 보십시오.

가. 나는 두 사람 사이의 갈등에 (   )하고 싶지 않다.
나. 결혼식에서는 보통 신랑이 신부보다 먼저 (   )한다.
다. 최근 외국인 유학생의 대학 (   ) 정원이 늘어났다.

한자 어휘 넓히기

입/립(立)
의미: 서다, 정해지다
예문: 폭설로 인해 선박을 운행할 수 없어 그 섬이 며칠째 고립돼 있다.

입/립(粒)
의미: 껍질을 벗기지 않은 곡식의 알
예문: 원자나 원자핵 등의 물질을 이루는 아주 작은 것을 미립자라고 한다.

정답
가) ③ 나) ② 다) ①
가) 개입 나) 입장 다) 입학

★ 여러분은 무슨 색을 제일 좋아합니까?

색깔에서 한자 어휘 찾기

색깔은 한자어 '색(色)'과 고유어 '깔'이 합쳐진 말입니다. 색을 표현하는 말은 아주 다양합니다. 먼저 하얀 빛을 띠는 것은 백(白), 검은색은 흑(黑), 짙은 빨간색은 적(赤), 맑은 가을 하늘이나 풀의 빛을 나타내는 색은 청(靑), 노란색은 황(黃), 초록을 나타내는 색은 녹(綠)입니다. 그 외에도 주황(朱黃), 분홍(粉紅), 연두(軟豆), 회색(灰色), 갈색(褐色) 등 많습니다. 또 색이 들어간 어휘로 표현하는 말들이 있는데, '풀과 녹색은 같은 색이다'라는 뜻의 초록동색(草綠同色), '푸른색은 남색(藍色)에서 나온다'는 청출어람(靑出於藍) 등의 표현이 있습니다.

★ 한국 사람들은 옛날부터 하얀색을 좋아해서 '백의민족'이라고 불렸는데, 여러분의 고향 사람들이 좋아하는 색이 있습니까?

제8과 ㅈ

시사 뉴스 살펴보기8: 사회

1. 다음에서 알맞은 어휘를 골라 빈칸을 채우십시오.

종합	지원	주소지	주민센터	제공
접촉	직종	전문가	충족	각광

1) 한국에서는 이사를 하면 그 지역의 (　　　)에 가서 전입신고를 해야 한다.
2) 출산율을 높이기 위해 정부에서는 3자녀 이상의 가정에 전기료와 난방비 할인, 장학금 지급 등의 국가적 (　　　)을/를 한다.
3) 이 바이러스는 전염성이 높지만 환자와 직접 (　　　)만 하지 않으면 옮지 않는다.
4) 양국 회담의 결과가 두 나라 모두의 요구를 (　　　)시킬 수 있을지에 대한 기대가 높다.
5) K-POP, K-FOOD뿐만 아니라 K-BEAUTY도 세계적으로 (　　　)받고 있다.

2. 다음 사회 관련 기사를 읽고 물음에 답하십시오.

> **노인돌봄종합서비스 시행**
>
> 정부는 만 65세 이상의 노인에게 가사 활동을 지원해 주는 '노인돌봄종합서비스'를 시행하고 있다. 이 서비스는 혼자 힘으로 일상생활을 하기 어려운 노인들의 가구 소득, 건강 상태 등을 고려하여 선정하는데, 본인이나 가족이 대상자의 주소지 주민센터에 신청할 수 있다.
>
> 노인돌봄종합서비스는 방문요양 서비스와 단기 가사 서비스로 나누어지는데 방문요양 서비스는 식사 도움, 세면 도움, 옷 갈아입히기, 화장실 동행, 외출 동행 등의 방문과 취사, 청소, 세탁 등이 포함된다. 단, 의료인이 행하는 의료, 간호 등의 의료 서비스는 제공하지 않는다.
>
> 단기 가사 서비스는 골절, 중증질환 수술 등으로 일상생활이 어려운 노인을 위한 서비스로 1개월이나 2개월 동안 서비스가 제공된다. 65세 이상의 독거노인이나 75세 이상의 부부 노인가구가 신청할 수 있다.

1) 위 글의 내용과 같은 것을 고르십시오. (　　　)

① 아픈 노인들은 집에서 치료를 받을 수 있다.
② 이 서비스는 노인 본인이나 가족이 시청이나 구청에 신청할 수 있다.
③ 이 서비스는 65세 이상의 노인이면 모두 받을 수 있다.
④ 혼자 사는 노인이 아닌 경우 이 서비스를 받을 수 없다.

미래 유망 직업은?

비대면 접촉이 생활화된 언택트 시대로 돌입하면서 4차 산업 사회의 직업 변화가 예상보다 빨라질 것으로 보인다. 미래 유망 직종으로는 AI 엔지니어, 빅데이터 전문가, 정보 보안 전문가와 같은 정보통신 기술(IT) 분야 직업 등이 꼽힌다.

또한 환경 파괴를 줄일 수 있는 태양 에너지 전문가, 수소, 전기 등의 미래형 자동차 설계 기술자가 각광받을 것으로 예측된다. 건강과 장수에 대한 욕구가 늘어나면서 이를 충족시킬 수 있는 가정간호 전문가, 원격 의료기술 엔지니어, 유전자 엔지니어, 생체공학 전문가 등도 기대되는 직업이다.

2) 위 글의 주제로 가장 알맞은 것을 고르십시오. (　　)

① 환경 보호를 위해 태양 에너지 전문가를 양성해야 한다.
② AI 엔지니어는 인공지능의 시스템을 설계하는 사람을 말한다.
③ 언택트 시대가 되면서 직업의 변화가 빨라질 것으로 예상된다.
④ 앞으로 컴퓨터와 관련된 직종에 종사하는 사람들이 늘어날 것이다.

3) 위 글에서 언급된 직종 이외에 어떤 직종이 인기가 있을 것이라고 생각하십니까? 그 이유는 무엇입니까?

정답

1. 1) 주민센터　2) 지원　3) 접촉　4) 충족　5) 각광
2. 1) ②　2) ③　3) 생략

토픽에서 시사한자 찾기8

1. 다음 글에서 'ㅈ'으로 시작하는 한자 어휘를 찾아 써 보십시오.

아기는 주변 사물을 손으로 더듬고 만지면서 지각 능력을 발달시킨다. 그런데 이렇게 능동적인 경험뿐만 아니라 사람, 햇빛, 바람 등에 의한 접촉도 주요한 촉각 경험이 된다. 그중 주변 인물과의 피부 접촉은 사랑, 유대감, 신뢰감 등 유아의 정서 발달과 사회성 발달에 매우 중요하다. 연구에 따르면, 아기가 태어난 후 몇 년 사이에 이루어진 피부 접촉은 정서 발달에 필수적인 호르몬 분비를 촉진할 뿐만 아니라 지능 발달에도 영향을 미친다고 한다.

출처: 제64회 한국어능력시험 읽기

1) (　　　　　　　　)
2) (　　　　　　　　)
3) (　　　　　　　　)
4) (　　　　　　　　)
5) (　　　　　　　　)

2. 다음 (　　　)에 들어갈 한자 어휘를 보기에서 골라서 써 보십시오.

보기 저작권　전통　정책　제자　종목

지금까지의 (㉮)은/는 주요 전승자들을 인간문화재로 지정하고 그분들이 (㉯)을/를 일대일로 교육해 (㉰) 공예를 이어 나가는 것이었습니다. 그런데 이런 방식은 전승 (㉱)이/가 사유화될 우려가 있을뿐더러 요즘 젊은이들이 별로 선호하지 않는다는 단점이 있었죠. 그래서 좀 더 새로운 전승 정책이 필요하다고 봅니다.

출처: 제47회 한국어능력시험 듣기

1) ㉮ (　　　　　　　　)
2) ㉯ (　　　　　　　　)
3) ㉰ (　　　　　　　　)
4) ㉱ (　　　　　　　　)

정답

1. 1) 주변　2) 지각　3) 접촉　4) 정서　5) 지능
2. 1) 정책　2) 제자　3) 전통　4) 종목

한자 어휘 연습하기8

139. 자(自)

발음	의미
자	스스로, 자기, 저절로

★ 써 보십시오.

自	自	自	自	自	自

★ 다음 어휘의 의미를 추측해서 연결해 보십시오.

가. 자신(自信) • • ① 어떤 일을 잘할 수 있다거나 꼭 그렇게 될 것이라고 스스로 굳게 믿음

나. 자유(自由) • • ② 자기가 말한 것과 다르게 행동함

다. 자가당착(自家撞着) • • ③ 남과 관계없이 자기가 원하는 것을 마음대로 함

★ 다음 문장에 맞는 어휘를 써 보십시오.

가. 수필은 형식에 관계없이 (　　　)롭게 쓰는 글이다.

나. 특별히 정치인들은 말과 행동이 다른 (　　　)에 빠지지 않도록 스스로 잘 되돌아 봐야 한다.

다. 이번 일은 꼭 잘해 낼 (　　　)이/가 있다.

한자 어휘 넓히기

자(字)
의미: 글자, 문자
예문: 한글이 만들어지기 전에는 한자의 소리와 뜻을 빌려 우리말을 적었다.

자(資)
의미: 재물, 자본, 바탕
예문: 친구는 주식에 투자하여 많은 돈을 벌었다.

자(子)
의미: 아들, 남자
예문: 부모님은 앉으나 서나 자식 걱정을 하신다.

자(慈)
의미: 사랑, 어머니
예문: 불교에서는 모든 생명이 있는 것에게 자비심을 가져야 한다고 한다.

정답

가) ① 나) ③ 다) ②

가) 자유 나) 자가당착 다) 자신

140. 작(作)

발음	의미
작	짓다, 만들다, 일하다

★ 써 보십시오.

作	作	作	作	作	作

★ 다음 어휘의 의미를 추측해서 연결해 보십시오.

가. 작업(作業) • • ① 마음먹은 것이 삼일을 못 넘김
나. 작품(作品) • • ② 일터에서 도구나 기계를 가지고 일을 함
다. 작심삼일(作心三日) • • ③ 예술 활동으로 만든 것, 물건

★ 다음 문장에 맞는 어휘를 써 보십시오.

가. 영화 촬영이 모두 끝나고 이제는 편집 ( )만 남아 있다.
나. 올해 1월 1일에 금연을 하기로 결심했는데 또 ( )(으)로 끝나 버렸다.
다. 그 화가의 ( )은/는 사후에 높은 평가를 받았다.

한자 어휘 넓히기

작(昨)
의미: 어제, 옛날
예문: 나는 작년 8월에 한국에 왔다.

작(酌)
의미: 술을 붓다, 따르다
예문: 그 사람의 손만 만져 봐도 그동안 얼마나 힘들게 살았는지 짐작할 수 있다.

정답
가) ② 나) ③ 다) ①
가) 작업 나) 작심삼일 다) 작품

141. 장(長)

발음	의미
장	길다, 낫다, 나아가다

★ 써 보십시오.

長	長	長	長	長	長

★ 다음 어휘의 의미를 추측해서 연결해 보십시오.

가. 장점(長點) • • ① 특히 잘하거나 좋은 점

나. 장기적(長期的) • • ② 생물이 자라서 점점 커짐, 또는 규모나 힘이 점점 커짐

다. 성장(成長) • • ③ 오랜 기간 동안

★ 다음 문장에 맞는 어휘를 써 보십시오.

가. 너무 완벽하게 일을 처리하려는 것이 그 사람의 (   )이자 단점이다.

나. 신체 (   )이/가 가장 빠른 시기는 태어나서부터 6세까지의 영유아기이다.

다. 장애인이나 노인을 위한 복지 정책은 눈앞의 것만이 아닌 (   )인 관점에서 세워야 한다.

한자 어휘 넓히기

장(場)
의미: 마당, 때, 장소
예문: 아이돌 그룹이 무대에 등장하자 팬들은 소리를 지르면서 환호했다.

장/상(狀)
의미: 문서, 형상
예문: 대학 졸업장보다는 실력이 인정받는 사회가 되어야 한다.

장(裝)
의미: 꾸미다, 치장하다, 넣다
예문: 크리스마스 때 백화점 장식이 화려하다.

장(藏)
의미: 감추다, 숨다
예문: 중요한 파일을 USB에 저장했다.

정답

가) ① 나) ③ 다) ②

가) 장점 나) 성장 다) 장기적

142. 재(在)

발음	의미
재	있다, 존재하다, 보다

★ 써 보십시오.

在	在	在	在	在	在

★ 다음 어휘의 의미를 추측해서 연결해 보십시오.

가. 재학(在學) • • ① 지금 이때
나. 잠재(潛在) • • ② 속에 숨어 있어 겉으로 보이지 않음
다. 현재(現在) • • ③ 학교에 다니고 있음

★ 다음 문장에 맞는 어휘를 써 보십시오.

가. 그곳은 (　　　) 공사 중이어서 지나갈 수가 없으니 다른 길로 돌아가야 한다.
나. 졸업식장에서 (　　　)생들이 졸업생을 위하여 준비한 노래를 불렀다.
다. 아이들은 누구나 무한한 (　　　)력을 가지고 있다.

한자 어휘 넓히기

재(材)
의미: 재목, 재료, 원료
예문: 이번 대선 후보들의 집 앞에는 후보들을 취재하려는 기자들이 모여 있었다.

재(再)
의미: 두 번, 다시 한 번
예문: 대학에 불합격했거나 원하는 대학에 가기 위해 재수나 삼수를 하는 경우도 많다.

재(財)
의미: 재물, 재산, 보물
예문: 드라마에서는 부모가 재벌인 주인공이 자주 나온다.

재(才)
의미: 재주, 재능이 있는 사람
예문: 아이가 어렸을 때 어머니들은 자신의 아이가 영재라고 생각하는 경우가 많다.

정답

가) ③ 나) ② 다) ①
가) 현재 나) 재학 다) 잠재

143. 저(低)

발음	의미
저	낮다, 싸다, 약하다

★ 써 보십시오.

低	低	低	低	低	低

★ 다음 어휘의 의미를 추측해서 연결해 보십시오.

가. 저렴(低廉) • • ① 가장 낮음
나. 저하(低下) • • ② 물건값이 쌈
다. 최저(最低) • • ③ 품질, 능력, 기운 등이 내려가 낮아짐

★ 다음 문장에 맞는 어휘를 써 보십시오.

가. 요즘 스트레스와 운동 부족으로 체력이 ( )되어 자주 피곤함을 느낀다.
나. ( ) 임금이란 국가가 낮은 임금의 노동자를 보호하기 위해 법적으로 정한 것이다.
다. 시장은 백화점보다 물건값이 ( )하여 언제나 많은 사람이 모인다.

한자 어휘 넓히기

저(貯)
의미: 쌓다, 담다
예문: 비가 오지 않을 것을 대비해 농촌에서는 저수지에 물을 모아 둔다.

저(著)
의미: 나타나다, 붙다
예문: 요즘은 저작권 문제가 심각해서 다른 사람의 글이나 그림, 사진 등을 함부로 사용하면 안 된다.

저(抵)
의미: 막다, 거절하다
예문: 경찰은 저항하는 범인을 잡아 경찰서로 데리고 갔다.

정답
가) ② 나) ③ 다) ①
가) 저하 나) 최저 다) 저렴

144. 적(積)

발음	의미
적	쌓다, 모으다

★ 써 보십시오.

積	積	積	積	積	積

★ 다음 어휘의 의미를 추측해서 연결해 보십시오.

가. 적극적(積極的) • • ① 어떤 것에 대하여 능동적, 긍정적인 태도
나. 누적(累積) • • ② 일정한 평면의 크기
다. 면적(面積) • • ③ 반복하거나 계속하여 더 많아지거나 심해지게 함

★ 다음 문장에 맞는 어휘를 써 보십시오.

가. 지구 온난화로 인해 사막의 (　　　)이/가 점점 넓어지고 있다.
나. 회사에서는 업무 능력도 중요하지만 모든 일에 (　　　)인 태도를 더 높게 평가한다.
다. 새 프로젝트를 준비하느라 며칠 밤을 새우다가 피로가 (　　　)되어 쓰러졌다.

한자 어휘 넓히기

적(的)
의미: 과녁, 목표, 표준
예문: 컴퓨터에 전화와 카메라의 기능을 모두 넣은 스마트폰은 획기적인 발명품이었다.

적(籍)
의미: 책, 문서
예문: '귀화'란 '다른 나라의 국적을 얻어 그 나라의 국민이 되는 것'을 말한다.

적(赤)
의미: 붉다
예문: 수출 부진으로 무역 적자가 발생했다.

적(敵)
의미: 대적하다, 겨루다, 맞서다
예문: 폐쇄적인 집단은 낯선 사람에게 적대적이다.

적(賊)
의미: 도둑, 해치다
예문: '적반하장'이란 '잘못한 사람이 오히려 잘한 사람을 나무라는 경우'를 말한다.

정답
가) ① 나) ③ 다) ②
가) 면적 나) 적극적 다) 누적

145. 전(前)

발음	의미
前	앞, 앞서다, 나아가다

★ 써 보십시오.

前	前	前	前	前	前

★ 다음 어휘의 의미를 추측해서 연결해 보십시오.

가. 전후(前後) • • ① 어떤 것이 변하지 않고 전과 같음
나. 여전(如前) • • ② 오래 전, 그 전
다. 이전(以前) • • ③ 앞과 뒤, 먼저와 나중

★ 다음 문장에 맞는 어휘를 써 보십시오.

가. 추석이나 설 등 명절 ( )에는 물가가 많이 오른다.
나. 오랜 시간이 지났는데도 그 사람의 미소는 ( )히 매력적이었다.
다. 친구가 이렇게 화를 내는 것은 ( )에는 한 번도 본 적이 없다.

한자 어휘 넓히기

전(全)
의미: 온전하다, 무사하다, 완전히
예문: 내일은 저녁 6시 반에 건물 전체를 소독할 예정이니 그때까지 모두 퇴근하세요.

전(戰)
의미: 싸우다, 싸움, 전쟁
예문: 이길 자신은 없지만 그래도 한 번 도전해 보겠습니다.

전(電)
의미: 번개, 빠름
예문: 주말마다 고향에 계신 부모님께 전화를 드린다.

전(展)
의미: 펴다, 늘이다, 발달하다
예문: 내년에도 부동산 가격이 오를 전망이다.

전(典)
의미: 법, 규정, 책
예문: 공부하다가 모르는 단어의 뜻을 사전에서 찾았다.

정답
가) ③ 나) ① 다) ②
가) 전후 나) 여전 다) 이전

146. 절(絶)

발음	의미
절	끊다, 막다, 그만두다

★ 써 보십시오.

絶	絶	絶	絶	絶	絶

★ 다음 어휘의 의미를 추측해서 연결해 보십시오.

가. 절대(絕對) • • ① 어떠한 경우에도 꼭, 반드시
나. 절망(絕望) • • ② 다른 사람의 부탁, 요구, 선물 등을 받아들이지 않음
다. 거절(拒絕) • • ③ 모든 희망이 없는 상태

★ 다음 문장에 맞는 어휘를 써 보십시오.

가. 이건 비밀이니까 다른 사람에게 (   ) 이야기하면 안 돼.
나. 그 사람은 여러 번의 사업 실패로 (   )에 빠졌다.
다. 나는 그 사람의 부탁을 냉정하게 (   )했다.

한자 어휘 넓히기

절(折)
의미: 꺾다, 자르다
예문: 꿈이 있다면 실패하더라도 좌절하지 말고 다시 도전해야 한다.

절(節)
의미: 마디, 대
예문: 가을은 책을 읽기에 좋은 계절이다.

절(切)
의미: 끊다, 갈다, 문지르다
예문: 이 영화는 너무 폭력적이어서 온 가족이 함께 보기에 부적절하다.

정답
가) ① 나) ③ 다) ②
가) 절대 나) 절망 다) 거절

147. 점(店)

발음	의미
점	가게, 여관

★ 써 보십시오.

店	店	店	店	店	店

★ 다음 어휘의 의미를 추측해서 연결해 보십시오.

가. 상점(商店) • • ① 길가에서 좌판에 물건을 놓고 파는 곳이나 사람
나. 지점(支店) • • ② 은행 등의 본점에서 갈라져 나온 사무실이나 가게
다. 노점상(露店商) • • ③ 물건을 파는 가게

★ 다음 문장에 맞는 어휘를 써 보십시오.

가. 시장에는 가게도 많지만 그냥 길에서 물건을 파는 (　　　)도 많다.
나. 불경기로 문을 닫은 (　　　)들이 많이 보인다.
다. 그 은행은 명동에만 여러 개의 (　　　)이/가 있다.

한자 어휘 넓히기

점(占)
의미: 차지하다, 지키다
예문: 시위대가 도로를 점거하여 교통이 마비되었다.

점(點)
의미: 점, 점검하다
예문: 그 사람의 말은 논의의 초점에서 벗어난 것이다.

점(漸)
의미: 점점, 차차
예문: 사회 발전을 위해서는 급진적 변화보다는 점진적 개선이 필요하다고 본다.

정답
가) ③ 나) ② 다) ①
가) 노점상 나) 상점 다) 지점

148. 정(政)

발음	의미
정	나라를 다스리는 일

★ 써 보십시오.

政	政	政	政	政	政

★ 다음 어휘의 의미를 추측해서 연결해 보십시오.

가. 정권(政權) • • ① 정치적인 권력, 힘
나. 정당(政黨) • • ② 국민의 생활을 좋아지게 하려는 정치적 방법
다. 정책(政策) • • ③ 정치적인 목적을 이루기 위해 모인 단체

★ 다음 문장에 맞는 어휘를 써 보십시오.

가. 선거가 다가오자 각 (　　　)의 후보들은 선거운동을 시작했다.
나. 야당의 대통령 후보가 이번 선거에 당선되어 (　　　)이/가 바뀌었다.
다. 사회의 소외계층을 위한 복지 (　　　)이/가 필요하다.

한자 어휘 넓히기

정(正)
의미: 바르다
예문: 경찰은 이번에 발생한 사건의 정확한 원인을 조사하고 있다.

정(定)
의미: 정하다
예문: 이 그린벨트 지역은 신도시로 개발될 예정이다.

정(情)
의미: 뜻, 정
예문: 나는 감정이 얼굴 표정에 그대로 드러나서 마음을 감추기가 어렵다.

정(整)
의미: 가지런히 하다
예문: 보고서를 제출하기 전에 잘못된 맞춤법을 꼼꼼히 수정했다.

정(庭)
의미: 뜰, 집 안
예문: 어머니는 꽃을 좋아하셔서 정원을 예쁘게 가꾸신다.

정답
가) ①　나) ③　다) ②
가) 정당　나) 정권　다) 정책

149. 제(題)

발음	의미
제	제목, 머리말

★ 써 보십시오.

題	題	題	題	題	題

★ 다음 어휘의 의미를 추측해서 연결해 보십시오.

가. 제재(題材) • • ① 주어진 임무나 문제
나. 과제(課題) • • ② 연구, 예술 작품 등의 주제가 되는 재료
다. 출제(出題) • • ③ 시험 문제를 냄

★ 다음 문장에 맞는 어휘를 써 보십시오.

가. 우리 민족이 꼭 이루어야 할 ( )은/는 남북한의 통일이다.
나. 호랑이는 조선 시대 민화의 ( )(으)로 많이 사용되었다.
다. 대학수학능력시험은 고등학교에서 배운 교과서에서 주로 ( )된다.

한자 어휘 넓히기

제(制)
의미: 억제하다, 금지하다, 만들다
예문: 대학 입시 제도가 또 바뀌어 학부모들의 불만이 높아지고 있다.

제(製)
의미: 만들다, 짓다
예문: 이사를 하면서 전자제품을 모두 새로 샀다.

제(劑)
의미: 약제, 조제하다, 조절하다, 자르다
예문: 페니실린은 세균 감염 치료에 가장 많이 사용되는 항생제이다.

제(祭)
의미: 제사 지내다, 사귀다
예문: 제사상에 올리는 음식은 지역마다 다르다.

제(弟)
의미: 나이 어린 사람, 아우
예문: 그 두 사람이 얼굴이 비슷하다고 생각했는데 알고 보니 형제였다.

정답
가) ② 나) ① 다) ③
가) 과제 나) 제재 다) 출제

150. 조(造)

발음	의미
조	짓다, 만들다, 세우다

★ 써 보십시오.

造	造	造	造	造	造

★ 다음 어휘의 의미를 추측해서 연결해 보십시오.

가. 조작(造作) • • ① 공장이나 가게에서 물건을 만듦
나. 구조(構造) • • ② 부분이 어떤 전체를 짜서 이룸, 또는 그렇게 이루는 방법
다. 제조(製造) • • ③ 어떤 일이 거짓인데도 사실인 것처럼 꾸며서 만듦

★ 다음 문장에 맞는 어휘를 써 보십시오.

가. 선거 결과를 ( )했다는 소문이 나서 선거를 다시 해야 한다는 여론이 높아졌다.
나. 그 냉면 가게의 양념 ( ) 비법은 시어머니가 며느리에게만 전해주었다고 한다.
다. 한옥의 ( )은/는 'ㅁ'자형, 'ㄷ'자형, 'ㄱ'자형으로 지역에 따라 다르다.

한자 어휘 넓히기

조(祖)
의미: 할아버지
예문: 명절이 되면 조상의 산소를 찾아가 성묘한다.

조(早)
의미: 이르다, 서두르다, 젊다
예문: 한동안 어린 나이에 외국으로 유학을 가는 조기 유학이 인기였다.

조(照)
의미: 비추다, 밝다, 햇빛
예문: 연극에서는 배우들의 연기뿐만 아니라 조명도 큰 역할을 한다.

조(鳥)
의미: 새
예문: '조족지혈'은 '새 발의 피'란 뜻으로 비교가 안 될 정도로 매우 적은 것을 의미한다.

정답
가) ③ 나) ② 다) ①
가) 조작 나) 제조 다) 구조

쉬어가기 13

★ 여러분은 앞으로 어떤 직업을 가지고 싶습니까?

직업에서 한자 어휘 찾기

요즘 취직(就職)하는 것이 '하늘의 별따기'지요? 그동안 의사(醫師), 변호사(辯護士), 간호사(看護師)와 같은 전문직(專門職)은 인기가 많은 직업이었습니다. 하지만 요즘은 꼭 그런 것만은 아닌 것 같습니다. 안정된 직장(職場)을 가지고 싶어서 교사(敎師)나 공무원(公務員)을 원하는 사람들이 많아졌습니다. 회사에서 어느 정도 경험을 쌓은 후 직접 사업(事業)을 하려는 사람도 있고, 가수(歌手)나 영화배우(映畫排優)와 같은 연예인(演藝人)이 되고 싶어 하는 사람도 많습니다.

★ 여러분의 고향에서 인기 있는 직업은 무엇입니까?

151. 존(存)

발음	의미
존	있다, 살아 있다

★ 써 보십시오.

存	存	存	存	存	存

★ 다음 어휘의 의미를 추측해서 연결해 보십시오.

가. 기존(既存) • • ① 이전부터 이미 존재하여 있음
나. 보존(保存) • • ② 보호하여 남아 있게 하거나 원래대로 유지함
다. 의존(依存) • • ③ 다른 것에 의지하여 존재함

★ 다음 문장에 맞는 어휘를 써 보십시오.

가. 우리 후손들을 위해서라도 조상들이 물려주신 문화유산을 소중히 ( )해야 한다.
나. 한국은 석유가 생산되지만 원유를 전량 수입에 ( )하고 있다.
다. 이번에 새로 나온 스마트폰은 ( ) 제품보다 싸면서도 다양한 기능이 있다.

한자 어휘 넓히기

존(尊)
의미: 높다, 우러러보다
예문: 그 선생님은 인품이 높고 학문적으로도 뛰어나셔서 많은 사람들이 존경한다.

정답
가) ① 나) ② 다) ③
가) 보존 나) 의존 다) 기존

152. 종(終)

발음	의미
종	마치다, 끝내다, 죽다

★ 써 보십시오.

終	終	終	終	終	終

★ 다음 어휘의 의미를 추측해서 연결해 보십시오.

가. 종료(終了) • • ① 순서나 차례에서 제일 마지막
나. 최종(最終) • • ② 어떤 행동이나 일이 끝남
다. 시종일관(始終一貫) • • ③ 처음부터 끝까지 똑같이 변함없음

★ 다음 문장에 맞는 어휘를 써 보십시오.

가. 그 사람은 기분 나쁜 일이 있었는지 회의 시간에 (　　　) 인상을 쓰고 있었다.
나. 아직 시험 문제를 다 풀지 못했는데 시험 (　　　)을/를 알리는 벨 소리가 났다.
다. 서류 심사와 면접은 모두 마쳤고 이제는 (　　　) 결과를 기다리는 중이다.

한자 어휘 넓히기

종(從)
의미: 따르다, 모시다
예문: 쓰레기 종량제는 버려지는 쓰레기의 양을 줄이는 데 효과적이다.

종(種)
의미: 씨, 종족, 핏줄
예문: 그 가게에서는 소주나 막걸리는 물론 세계의 각종 맥주를 다 판다.

종(鐘)
의미: 시간을 알리거나 신호를 보내기 위해 쳐서 소리를 내는 금속 기구
예문: 매년 12월 31일 밤 12시에는 새해를 맞이하여 종로의 보신각종을 33번 치는 타종 행사를 한다.

정답
가) ② 나) ① 다) ③
가) 시종일관 나) 종료 다) 최종

153. 좌(左)

발음	의미
좌	왼쪽, 어긋나다

★ 써 보십시오.

左	左	左	左	左	左

★ 다음 어휘의 의미를 추측해서 연결해 보십시오.

가. 좌우(左右) • • ① 자동차 등이 왼쪽으로 돌아감
나. 좌측(左側) • • ② 왼쪽과 오른쪽을 모두 말함
다. 좌회전(左回轉) • • ③ 왼쪽

★ 다음 문장에 맞는 어휘를 써 보십시오.

가. 기사님, 쭉 가시다가 다음 신호등에서 ( )해 주세요.
나. 바람이 불어 배가 ( )(으)로 심하게 흔들린다.
다. 지하철역을 걸어갈 때 ( )통행이 맞는지 우측통행이 맞는지 헷갈린다.

한자 어휘 넓히기

좌(座)
의미: 자리, 집
예문: 지하철에는 핑크색의 임산부 전용 좌석이 있다.

좌(挫)
의미: 꺾다, 창피를 주다
예문: 연속되는 취업 실패로 좌절감을 느꼈다.

좌(佐)
의미: 돕다, 도움, 권하다
예문: 국회의원은 자신의 업무를 도와주는 보좌관을 8명까지 둘 수 있다.

정답
가) ② 나) ③ 다) ①
가) 좌회전 나) 좌우 다) 좌측

154. 주(主)

발음	의미
주	주인, 임금

★ 써 보십시오.

主	主	主	主	主	主

★ 다음 어휘의 의미를 추측해서 연결해 보십시오.

가. 주장(主張) • • ① 대화, 연구, 작품 등에서 중심이 되는 주요 문제, 생각

나. 주제(主題) • • ② 개인의 의견이나 생각을 기초로 하는 것

다. 주관적(主觀的) • • ③ 자신의 의견이나 생각을 강하게 내세움

★ 다음 문장에 맞는 어휘를 써 보십시오.

가. 기사를 쓸 때는 ( )인 의견을 제시하기보다는 객관적인 사실을 전해야 한다.

나. 회의에서 두 사람은 서로 자신의 의견만을 ( )해서 결론을 내지 못했다.

다. 그 아이돌 그룹이 새로 발표한 노래의 ( )은/는 '삶의 고통을 견디고 이기자'는 것이다.

한자 어휘 넓히기

주(住)
의미: 살다
예문: 요즘은 편리성 때문에 단독주택보다는 아파트를 선호하는 사람들이 많다.

주(株)
의미: 나무, 그루, 뿌리
예문: 경제 관념을 심어주기 위해 어린 자녀들에게 주식을 사 주는 부모들이 늘고 있다.

주(宙)
의미: 집, 하늘
예문: 이번에 발사하는 인공위성은 우주에서 지구를 관찰한다고 한다.

주(週)
의미: 돌다, 회전하다
예문: 지난 주말에 친구들과 캠핑을 가서 즐겁게 보냈다.

주(州)
의미: 마을, 동네
예문: 전주비빔밥이 유명하다는데 아직 한 번도 못 먹어 봤다.

정답

가) ③ 나) ① 다) ②

가) 주관적 나) 주장 다) 주제

155. 준(準)

발음	의미
준	본받다, 본보기로 삼다, 준하다

★ 써 보십시오.

準	準	準	準	準	準

★ 다음 어휘의 의미를 추측해서 연결해 보십시오.

가. 준비(準備) • • ① 한 나라의 학교, 방송 등에서 쓰는 언어. 주로 수도에서 쓰는 말을 기초로 함

나. 수준(水準) • • ② 필요한 것을 미리 마련해 놓음

다. 표준어(標準語) • • ③ 어떤 것의 가치나 질의 기준이 되는 정도

★ 다음 문장에 맞는 어휘를 써 보십시오.

가. 한국에서는 교양 있는 사람들이 두루 쓰는 현대 서울말을 (　　　)(으)로 정했다.

나. 생활 (　　　)이/가 높아지면서 친환경 식품에 대한 수요도 증가하고 있다.

다. 아르바이트를 하느라 시험 (　　　)을/를 제대로 하지 못해 걱정이다.

한자 어휘 넓히기

준(俊)
의미: 뛰어나다, 크다
예문: 그 정치인은 용모가 준수하고 말을 잘해서 인기가 있지만 주장하는 정책은 특별한 것이 없다.

준(遵)
의미: 순종하다, 복종하다
예문: 학교는 아이들이 규칙을 준수하는 것을 배우는 장소이다.

준(埈)
의미: 험하다, 높이 솟다
예문: 그 사람은 험준한 산을 오르내리며 버섯과 산삼을 캔다.

정답

가) ② 나) ③ 다) ①
가) 표준어 나) 수준 다) 준비

156. 중(中)

발음	의미
중	가운데, 안, 마음

★ 써 보십시오.

中	中	中	中	中	中

★ 다음 어휘의 의미를 추측해서 연결해 보십시오.

가. 중단(中斷) • • ① 중간에서 끊어짐
나. 중심(中心) • • ② 하늘, 하늘의 가운데
다. 공중(空中) • • ③ 기본이 되는 중요한 부분, 한가운데

★ 다음 문장에 맞는 어휘를 써 보십시오.

가. 새들이 ( )을/를 자유롭게 날고 있다.
나. 스키장 건설 공사가 환경 파괴 논란으로 ( )되었다.
다. 가부장제도란 남성 ( )의 가족제도이다.

한자 어휘 넓히기

중(重)
의미: 무겁다, 무게
예문: 고령화 사회에서 가장 중요한 정책은 노인복지서비스라고 생각한다.

중(衆)
의미: 많은 사람, 무리
예문: 신문, 잡지, 영화, 텔레비전 등과 같이 많은 사람에게 대량으로 정보를 전달하는 것을 대중매체라고 한다.

정답
가) ① 나) ③ 다) ②
가) 공중 나) 중단 다) 중심

157. 증(增)

발음	의미
증	늘다, 더하다

★ 써 보십시오.

增	增	增	增	增	增

★ 다음 어휘의 의미를 추측해서 연결해 보십시오.

가. 증가(增加) • • ① 원래의 가치, 값보다 더 주기나 받음
나. 급증(急增) • • ② 더해서 많아짐
다. 할증(割增) • • ③ 갑자기 늘어남

★ 다음 문장에 맞는 어휘를 써 보십시오.

가. 밤 12시 이후에 택시를 타면 ( ) 요금을 내야 한다.
나. 서울의 집값 상승으로 인해 서울의 인구는 감소하는 반면 수도권은 점점 ( )하고 있다.
다. 폭력적인 영화의 영향으로 청소년 범죄가 ( )하고 있다고 한다.

한자 어휘 넓히기

증(症)
의미: 증세, 병
예문: 출산 후 엄마들은 체중 변화와 수면 부족으로 산후우울증에 걸리는 경우가 있다.

증(證)
의미: 증명하다, 알리다, 증거
예문: 외국인이 신용카드를 발급받으려면 외국인등록증이 있어야 한다.

증(憎)
의미: 미워하다, 미움
예문: 나를 괴롭힌 사람을 증오하는 것보다 용서하는 것이 더 어렵다.

정답
가) ② 나) ③ 다) ①
가) 할증 나) 증가 다) 급증

158. 지(地)

발음	의미
지	땅, 대지, 곳, 장소

★ 써 보십시오.

地	地	地	地	地	地

★ 다음 어휘의 의미를 추측해서 연결해 보십시오.

가. 지구(地球) • • ① 교통시설, 의료시설 등이 없는, 사람들이 살기 힘든 곳

나. 지역(地域) • • ② 일정한 땅의 영역

다. 오지(奧地) • • ③ 전 세계 사람들이 사는 땅

★ 다음 문장에 맞는 어휘를 써 보십시오.

가. (　　　)는 자전하면서 태양 주위를 공전한다.

나. 서울, 경기, 부산 등 모든 (　　　)은/는 전화를 할 때 (　　　)번호가 필요하다.

다. 국제구호단체들은 전기도 안 들어오고 학교나 병원도 없는 (　　　)에 봉사단원을 보내 구호 활동을 한다.

한자 어휘 넓히기

지(紙)

의미: 종이, 신문, 종이를 세는 단위

예문: 거리를 깨끗하게 유지하기 위해서는 휴지통을 설치해야 한다는 의견과 없애야 한다는 의견이 모두 있다.

지(知)

의미: 알다, 알리다, 알게 하다, 나타내다

예문: 요즘은 지능지수(IQ)뿐만 아니라 감정지수(EQ)에 대한 관심도 높아지고 있다.

지(指)

의미: 가리키다, 손가락질하다, 지시하다

예문: 그 사람은 연쇄 살인 혐의로 전국에 지명 수배되었다.

정답

가) ③　　나) ②　　다) ①

가) 지구　　나) 지역　　다) 오지

159. 직(直)

발음	의미
직	곧다, 바르다, 옳다, 펴다

★ 써 보십시오.

直	直	直	直	直	直

★ 다음 어휘의 의미를 추측해서 연결해 보십시오.

가. 직면(直面) • • ① 중간에 어떤 것이 없이 바로 연결되는 관계
나. 직접(直接) • • ② 어떤 일이나 사물을 바로 마주 보는 것
다. 솔직(率直) • • ③ 숨기거나 거짓이 없이 바르고 곧음

★ 다음 문장에 맞는 어휘를 써 보십시오.

가. 사람은 어려움에 ( )하게 되면 해결하기보다는 피하려는 생각을 먼저 한다.
나. 잘못했을 때는 ( )하게 자신의 잘못을 인정하면 마음이 편하다.
다. 인터넷에 소개된 맛집에 ( ) 가서 먹어보니 분위기는 좋았지만, 맛은 그저 그랬다.

한자 어휘 넓히기

직(職)
의미: 직분, 직책, 벼슬, 일, 사업
예문: 아르바이트를 하기 위해 구직광고를 찾아보고 전화했다.

직(織)
의미: 짜다, 만들다, 직물
예문: 영화 속에서는 비리 정치인이나 공무원들이 조직폭력배와 손을 잡고 범죄를 저지른다.

정답
가) ② 나) ① 다) ③
가) 직면 나) 솔직 다) 직접

160. 진(進)

발음	의미
진	나아가다, 오르다, 다가오다, 힘쓰다

★ 써 보십시오.

進	進	進	進	進	進

★ 다음 어휘의 의미를 추측해서 연결해 보십시오.

가. 진출(進出) • • ① 계획이나 일을 앞으로 밀고 나아가는 능력
나. 진학(進學) • • ② 상급 학교로 올라감
다. 추진력(推進力) • • ③ 새로운 분야를 개척하기 위해 앞으로 나섬

★ 다음 문장에 맞는 어휘를 써 보십시오.

가. 해외 (   )을/를 위해서 회사명을 영어로 바꾸었다.
나. 아이가 올해 중학교에 (   )해서 교복을 맞추었다.
다. 부장님은 (   )이/가 있어서 계획을 세우면 바로 실행한다.

한자 어휘 넓히기

진(眞)
의미: 참, 진리, 진실, 본성
예문: 사람을 만날 때는 누구든 진심으로 대해야 한다.

진(盡)
의미: 다하다, 완수하다, 모두 없어지다
예문: 이 영화는 인기가 많아서 표가 금방 매진되었다.

진(陣)
의미: 대열, 무리, 진을 치다
예문: 기업의 경영진은 항상 회사의 매출을 먼저 생각한다.

정답
가) ③ 나) ② 다) ①
가) 진출 나) 진학 다) 추진력

161. 질(質)

발음	의미
질	바탕, 본질, 품질, 성질

★ 써 보십시오.

質	質	質	質	質	質

★ 다음 어휘의 의미를 추측해서 연결해 보십시오.

가. 질문(質問) • • ① 태어날 때부터 가지고 있는 능력이나 기질
나. 질적(質的) • • ② 어떤 일에 대한 의문이나 이유를 물어봄
다. 소질(素質) • • ③ 어떤 것의 가치, 성질, 특성 등과 관련된 것

★ 다음 문장에 맞는 어휘를 써 보십시오.

가. 수업 시간에 모르는 것이 있으면 선생님께 (　　　)하면 된다.
나. 대기업의 투자 확대로 이-스포츠(e-sports)가 양적으로나 (　　　)(으)로 성장하였다.
다. 나는 글쓰기에 (　　　)이/가 있어서 나중에 방송작가가 되고 싶다.

한자 어휘 넓히기

질(疾)
의미: 병, 질병, 괴로움
예문: 치매는 노년기에만 나타나는 질병은 아니다.

질(秩)
의미: 차례, 순서
예문: 갑작스러운 전기 공사로 인해 신호등이 들어오지 않아 거리가 무질서하게 변했다.

질(窒)
의미: 막다, 막히다, 멈추다
예문: 아이들은 젤리나 떡 같은 음식이 기도를 막아 질식할 수 있으므로 주의해야 한다.

질(嫉)
의미: 미워하다, 시기하다
예문: 내 친구는 모든 면에서 너무 뛰어나서 가끔 질투가 난다.

정답
가) ② 나) ③ 다) ①
가) 질문 나) 질적 다) 소질

162. 집(集)

발음	의미
집	모으다, 모이다, 편안히 하다

★ 써 보십시오.

集	集	集	集	集	集

★ 다음 어휘의 의미를 추측해서 연결해 보십시오.

가. 집중(集中) • • ① 일정한 조건에 해당하는 사람을 널리 알려서 모음
나. 모집(募集) • • ② 어떤 일이나 현상, 대상에다 모든 정신을 모음
다. 수집(收集) • • ③ 취미나 연구를 위해 어떤 물건이나 자료를 찾아서 모으는 일

★ 다음 문장에 맞는 어휘를 써 보십시오.

가. 내 취미는 옛날 동전을 ( )하는 것이다.
나. 회의 시간에 다른 생각을 하느라고 ( )하지 못해서 회의 내용을 잘 못 들었다.
다. 요즘은 신입사원보다 경력사원을 ( )하는 기업이 많다.

한자 어휘 넓히기

집(執)
의미: 잡다, 가지다, 맡아 다스리다, 처리하다
예문: 자신의 계획을 완성하기 위해서는 힘들어도 포기하지 않는 집념을 가져야 한다.

집/십(什)
의미: 집안 살림에 쓰는 온갖 물건, 가구
예문: 사무실을 옮기면서 필요한 가구와 집기를 새로 구입했다.

집(輯)
의미: 모으다, 모이다, 합치다
예문: 특집 방송으로 진돗개, 풍산개 등 한국의 개에 대한 다큐멘터리를 방영했다.

정답
가) ② 나) ① 다) ③
가) 수집 나) 집중 다) 모집

★ 여러분은 어느 계절을 제일 좋아합니까?

날씨에서 한자 어휘 찾기

한국은 사계절(四季節)이 뚜렷한 나라입니다. 그런데 요즘은 지구 온난화((地球溫暖化)로 이상(異常) 기온(氣溫) 현상이 나타나서 봄과 가을이 점점 짧아지는 것 같습니다. 겨울에 3일 동안 한파(寒波)가 계속되면 다음 4일은 따뜻하다는 삼한사온(三寒四溫)도 옛말이 됐지요. 8월쯤 시작되는 태풍(颱風)도 때를 알 수 없이 자주 옵니다. 여름에는 동남아 지역의 날씨와 비슷한 열대야(熱帶夜) 현상도 있어 사람들이 한강 근처에 텐트를 치고 자는 경우도 있습니다. 세계 곳곳에서 폭설(暴雪), 폭우(暴雨), 폭염(暴炎) 등 예측(豫測)할 수 없는 일들이 일어나고 있습니다.

★ 한국의 꽃샘추위, 미국의 인디언 서머처럼 여러분의 고향에도 특별한 날씨가 있습니까?

제9과 大

시사 뉴스 살펴보기9: 교육

1. 다음에서 알맞은 어휘를 골라 빈칸을 채우십시오.

최근	격차	지출	보충수업	체육복
단체	찬조금	참여율	정책	적자

1) 몇몇 사립 대학교는 신입생 미달과 등록금 동결로 인해 심한 재정 (　　　) 상태이다.
2) 학부모가 교사 선물, 교사 회식, 학생 간식 등을 위해 모아 내는 (　　　)은/는 불법이다.
3) '게임중독'이라는 주제로 열리는 이번 세미나에 학부모들의 (　　　)이/가 높다.
4) 대학 입시를 앞두고 있는 고등학교 3학년 학생들은 방학 때도 학교에 나와서 (　　　)을/를 한다.
5) 사교육비를 줄이고 지역 간, 계층 간 교육 (　　　)을/를 해소하기 위해 대입 수능시험과 EBS의 연계 비율을 높이고 있다.

2. 다음 교육 관련 기사를 읽고 물음에 답하십시오.

온라인 수업으로 교육격차 커져 사교육비도 증가세

최근 '교육격차 해소방안'에 대해 실시된 조사에서 학부모의 절반 이상이 온라인 학교 수업으로 교육격차가 심해졌다고 응답했다. 그리고 이러한 교육격차에 대한 불안감이 사교육비 지출의 증가로 이어진 것으로 나타났다.

사교육이란 공교육에 (　　　)(으)로, 나라가 관리하는 기관 밖에서 이루어지는 모든 교육 활동을 말한다. 일반적으로 사교육은 학원, 과외, 인터넷 강의(EBS 제외)로 나누어 볼 수 있다. 학교에서 이루어지는 방과 후 학교는 사교육에 들어가지 않지만, 야간 자율학습이나 보충수업은 사교육에 해당한다.

한국교육개발원이 규정한 사교육비 항목에는 학원과 과외뿐만 아니라 교재와 부교재 구입비, 학용품비, 수업 준비물비, 학교지정 의류비(교복 및 체육복 등), 단체 활동비, 교통비, 급식비, 하숙비, 기타 육성회 찬조금, 어머니회비 등이 포함된다.

문제는 사교육비와 성적은 비례한다는 것이다. 여러 연구에서 성적이 상위에 있는 학생일수록 1인당 월평균 사교육비 및 참여율 모두 높다는 결과가 나타났다. 한국처럼 자녀 교육열이 높은 나라에서 자녀 교육비에 대한 부담은 한국의 가계를 적자로 만드는 주요인이며, 부모의 은퇴 이후 삶을 불안하게 만드는 주범이다. 교육제도와 정책에 대한 진지한 반성이 필요하다.

1) (　　　)에 들어갈 알맞은 것을 고르십시오. (　　　)

① 적합한 의미
② 뒤따르는 의미
③ 반대되는 개념
④ 부합되는 개념

2) 위의 글을 쓴 목적으로 알맞은 것을 고르십시오. (　　　)

① 사교육의 중요성을 강조하기 위해서
② 온라인 수업의 방법을 제시하기 위해서
③ 공교육과 사교육의 차이를 설명하기 위해서
④ 사교육비 증가의 문제를 지적하기 위해서

3) 여러분은 사교육이 필요하다고 생각하십니까? 아니면 필요 없다고 생각하십니까? 그 이유는 무엇인지 이야기해 보십시오.

정답

1. 1) 적자　2) 찬조금　3) 참여율　4) 보충수업　5) 격차
2. 1) ③　2) ④　3) 생략

토픽에서 시사한자 찾기9

1. 다음 글에서 'ㅊ'으로 시작하는 한자 어휘를 찾아 써 보십시오.

문화재 복원 작업은 복원된 부분이 자연스러워야 하고 그 과정에서 문화재가 추가로 손상되지 않아야 한다. 이 때문에 정확한 측정으로 복원할 부분을 원래 모습과 동일하게 만들어 내는 것은 복원의 성공을 결정하는 중요한 요건이다. 최근 3D 스캐너와 프린터가 등장하여 이러한 요건을 충족할 수 있게 되면서 정밀하고 안전한 문화재 복원이 가능해졌다.

출처: 제60회 한국어능력시험 읽기

1) (   )
2) (   )
3) (   )
4) (   )

2. 다음 (   )에 들어갈 한자 어휘를 보기에서 골라서 써 보십시오.

보기 차별 책임 최대한 추구 출발

산업혁명 시대에는 대량 생산을 목적으로 생산의 효율성을 (㉮)하였다. 따라서 디자인을 할 때 표준이라 여기는 다수만을 기준으로 하였다. 그러다 보니 여기에 속하지 못한 대상들은 불편을 겪을 수밖에 없었다. 이에 대한 비판과 반성에서 (㉯)한 것이 보편적 디자인이다. 다양한 대상의 특성을 고려한 보편적 디자인은 (㉰) 많은 사람이 (㉱) 없이 생활할 수 있는 환경을 조성하는 데 큰 몫을 하고 있다.

출처: 제52회 한국어능력시험 읽기

1) ㉮ (   )
2) ㉯ (   )
3) ㉰ (   )
4) ㉱ (   )

정답

1. 1) 추가 2) 측정 3) 최근 4) 충족
2. 1) 추구 2) 출발 3) 최대한 4) 차별

한자 어휘 연습하기9

163. 차(車)

발음	의미
차/거	수레, 바퀴

★ 써 보십시오.

車	車	車	車	車	車

★ 다음 어휘의 의미를 추측해서 연결해 보십시오.

가. 차도(車道) • • ① 앉아서 다리로 페달을 밟아 바퀴를 돌리는 탈것
나. 구급차(救急車) • • ② 차가 다니는 길
다. 자전거(自轉車) • • ③ 위급한 환자를 빠르게 병원으로 수송하는 자동차

★ 다음 문장에 맞는 어휘를 써 보십시오.

가. (　　　)이/가 지나갈 때에는 빨리 갈 수 있도록 모든 차들이 비켜줘야 한다.
나. 신도시에는 (　　　) 전용도로가 있어서 안전하게 다닐 수 있다.
다. 여기는 횡단보도가 멀리 있어서 (　　　)을/를 무단 횡단하는 사람들이 있다.

한자 어휘 넓히기

차(次)
의미: 다음, 둘째, 이어서
예문: 은행에서 업무를 보려면 번호표를 뽑고 차례를 기다려야 한다.

차(差)
의미: 다르다, 어긋나다, 남다르다
예문: 세대 차이로 인해 직장에서의 회식이나 야근 문화가 사라지고 있다.

차(借)
의미: 빌다, 빌리다, 빌려주다, 의지하다
예문: 돈을 빌려주거나 빌릴 때는 꼭 차용증을 써야 한다.

정답
가) ② 나) ③ 다) ①
가) 구급차 나) 자전거 다) 차도

164. 착(着)

발음	의미
착	붙다, 옷을 입다, 신발을 신다

★ 써 보십시오.

着	着	着	着	着	着

★ 다음 어휘의 의미를 추측해서 연결해 보십시오.

가. 착석(着席) • • ① 옷, 모자, 신발, 액세서리를 입거나 쓰거나 차거나 함

나. 착용(着用) • • ② 자리에 앉음

다. 선착순(先着順) • • ③ 먼저 온 차례

★ 다음 문장에 맞는 어휘를 써 보십시오.

가. 공사장에서는 안전을 위해 안전모와 안전화를 ( )해야 한다.

나. 잠시 후 회의가 시작될 예정이니 관계자분들은 빨리 자리에 ( )해 주시기 바랍니다.

다. 그 음악 프로그램은 ( )(으)로 입장할 수 있기 때문에 사람들은 새벽부터 방송국 앞에서 줄을 선다.

한자 어휘 넓히기

착(錯)
의미: 어긋나다, 섞이다, 꾸미다
예문: 케이크를 만들 때 소금을 설탕으로 착각하고 넣어서 못 먹고 버렸다.

착(捉)
의미: 잡다, 쥐다, 체포하다
예문: 파파라치들은 유명 연예인들의 사생활을 포착해서 사진을 찍기 위해 24시간 따라다닌다.

착(搾)
의미: 짜다, 짜내다
예문: 과거에는 기업이 노동자에게 적은 임금을 주면서 노동력을 착취하는 일이 많았다고 한다.

정답

가) ② 나) ① 다) ③
가) 착용 나) 착석 다) 선착순

165. 찬(贊)

발음	의미
찬	돕다, 밝히다, 칭찬하다

★ 써 보십시오.

贊	贊	贊	贊	贊	贊

★ 다음 어휘의 의미를 추측해서 연결해 보십시오.

가. 찬성(贊成) • • ① 협력하여 찬성함
나. 찬조금(贊助金) • • ② 옳다고 동의함
다. 협찬(協贊) • • ③ 협력하여 돕는 의미로 내는 돈

★ 다음 문장에 맞는 어휘를 써 보십시오.

가. 여행사의 ( )(으)로 장애인 체육대회의 우승팀에게 제주도 항공권이 상품으로 주어졌다.
나. 기업들은 불우이웃을 돕기 위해 수익의 일부를 기부하기도 하고 ( )을/를 내기도 한다.
다. 부모님들이 한 달에 한 번씩 교실 청소를 하자는 의견에 모두 좋다고 ( )했다.

한자 어휘 넓히기

찬(讚)
의미: 기리다, 찬양하다, 돕다
예문: 전문가들은 아이에게 칭찬을 많이 해 주면 자신감이 생긴다고 한다.

찬(燦)
의미: 빛나다, 반짝반짝하다
예문: 새해 첫날 찬란하게 뜨는 해를 보며 올해는 더 열심히 살기로 다짐했다.

찬(饌)
의미: 반찬, 음식, 먹다
예문: 요즘은 맛있는 반찬가게가 많아서 다양하게 사 먹을 수 있다.

찬(餐)
의미: 밥, 점심밥
예문: 오늘 우리 집에 손님들을 초대하여 만찬을 했다.

정답
가) ② 나) ③ 다) ①
가) 협찬 나) 찬조금 다) 찬성

166. 참(参)

발음	의미
참	참여하다, 간여하다, 관계하다

★ 써 보십시오.

参	参	参	参	参	参

★ 다음 어휘의 의미를 추측해서 연결해 보십시오.

가. 참가(参加) • • ① 어떤 곳에 가서 지켜 봄
나. 참고(参考) • • ② 어떤 모임이나 단체, 대회 등에서 활동함
다. 참관(参観) • • ③ 도움이 될 만한 자료, 또는 살펴서 생각함

★ 다음 문장에 맞는 어휘를 써 보십시오.

가. 1년에 한두 번 부모님들은 자녀의 학교에서 하는 수업을 (　　)할 수 있다.
나. 보고서나 논문을 쓸 때는 다른 사람들의 연구를 (　　)하는 것이 좋다.
다. 마라톤대회에 (　　) 신청을 한 나는 대회가 시작되기 한 달 전부터 매일 2시간씩 달리기 연습을 했다.

한자 어휘 넓히기

참(惨)
의미: 참혹하다, 혹독하다, 비참하다
예문: 이번에 아파트 주민 10명이 사망한 참사는 가스 불을 끄지 않고 외출한 한 사람의 실수로 일어난 화재 때문이다.

참(斬)
의미: 베다, 끊다, 가장
예문: 20대 젊은이를 고객층으로 확보하려면 서비스나 인테리어에 참신한 아이디어가 필요하다.

참(慚)
의미: 부끄럽다, 부끄러워하다
예문: 범인은 자신의 죄를 참회하기는커녕 오히려 자기가 피해자라고 주장했다.

정답
가) ② 나) ③ 다) ①
가) 참관 나) 참고 다) 참가

167. 창(窓)

발음	의미
창	창, 창문, 굴뚝

★ 써 보십시오.

窓	窓	窓	窓	窓	窓

★ 다음 어휘의 의미를 추측해서 연결해 보십시오.

가. 창구(窓口) • • ① 빛이나 바람이 들어올 수 있도록 벽에 만들어 놓은 작은 문

나. 창문(窓門) • • ② 같은 학교를 졸업한 사람

다. 동창(同窓) • • ③ 은행이나 영화관 등에서 표를 파는 곳

★ 다음 문장에 맞는 어휘를 써 보십시오.

가. 내가 지금 살고 있는 집은 ( )이/가 커서 햇빛이 잘 들어온다.

나. 이번 고등학교 ( ) 모임에는 선생님들도 모시기로 했다.

다. 매표소 ( ) 앞에 줄을 선 사람이 너무 많아서 무인 발매기를 이용했다.

한자 어휘 넓히기

창(唱)

의미: 노래, 노래를 부르다, 말을 꺼내다

예문: 노래를 못하는 나는 고등학교에 다닐 때 교내 합창대회에서 같은 반 학생들과 노래를 할 때 가장 힘들었다.

창(創)

의미: 비롯하다, 시작하다, 다치다

예문: 퇴직 후 창업하는 사람들이 주로 하는 사업은 편의점이나 치킨집, 커피숍 등이다.

창(倉)

의미: 창고, 곳간으로 지은 집

예문: 쓰지 않는 물건들을 잔뜩 쌓아 놓은 우리 집 베란다는 창고 같다.

정답

가) ③ 나) ① 다) ②

가) 창문 나) 동창 다) 창구

168. 채(採)

발음	의미
채	캐다, 따다, 채집하다, 수집하다

★ 써 보십시오.

採	採	採	採	採	採

★ 다음 어휘의 의미를 추측해서 연결해 보십시오.

가. 채점(採點) • • ① 회사나 기관에서 공개적인 방법으로 사람을 뽑아서 씀

나. 채혈실(採血室) • • ② 병원에서 검사를 위해 피를 뽑는 곳

다. 공채(公採) • • ③ 시험을 본 후 점수를 매김

★ 다음 문장에 맞는 어휘를 써 보십시오.

가. 검사를 해야 하니 1층에 있는 (　　　)에 가서 피를 뽑고 잠깐만 기다리세요.

나. 객관식 문제와 달리 주관식 문제는 (　　　) 기준을 정확히 세워야 한다.

다. 올해는 경기가 좋지 않아 많은 기업들이 (　　　)을/를 하지 않을 예정이라고 밝혔다.

한자 어휘 넓히기

채(債)
의미: 빚, 부채, 빌리다
예문: 집값 상승으로 은행 대출을 받는 사람들이 늘어나 가계 부채 비율이 크게 증가했다.

채(菜)
의미: 나물, 반찬
예문: 고기만 먹는 것보다 채소를 함께 먹어야 건강에 좋다고 한다.

채(彩)
의미: 채색, 무늬, 고운 빛깔, 빛
예문: 수채화를 그릴 때는 물에 풀 수 있는 물감을 사용하고, 유화는 기름을 사용한다.

정답

가) ③　나) ②　다) ①
가) 채혈실　나) 채점　다) 공채

169. 책(責)

발음	의미
책	꾸짖다, 나무라다, 책망하다

★ 써 보십시오.

責	責	責	責	責	責

★ 다음 어휘의 의미를 추측해서 연결해 보십시오.

가. 책임(責任) • • ① 자기의 잘못을 스스로 나무람
나. 자책(自責) • • ② 어떤 일을 맡아서 해야 하는 의무나 임무
다. 죄책감(罪責感) • • ③ 죄를 지은 것에 대하여 잘못한 것을 느끼는 감정

★ 다음 문장에 맞는 어휘를 써 보십시오.

가. 영화 '국제시장'에는 자신을 희생하면서 가족을 ( )져야 하는 아버지의 힘든 삶이 담겨 있다,

나. 음주운전으로 교통사고를 낸 그 사람은 술이 깬 후 ( ) 때문에 피해자 가족들 앞에서 고개를 들지 못했다.

다. 우리 팀의 잘못으로 부장님이 퇴사한 것은 아니니까 너무 ( )하지 맙시다.

한자 어휘 넓히기

책(策)
의미: 꾀, 계책
예문: 빠른 시간 안에 해결책을 내놓지 않으면 지금까지 한 노력이 다 헛수고가 된다.

책(冊)
의미: 책, 문서, 계획
예문: 이번에 새로 이사한 원룸은 너무 좁아서 책상과 침대가 들어가면 꽉 찬다.

책(柵)
의미: 울타리
예문: 그곳에 가면 높이 설치된 철책 사이로 북한의 모습을 볼 수 있다.

정답

가) ② 나) ① 다) ③
가) 책임 나) 죄책감 다) 자책

170. 천(天)

발음	의미
천	하늘, 임금, 제왕, 자연

★ 써 보십시오.

天	天	天	天	天	天

★ 다음 어휘의 의미를 추측해서 연결해 보십시오.

가. 천연(天然) • • ① 인위적인 것을 더하지 않은 상태
나. 천지(天地) • • ② 하늘과 땅, 우주
다. 선천적(先天的) • • ③ 태어날 때부터 이미 가지고 있는 것

★ 다음 문장에 맞는 어휘를 써 보십시오.

가. 운동이나 예술은 노력도 중요하지만 ( )(으)로 타고난 능력이 필요한 것 같다.
나. 요즘은 꽃이나 과일 등의 자연 재료로 만든 ( ) 화장품이 인기가 있다.
다. 어젯밤에 눈이 많이 내려서 아침에 일어나니 ( )이/가 하얗게 변해 있었다.

한자 어휘 넓히기

천(千)
의미: 일천, 천 번, 많다
예문: '일확천금'이란 '한꺼번에 많은 돈을 얻는다'라는 의미로 노력 없이 갑자기 큰 부자가 되는 것을 말한다.

천(川)
의미: 시내
예문: 이제는 부모의 도움 없이는 성공하기 어려운 사회가 되어 '개천에서 용 난다'는 말은 정말 옛말이 되었다.

천(賤)
의미: 천하다, 값이 싸다, 경시하다
예문: 직업에는 귀천이 없다.

천(泉)
의미: 샘
예문: 그 지역에서 솟아나는 온천에는 칼슘, 칼륨 등의 여러 광물질이 들어 있어 의학적 효과가 높다고 한다.

정답

가) ① 나) ② 다) ③
가) 선천적 나) 천연 다) 천지

171. 철(鐵)

발음	의미
철	쇠, 무기, 검은빛

★ 써 보십시오.

鐵	鐵	鐵	鐵	鐵	鐵

★ 다음 어휘의 의미를 추측해서 연결해 보십시오.

가. 철도(鐵道) • • ① 변경하거나 어길 수 없는 규칙
나. 철칙(鐵則) • • ② 궤도 위로 기차가 다니게 만든 시설
다. 지하철(地下鐵) • • ③ 땅속의 터널을 통해 빠르게 다니는 기차

★ 다음 문장에 맞는 어휘를 써 보십시오.

가. 서울에서 약속시간을 지키려면 택시나 버스보다 ( )을/를 이용하는 것이 좋다.
나. 옛날에는 기차가 다녔지만 이제는 더 이상 사용하지 않는 ( ) 주변을 공원으로 만들었다.
다. 눈길과 빗길에서 속도를 줄이는 것은 운전자의 ( )이다.

한자 어휘 넓히기

철(哲)
의미: 밝다, 슬기롭다, 알다
예문: 요즘은 대학교에 철학을 전공하는 학생이 없어서 학과가 없어지고 있다.

철(徹)
의미: 통하다, 꿰뚫다
예문: 성공한 사람들을 보면 계획적인 생활규칙을 철저하게 지킨다.

철(撤)
의미: 거두다, 치우다, 제거하다
예문: 수강 신청을 한 후에도 개강 1주 내에는 철회가 가능하다.

정답
가) ② 나) ① 다) ③
가) 지하철 나) 철도 다) 철칙

172. 첨(添)

발음	의미
첨	더하다, 보태다, 덧붙이다, 맛을 내다

★ 써 보십시오.

添	添	添	添	添	添

★ 다음 어휘의 의미를 추측해서 연결해 보십시오.

가. 첨가(添加) • • ① 어떤 것에 무엇을 더함
나. 첨부(添附) • • ② 주로 글쓰기를 수정할 때 문자를 넣거나 뺌
다. 첨삭(添削) • • ③ 문서나 컴퓨터 파일을 같이 보냄

★ 다음 문장에 맞는 어휘를 써 보십시오.

가. 비타민이 (　　　)된 음료수나 물은 운동 후에 마시면 좋다.
나. 석사 논문 심사위원들이 내가 제출한 논문을 (　　　)해서 돌려주셨다.
다. 이메일을 보낼 때 가끔 파일을 (　　　)하지 않아서 다시 보내기도 한다.

한자 어휘 넓히기

첨(尖)
의미: 뾰족하다, 날카롭다, 작다, 거칠다, 꼭대기
예문: 미래의 전쟁은 인공지능을 활용한 첨단 무기의 전쟁이 될 것이다.

첨(籤)
의미: 심지, 제비뽑기, 종이
예문: 로또에 당첨될 확률은 벼락에 맞아서 사망할 확률보다도 낮다고 한다.

첨(諂)
의미: 아첨하다, 아양을 떨다, 비위를 맞추다
예문: 항상 힘 있는 사람에게만 아첨하는 사람을 조심해야 한다.

정답
가) ①　　나) ③　　다) ②
가) 첨가　　나) 첨삭　　다) 첨부

173. 청(靑)

발음	의미
청	푸르다, 젊다, 고요하다

★ 써 보십시오.

靑	靑	靑	靑	靑	靑

★ 다음 어휘의 의미를 추측해서 연결해 보십시오.

가. 청과(靑果) • • ① 한국의 대통령이 거주하며 나라의 일을 하는 곳
나. 청년(靑年) • • ② 신선한 과일과 채소
다. 청와대(靑瓦臺) • • ③ 20~30대의 젊은 성인

★ 다음 문장에 맞는 어휘를 써 보십시오.

가. (　　　) 시장에 가면 신선한 채소뿐만 아니라 제철 과일도 싸게 살 수 있다.
나. 어린이날을 맞이하여 대통령이 소년 소녀 가장 100명을 (　　　)(으)로 초대하는 행사를 가졌다.
다. 한 연구에서 (　　　)들을 대상으로 '결혼'에 대한 설문 조사를 실시했는데 40% 이상이 '결혼할 필요가 없다'고 답했다고 한다.

한자 어휘 넓히기

청(淸)
의미: 맑다, 깨끗하다, 빛이 선명하다
예문: 출근할 때 로봇청소기를 켜 놓으면 집에 돌아왔을 때 깨끗해서 좋다.

청(請)
의미: 청하다, 바라다, 부르다, 청탁하다
예문: 학생증을 발급받으려면 사무실에 신청서를 제출해야 한다.

청(聽)
의미: 듣다, 들어주다, 판결하다, 결정하다
예문: 시청률이 높은 드라마에는 광고가 많다.

정답
가) ② 나) ③ 다) ①
가) 청과 나) 청와대 다) 청년

174. 초(初)

발음	의미
초	처음, 시작, 시초

★ 써 보십시오.

初	初	初	初	初	初

★ 다음 어휘의 의미를 추측해서 연결해 보십시오.

가. 초기(初期) • • ① 처음 어떤 일을 하는 때, 시기
나. 초보자(初步者) • • ② 처음 그 일을 시작하는 사람
다. 최초(最初) • • ③ 가장 처음

★ 다음 문장에 맞는 어휘를 써 보십시오.

가. 운전면허증을 받은 지 얼마 안 된 (　　)이/가 처음부터 고속도로를 운전하는 것은 위험하다.
나. 인류 (　　)(으)로 달을 밟은 사람은 미국의 닐 암스트롱이다.
다. 나는 외국 유학 (　　)에 음식이 입에 맞지 않아서 고생을 많이 했다.

한자 어휘 넓히기

초(草)
의미: 풀, 잡초, 풀숲
예문: 몽골에 가면 넓은 초원에서 말을 타는 사람들을 볼 수 있다.

초(招)
의미: 부르다, 손짓하다
예문: 친구가 이사를 해서 집들이에 초대를 했는데 무슨 선물을 하면 좋을지 모르겠다.

초(超)
의미: 뛰어넘다, 뛰다, 뛰어나다, 빠르다
예문: 미래 과학 기술의 발전은 우리의 상상을 초월하는 많은 것들을 생산해 낼 것이다.

정답
가) ① 나) ② 다) ③
가) 초보자 나) 최초 다) 초기

★ 한국에서 어느 대학교에 가 봤습니까?

대학 생활에서 한자 어휘 찾기

대학교(大學校)에 지원(志願)하는 방법은 여러 가지가 있는데 보통 고등학교 3학년이 되면 수학능력시험(修學能力試驗)을 보고 그 점수와 내신(內申) 성적(成績)으로 가고 싶은 대학교에 지원합니다. 합격(合格)을 하면 3월 초에 입학식(入學式)을 하고 대학생이 되지요. 대학생이 되면 고등학교 때와는 달리 친구들도 많이 사귀고 술도 마실 수 있습니다. 고등학교 때보다 방학(放學)이 길어서 외국으로 언어 공부를 하러 가기도 하고 아르바이트도 합니다. 대학교 4학년이 되면 취업(就業) 걱정으로 머리가 아픈데 졸업(卒業)하기 전에 취직(就職)이 된 친구들을 부러워합니다. 취업을 하려면 재학증명서(在學證明書), 성적증명서, 졸업증명서 등 각종 증명서들이 필요(必要)합니다.

★ 캠퍼스가 멋있는 대학교는 어디입니까?

175. 추(追)

발음	의미
추	쫓다, 이루다, 거슬러 올라가다, 구하다

★ 써 보십시오.

追	追	追	追	追	追

★ 다음 어휘의 의미를 추측해서 연결해 보십시오.

가. 추기(追加) • • ① 지난 일을 다시 생각함
나. 추억(追憶) • • ② 뒤에 있는 것이 앞에 가는 것을 앞질러 감
다. 추월(追越) • • ③ 어떤 것에다가 나중에 더함

★ 다음 문장에 맞는 어휘를 써 보십시오.

가. 친구와 갈빗집에 가서 2인분을 주문했는데 너무 맛있어서 2인분을 더 (   )했다.
나. 중학교 앞의 분식집을 지나갈 때는 친구들과 떡볶이를 먹으면서 놀던 (   )이/가 생각난다.
다. 이번 교통사고는 뒤에서 오던 차가 앞차를 (   )하려다가 일어났다고 한다.

한자 어휘 넓히기

추(推)
의미: 밀다, 옮다, 변천하다, 추천하다
예문: 장학금을 받으려면 교수님의 추천서가 필요하다.

추(秋)
의미: 가을, 결실
예문: 예전에는 추석에 가족들이 모여서 송편을 만들었는데, 요즘에는 사 먹는 가정들이 더 많아졌다.

추(抽)
의미: 뽑다, 뽑아내다, 빼다, 없애다
예문: 허브 추출물과 식용 오일, 식초, 물을 넣어서 직접 만든 화장품을 친구들에게 선물로 주었다.

정답
가) ③ 나) ① 다) ②
가) 추가 나) 추억 다) 추월

176. 축(祝)

발음	의미
축	빌다, 기원하다, 축하하다

★ 써 보십시오.

祝	祝	祝	祝	祝	祝

★ 다음 어휘의 의미를 추측해서 연결해 보십시오.

가. 축복(祝福) • • ① 누군가의 행복을 빌어주는 일
나. 축제(祝祭) • • ② 결혼식 등 기쁘고 즐거운 일을 축하하기 위해 주는 돈
다. 축의금(祝儀金) • • ③ 정해진 날이나 기간에 기쁘고 즐겁게 벌이는 의식이나 행사

★ 다음 문장에 맞는 어휘를 써 보십시오.

가. 신랑과 신부를 (   )하기 위해 친구들이 축가를 불렀다.
나. 한국에서는 결혼식에 갈 때 선물보다는 (   )을/를 내는 경우가 많다.
다. 대학 (   )에서는 학생들이 공연을 하고 맛있는 음식을 만들어서 팔기도 한다.

한자 어휘 넓히기

축(築)
의미: 쌓다, 다지다, 짓다
예문: 우리 집은 지은 지 30년이 넘었는데 증축을 해야 할지 재건축을 해야 할지 잘 모르겠다.

축(畜)
의미: 모으다, 쌓다, 쌓아두다, 간직하다
예문: 집값이 너무 비싸서 열심히 저축해도 전세자금조차 마련하기 어렵다.

축(縮)
의미: 줄이다, 감축하다
예문: 발바닥은 인간의 신체를 축소해 놓은 곳과 같아서 피곤할 때 발 마사지를 하면 효과가 있다.

정답
가) ① 나) ③ 다) ②
가) 축복 나) 축의금 다) 축제

177. 출(出)

발음	의미
출	나다, 태어나다, 낳다, 떠나다

★ 써 보십시오.

出	出	出	出	出	出

★ 다음 어휘의 의미를 추측해서 연결해 보십시오.

가. 출산(出産) • • ① 아이를 낳음
나. 수출(輸出) • • ② 서류나 의견 등을 내어놓음
다. 제출(提出) • • ③ 물품이나 기술, 인력 등을 외국으로 판매함

★ 다음 문장에 맞는 어휘를 써 보십시오.

가. 사교육비의 부담으로 점점 ( )율이 낮아지고 있다.
나. 비자 기간을 연장하기 위해서는 필요한 서류를 출입국관리사무소에 ( )해야 한다.
다. 통계청에 따르면 올해 우리나라의 자동차 ( )이/가 작년과 비교해 10%나 증가했다고 한다.

한자 어휘 넓히기

출(黜)
의미: 내치다, 물리치다, 내쫓기다
예문: 성추행과 뇌물 혐의를 받고 있는 국회의원 이 모 씨를 당에서 출당하기로 합의했다.

정답
가) ① 나) ③ 다) ②
가) 출산 나) 제출 다) 수출

178. 충(充)

발음	의미
충	채우다, 가득하다, 완전하다

★ 써 보십시오.

充	充	充	充	充	充

★ 다음 어휘의 의미를 추측해서 연결해 보십시오.

가. 충분(充分) • • ① 스마트폰이나 노트북 등 전자기기에 전기를 채움
나. 충전(充電) • • ② 모자라는 것을 더하여 채움
다. 보충(補充) • • ③ 분량이 많아서 모자라지 않음

★ 다음 문장에 맞는 어휘를 써 보십시오.

가. 초기에 전기 자동차는 ( ) 문제로 관심을 받지 못했지만 점차 ( )이/가 편리해지고 주행거리가 늘어나면서 인기를 끌고 있다.
나. 제출하신 자료만으로는 이해하기 어려우니 자세한 ( ) 설명을 해 주시기 바랍니다.
다. 건강해지려면 적당한 운동과 ( )한 수면이 필요하다.

한자 어휘 넓히기

충(忠)
의미: 충성, 공평, 정성
예문: 유교 사상은 나라에 충성하고 부모에 효도하는 것을 중시한다.

충(蟲)
의미: 벌레, 벌레의 총칭
예문: 거미는 거미줄을 쳐서 곤충을 잡아먹는다.

충(衝)
의미: 찌르다, 치다, 부딪치다, 향하다
예문: 신호등을 무시하고 달리던 차가 마주 오던 차와 충돌했다.

정답
가) ③ 나) ① 다) ②
가) 충전 나) 보충 다) 충분

179. 취(取)

발음	의미
취	가지다, 손에 들다, 취하다, 의지하다

★ 써 보십시오.

取	取	取	取	取	取

★ 다음 어휘의 의미를 추측해서 연결해 보십시오.

가. 취급(取扱) • • ① 사물을 다루거나 처리함
나. 취득(取得) • • ② 영양분을 빨아들임
다. 섭취(攝取) • • ③ 어떤 것을 자기 것으로 함, 또는 어떤 자격을 얻음

★ 다음 문장에 맞는 어휘를 써 보십시오.

가. 나는 이번 한국어능력시험에서 155점을 받아 4급을 (　　　)했다.
나. 건강해지려면 편식하지 말고 음식을 골고루 먹어야 여러 가지 영양소를 (　　　)할 수 있다.
다. 택배나 소포를 보낼 때 깨지기 쉬운 물건에는 (　　　)주의라는 스티커를 붙여서 보내야 한다.

한자 어휘 넓히기

취(就)
의미: 나아가다, 이루다, 따르다
예문: 대통령은 임기가 시작되는 날 0시에 취임을 한다.

취(趣)
의미: 뜻, 취지, 내용, 달리다
예문: 같은 취미를 가진 사람들의 모임을 동호회라고 한다.

취(醉)
의미: 술에 취하다, 취하게 하다, 지나치게 좋아하다
예문: 수술을 할 때는 환자가 통증을 느끼지 않도록 마취를 한다.

정답
가) ① 나) ③ 다) ②
가) 취득 나) 섭취 다) 취급

180. 측(測)

발음	의미
측	헤아리다, 재다, 재어지다, 맑다

★ 써 보십시오.

側	側	側	側	側	側

★ 다음 어휘의 의미를 추측해서 연결해 보십시오.

가. 측정(測定) • • ① 도구를 사용하여 어떤 기준에 따라 양의 크기를 잼
나. 관측(觀測) • • ② 자연 현상의 변화나 사물을 살펴봄
다. 추측(推測) • • ③ 불확실한 일에 대해 짐작하여 생각함

★ 다음 문장에 맞는 어휘를 써 보십시오.

가. 교통사고 예방을 위해 경찰관들이 도로에서 운전자의 음주 여부를 ( )한다.
나. 도시의 불빛이 밝아지면서 별을 ( )하기 어려워져 천문 ( )소들이 산 위에 세워졌다.
다. 그 연예인의 갑작스러운 죽음에 가족들은 확실하지 않은 ( )성 기사들을 인터넷에 올리지 말아 달라고 부탁했다.

한자 어휘 넓히기

측(側)
의미: 곁, 가까이, 옆
예문: 검찰은 뇌물 수수 혐의를 받고 있는 그 장관의 측근들부터 조사할 예정이라고 한다.

측(惻)
의미: 슬퍼하다, 가엾게 여기다
예문: 밤늦게까지 아르바이트를 한 후 집에 가는 버스에서 졸고 있는 친구의 모습이 너무 측은해 보였다.

정답
가) ① 나) ② 다) ③
가) 측정 나) 관측 다) 추측

181. 치(治)

발음	의미
치	다스리다, 다스려지다, 질서가 바로 잡히다

★ 써 보십시오.

治	治	治	治	治	治

★ 다음 어휘의 의미를 추측해서 연결해 보십시오.

가. 치료(治療) • • ① 나라나 사회를 안전하게 함

나. 치안(治安) • • ② 국민이 잘살 수 있도록 나라를 다스리는 일

다. 정치(政治) • • ③ 병이나 상처를 낫게 함

★ 다음 문장에 맞는 어휘를 써 보십시오.

가. 경찰은 시민의 생명과 재산을 보호하고 범죄를 예방하는 등 (　　)을/를 담당한다.

나. (　　)을/를 하는 사람들은 자신을 위해서가 아니라 국민을 위해서 일해야 한다.

다. 의사들은 환자의 병을 (　　)하기 위해 최선을 다한다.

한자 어휘 넓히기

치(致)

의미: 이르다, 도달하다, 다하다, 이루다

예문: 예전에는 암이 치사율이 높은 질병이었으나 최근에는 치료약이 개발되어 사망률이 낮아지고 있다.

치(置)

의미: 두다, 배치하다, 내버려두다

예문: 스마트폰에 앱을 설치하면 친구들이 어디에 있는지 알 수 있다.

치(齒)

의미: 이, 나이, 어금니, 연령

예문: 초콜릿을 먹고 나서 이를 잘 닦지 않으면 충치가 생기기 쉽다.

정답

가) ③　　나) ①　　다) ②

가) 치안　　나) 정치　　다) 치료

182. 친(親)

발음	의미
친	친하다, 가깝다, 사랑하다

★ 써 보십시오.

親	親	親	親	親	親

★ 다음 어휘의 의미를 추측해서 연결해 보십시오.

가. 친구(親舊) • • ① 오랫동안 가깝게 사귄 사람
나. 친절(親切) • • ② 어떤 사람과의 사이가 아주 가까우면서도 좋은 느낌
다. 친밀감(親密感) • • ③ 정성스럽고 정다운 태도

★ 다음 문장에 맞는 어휘를 써 보십시오.

가. 항공사 승무원들은 승객들한테 매우 (　　　)하다.
나. 나는 아버지의 직장 때문에 이사를 자주 다녀 친한 (　　　)이/가 별로 없다.
다. 외국에서 같은 나라 사람을 만나면 왠지 (　　　)이/가 느껴진다.

정답
가) ① 나) ③ 다) ②
가) 친절 나) 친구 다) 친밀감

183. 침(寢)

발음	의미
침	잠자다, 쉬다, 휴식하다, 눕다

★ 써 보십시오.

寢	寢	寢	寢	寢	寢

★ 다음 어휘의 의미를 추측해서 연결해 보십시오.

가. 침실(寢室) • • ① 잠자리에 드는 것
나. 취침(就寢) • • ② 잠을 자는 방
다. 불침번(不寢番) • • ③ 안전을 위해 잠을 자지 않고 경비를 하는 사람

★ 다음 문장에 맞는 어휘를 써 보십시오.

가. 군대에서는 밤마다 교대로 ( )을/를 선다.
나. 의사들은 수면의 질을 높이기 위해서는 11시 전에 ( )하고 오전 6시쯤 기상하는 것이 좋다고 한다.
다. ( )의 조명을 어둡게 해야 깊은 잠을 잘 수 있다.

한자 어휘 넓히기

침(侵)
의미: 불법으로 침범하다, 범하다, 어기다
예문: 코로나19 확진자의 동선을 공개하는 것은 사생활 침해라는 논란을 일으켰다.

침(針)
의미: 바늘, 가시, 바느질하다, 침을 놓다
예문: 새로운 CEO의 영입으로 회사의 경영 방침이 달라졌다.

침(沈)
의미: 잠기다, 가라앉다, 빠지다
예문: 검찰에 출두한 최 회장은 변호사가 올 때까지는 아무 말도 하지 않겠다면서 침묵했다.

정답
가) ② 나) ① 다) ③
가) 불침번 나) 취침 다) 침실

184. 칭(稱)

발음	의미
칭	일컫다, 부르다

★ 써 보십시오.

稱	稱	稱	稱	稱	稱

★ 다음 어휘의 의미를 추측해서 연결해 보십시오.

가. 사칭(詐稱) • • ① 남의 이름을 사용하거나 거짓으로 이름을 속여서 사용

나. 존칭(尊稱) • • ② 다른 사람의 이름을 지어 부르는 말

다. 호칭어(呼稱語) • • ③ 존경하여 높이 부르는 명칭

★ 다음 문장에 맞는 어휘를 써 보십시오.

가. 한국 식당에서 여자 종업원을 부를 때 '이모'라는 (   )을/를 많이 사용한다.

나. '선생님'은 '가르치는 사람'을 말하기도 하지만 상대방에 대한 (   )(으)로도 쓴다.

다. 그 사람은 검사 출신 변호사로 (   )하며 5억 원대의 사기행각을 벌이다 경찰에 잡혔다.

정답

가) ① 나) ③ 다) ②

가) 호칭 나) 존칭 다) 사칭

★ 한국의 관광지 중에서 어디에 가 봤습니까?

관광지에서 한자 어휘 찾기

서울은 관광(觀光)할 곳이 많습니다. 남산(南山)에 있는 남산서울타워는 야경(夜景)이 아주 예쁘고 광화문(光化門)에 있는 경복궁(景福宮)은 산책하기에 좋습니다. 서울뿐만 아니라 전국적으로 가 볼 만한 곳이 많이 있는데요. 강릉(江陵)은 설악산(雪岳山)과 일출(日出)로 유명합니다. 바닷가 옆에 카페거리가 있어서 바다를 보면서 커피를 마실 수도 있습니다. 전주(全州) 한옥(韓屋)마을에서는 한옥을 구경하고 비빔밥 등의 전통 한식을 맛볼 수 있고, 안동(安東) 하회(河回)마을에 가면 하회탈춤을 구경하고 한옥에서 숙박할 수도 있습니다. 부산(釜山) 해운대(海雲臺)에 가면 아름다운 바다에서 수영을 즐기고 신선한 회를 먹을 수 있습니다. 남쪽에 있는 가장 큰 섬인 제주도(濟州道)는 한라산(漢拏山)이 유명하고 귤과 한라봉, 흑돼지고기 등을 즐길 수 있습니다.

★ 여러분 고향에서 유명한 관광지를 이야기해 보십시오.

제10과 ㅋ

시사 뉴스 살펴보기10: 건강

1. 다음에서 알맞은 어휘를 골라 빈칸을 채우십시오.

쾌활	유쾌	불쾌함	쾌적	상쾌
장수	고혈압	예민	규칙적	취약하다

1) 세계적인 (　　　) 마을들을 연구해온 학자들에 의하면 오래 살기 위해서는 깨끗한 환경, 스트레스 없는 문화 그리고 건강한 식단이 필요하다고 한다.
2) 성격이 명랑하고 (　　　)하며 사교적인 사람은 어느 모임에서나 잘 적응하고 긍정적인 분위기를 만든다.
3) 시험 때만 되면 장이 (　　　)해져서 소화가 잘 안 되고 배가 아프다.
4) 그 연극은 보는 내내 관객들을 즐겁게 하고 (　　　)한 웃음을 준다.
5) (　　　)은/는 흔히 40대 이후의 성인기에 나타나는 증상이라고 생각하지만 비만의 어린아이에게도 발생할 수 있다.

2. 다음 건강 관련 기사를 읽고 물음에 답하십시오.

장수에 유리한 성격이 있다

요즘은 어린이부터 노인에 이르기까지 모두 건강에 대해 관심이 높다. 건강하게 장수하는 것은 모든 인간의 바람이라고 할 수 있다. 이러한 인간의 심리를 반영하듯 TV의 건강, 의학 관련 프로그램에서는 건강 정보가 넘쳐나고, 건강 보조 식품도 쏟아진다.

그런데 건강에는 관심이 많으면서 정작 건강과 깊이 관련된 개인의 성격에는 많은 사람들이 주의를 기울이지 않는다. 전문가들에 따르면 성격이 급하고 화를 잘 내는 사람은 고혈압이나 심장질환을 조심해야 한다고 한다. 또 예민하고 걱정이 많은 사람들은 우울증, 불안 장애, 천식, 장 질환 등의 질병에 걸릴 확률이 (　　　　)보다 더 높다고 한다.

반면 쾌활한 사람들은 건강 상태도 양호하다. 서울 지역 90세 이상 초고령 노인의 장수 비결은 쾌활한 성격, 규칙적인 식습관이라는 연구 결과를 보면 성격은 장수에도 영향을 미친다고 할 수 있다.

또한, 인간관계도 건강에 영향을 준다고 한다. 유쾌한 사람과 함께 있으면 기분이 좋아져 소화가 잘되고 푹 잘 수 있지만, 인간관계에서 불쾌함을 느끼면 스트레스가 쌓이고 소화도 안 돼 질병에 취약해진다. 이와 함께 환경도 중요한데, 무더위로 불쾌지수가 높은 여름보다는 상쾌한 공기를 마실 수 있는 쾌적한 시기에 사람들은 더 건강하고 활동적이다. 결론적으로 좋은 성격을 가지고 있고, 좋은 인간관계를 유지하며, 좋은 환경에 있는 사람이 장수에 유리하다고 할 수 있다.

1) (　　　)에 들어갈 알맞은 것을 고르십시오. (　　　)

① 그런 사람
② 그렇지 않은 사람
③ 불쾌감을 느끼는 사람
④ 스트레스를 잘 받는 사람

2) 위 글의 내용과 같은 것을 고르십시오. (　　　)

① 성격이 좋은 사람들은 모두 장수한다.
② 여름보다 가을에 건강이 나빠지기 쉽다.
③ 불쾌한 만남의 연속은 건강에 해가 된다.
④ 예민한 사람들은 고혈압 관련 질환을 조심해야 한다.

3) 건강을 위해 특별히 하는 것이 있습니까? 이야기해 보십시오.

정답

1. 1) 장수　2) 쾌활　3) 예민　4) 유쾌　5) 고혈압
2. 1) ②　2) ③　3) 생략

토픽에서 시사한자 찾기10

1. 다음 글에서 'ㅋ'으로 시작하는 한자 어휘를 찾아 써 보십시오.

> 도시의 거리는 온통 상점으로 가득 차 있다. 상업적 공간으로 채워진 거리를 보며 눈살을 찌푸리는 이들도 많다. 하지만 상점은 거리에 활력을 불어넣어 걷고 싶은 거리를 만드는 데에 중요한 역할을 한다. 상점은 단순히 물건을 파는 공간이 아니라 보행자들에게 볼거리와 잔재미를 끊임없이 제공하는 거대한 미술관이 되어 준다. 또 밤거리를 밝히는 가로등이며 보안등이자 거리의 청결함과 쾌적함을 지켜주는 파수꾼이 되기도 한다.

출처: 제60회 한국어능력시험 읽기

1) (   )

2. 다음 (   )에 들어갈 한자 어휘를 보기에서 골라서 써 보십시오.

보기	상쾌	유쾌	쾌차	쾌락	쾌적

> 이번에 새로 개장한 식물원은 국내 최대의 온실을 갖춘 수목원이다. 이 수목원에는 실제 크기로 재현한 한국 전통 궁궐 정원은 물론 스페인의 알람브라 궁전을 본뜬 지중해 온실까지 20개의 전시실을 갖추고 있다. 그중에서 '사계절 전시 온실'이 가장 주목을 받고 있는데, 온갖 종류의 나무들이 있어서 산에서 산책하는 것처럼 공기가 (㉮)하다. 또한, 자동 온도 조절 시스템을 갖춘 이 수목원은 (㉯)한 환경을 제공한다.

1) ㉮ (   )

2) ㉯ (   )

정답

1. 1) 쾌적

2. 1) 상쾌 2) 쾌적

한자 어휘 연습하기10

185. 쾌(快)

발음	의미
쾌	시원하다, 빠르다, 즐겁다

★ 써 보십시오.

快	快	快	快	快	快

★ 다음 어휘의 의미를 추측해서 연결해 보십시오.

가. 쾌유(快癒) • • ① 마음이 시원하고 깨끗함

나. 불쾌(不快) • • ② 몸이나 마음이 편하지 않고 기분이 좋지 않음

다. 상쾌(爽快) • • ③ 병이나 상처가 깨끗이 나음

★ 다음 문장에 맞는 어휘를 써 보십시오.

가. 밤늦게 지하철을 타면 (　　　)한 술 냄새와 음식 냄새가 난다.

나. 땀을 흘리면서 공원을 달린 후 샤워를 하면 몸은 피곤하지만 기분은 (　　　)하다.

다. 생명이 위독한 교황의 (　　　)을/를 빌기 위해 많은 가톨릭 신도들이 모여 기도를 하였다.

정답

가) ③ 나) ② 다) ①

가) 불쾌 나) 상쾌 다) 쾌유

MEMO

제11과 ㅌ

시사 뉴스 살펴보기11: 과학

1. 다음에서 알맞은 어휘를 골라 빈칸을 채우십시오.

태양	소통	교통	탐욕	태도
추구	대체	식도락	배양	수경재배

1) 온라인 음식 판매업체들은 맛있는 음식을 즐기는 (　　　)가들에게 만족을 줄 수 있는 메뉴 개발에 최선을 다하고 있다.
2) 과학 기술의 발달이 과학자들의 지나친 (　　　)와/과 결합되면 비윤리적인 결과를 가져올 수 있다.
3) 앞으로 의사, 판사, 아나운서 등도 인공지능 로봇으로 (　　　)될 것이다.
4) 지하철역에 물만 사용해 채소를 (　　　)하는 '지하철 스마트 팜'이 만들어져 사람들의 관심을 끌고 있다.
5) 가축을 기르는 대신 세포를 (　　　)하는 기술의 장점은 수개월, 수년 동안의 사육 기간이 필요 없다는 것이다.

2. 다음 과학 기술과 관련 기사를 읽고 물음에 답하십시오.

과학 기술로 바라보는 2045년 대한민국의 미래

대한민국이 2045년까지 추구하는 미래는 플라스틱을 대체할 수 있는 경제적 친환경 소재의 개발, 인공태양을 통한 친환경 에너지 구축, 환경오염 방지를 위한 인공강우 시스템을 갖춘 세상이다.

(　　　)에서는 인간의 뇌에 기계를 연결해 뇌파로 다른 사람이나 기계와 소통이 가능해진다. 또한, 인공장기, 인공 뼈, 인공치아 등 신체를 모방 설계하여 젊은 날의 몸으로 회복할 수 있다.

새로운 교통수단인 유인 왕복 우주 비행기가 서울과 뉴욕을 두 시간 내에 갈 수 있고, 우주 공간을 자유롭게 다니며, 해저터널을 통해 빠르게 해외로 갈 수도 있다.

1) (　　　)에 들어갈 알맞은 것을 고르십시오. (　　　)

① 예술 분야
② 건축 분야
③ 경제 분야
④ 의료 분야

30년 후 세계 식량 수요 70% 증가

세계자원연구소는 2050년 필요 식량이 2006년에 비해 70% 정도 늘어날 것이라고 발표했다. (㉠) 과거와 달리 인류가 생존 조건이 아닌 식도락 대상으로 식량을 대하는 탐욕적인 태도를 갖게 되면서 이런 상황은 심화되고 있다.

이로 인한 인류의 식량 위기를 해결하기 위한 대안들이 제시되고 있다. (㉡) 첫째는 고기의 근육 세포를 무한 증식시켜서 육류를 얻는 배양육이다. 둘째는 두부를 이용한 식물성 고기를 만드는 것이다. 셋째는 번데기 등의 식용곤충이다. 넷째는 LED와 수경재배 및 수직농장 방식이다. (㉢) 옥상이나 베란다에서 채소를 기르는 도시농장, 드론이나 인공위성 기술을 이용한 디지털 농업 등도 대안으로 제시된다. (㉣)

식량 문제는 온 인류의 문제이다. 인류의 생존을 위해서는 단순히 생산량을 늘리기보다는 환경에 미치는 영향을 줄일 수 있는 효과적이면서 책임감 있는 식량 생산 시스템 구축이 필요하다.

2) 위의 글에서 〈보기〉의 문장이 들어가기에 가장 알맞은 곳을 고르십시오. (　　　)

보기 이는 식량 수요 증가가 인구 증가보다 훨씬 높아진다는 것이다.

① ㉠　　　② ㉡
③ ㉢　　　④ ㉣

3) 윗글에 제시된 대안 외에도 어떤 방법이 있을지 이야기해 보십시오.

정답
1. 1) 식도락　2) 탐욕　3) 대체　4) 수경재배　5) 배양
2. 1) ④　2) ①　3) 생략

토픽에서 시사한자 찾기11

1. 다음 글에서 'ㅌ'으로 시작하는 한자 어휘를 찾아 써 보십시오.

인터넷으로 회원 가입을 할 때 설정하는 비밀번호는 초기에는 숫자 네 개면 충분했다. 하지만 최근에는 보안 강화를 위해 특수 문자까지 넣어 만들어야 한다. 게다가 비밀번호 변경도 주기적으로 해야 한다. 이 때문에 가입자는 번거로운 것은 물론이고 자주 바뀌는 비밀번호를 기억하지 못해 스트레스를 받는다. 개인 정보 보호를 가입자에게만 요구하지 말고 기업도 보안 기술 개발에 적극 투자해야 한다.

출처: 제60회 한국어능력시험 읽기

1) (   )

2) (   )

2. 다음 (   )에 들어갈 한자 어휘를 보기에서 골라서 써 보십시오.

보기: 통장　통화　특성　특정　태교

저축의 방식을 가로 저축과 세로 저축으로 나눠 비유하여 설명할 수 있다. 차량 구입이나 주택 마련과 같이 (㉮) 목적을 위해 한 통장에 집중하여 저축하는 것이 세로 저축이다. 반면 장기적으로 다양한 목적에 따라 자금을 여러 (㉯)에 분산하여 저축하는 것을 가로 저축이라고 한다. 단기적으로 빨리 목돈을 만들고 싶다면 세로 저축을, 은퇴 후의 생활까지 고려한다면 가로 저축을 선택하는 것이 좋다.

출처: 제64회 한국어능력시험 읽기

1) ㉮ (   )

2) ㉯ (   )

정답

1. 1) 특수　　2) 투자
2. 1) 특정　　2) 통장

한자 어휘 연습하기11

186. 타(他)

발음	의미
타	다르다, 남, 다른 사람

★ 써 보십시오.

他	他	他	他	他	他

★ 다음 어휘의 의미를 추측해서 연결해 보십시오.

가. 타인(他人) • • ① 다른 사람, 남
나. 기타(其他) • • ② 그것 외에 또 다른 것
다. 배타적(排他的) • • ③ 남을 배척하는 것

★ 다음 문장에 맞는 어휘를 써 보십시오.

가. 사회가 점점 자신만의 이익을 추구하고 다른 사람을 만나는 것을 싫어하고 피하는 (　　　)인 사회가 되면 안 된다.
나. 함께 살아가야 하는 공동사회에서는 자신보다는 (　　　)을/를 배려할 줄 아는 마음이 필요하다.
다. 여러 가지를 말할 때 '그 외에 다른 것'이란 뜻으로 '(　　　) 등등'이라고 쓴다.

한자 어휘 넓히기

타(打)
의미: 치다, 때리다
예문: 북이나 드럼 같은 악기를 타악기라고 한다.

타(妥)
의미: 온당하다, 마땅하다, 타당하다
예문: 고집 센 사람보다 타협을 잘하는 사람이 정치를 잘하는 것 같다.

타(墮)
의미: 떨어지다, 무너지다
예문: 기독교에서 사탄은 타락한 천사라고 한다.

타(唾)
의미: 침, 침 뱉다
예문: 커피잔에 묻은 타액의 DNA로 범인을 잡을 수 있었다.

정답

가) ① 나) ② 다) ③
가) 배타적 나) 타인 다) 기타

187. 탁(託)

발음	의미
탁	부탁하다, 의탁하다

★ 써 보십시오.

託	託	託	託	託	託

★ 다음 어휘의 의미를 추측해서 연결해 보십시오.

가. 부탁(付託) • • ① 어떤 일을 해 달라고 맡기거나 청함
나. 위탁(委託) • • ② 의지할 데가 없음
다. 무의탁(無依託) • • ③ 남에게 의뢰하고 의존함

★ 다음 문장에 맞는 어휘를 써 보십시오.

가. 그 양로원에는 자식이나 돌봐줄 가족이 없는 ( ) 노인들이 모여 산다.
나. 우리 대학은 집중적인 한국어 교육을 위해 외국 대학교에서 보낸 학생들을 ( )받아 가르치는 프로그램이 있다.
다. 돈을 주면서 하는 ( )은/는 뇌물을 주는 청탁이다.

한자 어휘 넓히기

탁(卓)
의미: 높다, 뛰어나다
예문: 탁구는 건강에도 좋은 운동이지만 집중력을 키우는 데에도 도움이 된다.

탁(濁)
의미: 흐리다, 더럽다
예문: 튀기거나 기름진 음식을 많이 먹으면 피가 혼탁해지고 끈적끈적해져서 성인병에 걸리기 쉽다.

탁(濯)
의미: 씻다, 빨다
예문: 정장이나 코트는 집에서 빨래할 수 없어서 세탁소에 맡겨야 한다.

탁(擢)
의미: 뽑다, 빼내다, 버리다
예문: 그 배우는 고등학교 때 길거리에서 피디에게 발탁되어 광고 모델이 되었다고 한다.

정답
가) ① 나) ③ 다) ②
가) 무의탁 나) 위탁 다) 부탁

188. 탄(炭)

발음	의미
탄	숯, 목탄, 석탄

★ 써 보십시오.

炭	炭	炭	炭	炭	炭

★ 다음 어휘의 의미를 추측해서 연결해 보십시오.

가. 탄산(炭酸) • • ① 땅속에 두껍게 쌓인 나무가 압력으로 탄화되어 생성된 것

나. 탄수화물(炭水化物) • • ② 에너지를 만드는 중요한 영양소로 곡류, 감자 등에 많음

다. 석탄(石炭) • • ③ 이산화탄소가 물에 녹아서 생기는 약한 산

★ 다음 문장에 맞는 어휘를 써 보십시오.

가. 오랜 시간 땅속에 쌓여 만들어진 ( )은/는 지금도 화력발전이나 난방에너지로 사용되고 있다.

나. 밥이나 밀가루로 된 음식을 많이 먹는 사람들은 ( ) 과다 섭취로 살이 찌기 쉽다.

다. 고기와 같이 기름진 음식이나 튀긴 음식을 먹을 때는 물보다는 콜라나 사이다와 같은 ( )음료가 마시고 싶어진다.

한자 어휘 넓히기

탄(誕)
의미: 낳다, 태어나다
예문: 역사를 보면 어려울 때마다 나라를 구한 영웅들이 탄생했다.

탄(歎)
의미: 탄식하다, 한탄하다, 노래하다
예문: 탄식은 '어려운 일을 당해서 하품하는 것처럼 입을 벌리고 슬퍼한다'는 뜻이다.

탄(彈)
의미: 탄알
예문: 헌법에 위배되는 범죄를 저지르면 대통령도 탄핵할 수 있다.

탄(坦)
의미: 평평하다
예문: 그 사람은 어릴 때 어머니가 돌아가시고 아버지가 사업에 실패하시는 등 20대까지 순탄하지 않은 시절을 보냈다.

정답
가) ③ 나) ② 다) ①
가) 석탄 나) 탄수화물 다) 탄산

189. 탈/태(脫)

발음	의미
탈	벗다, 벗기다
태	기뻐하다

★ 써 보십시오.

脫	脫	脫	脫	脫	脫

★ 다음 어휘의 의미를 추측해서 연결해 보십시오.

가. 탈출(脫出) • • ① 기운이 빠지고 정신이 멍해지는 상태

나. 탈락(脫落) • • ② 어떤 상황에서 빠져나와 도망침

다. 허탈(虛脫) • • ③ 함께 할 수 없게 떨어지거나 제외됨

★ 다음 문장에 맞는 어휘를 써 보십시오.

가. 1년 동안 열심히 준비한 오디션이 취소돼서 ( )한 마음에 밤새도록 술을 마셨다.

나. 부장님이 이번 승진에서 ( )해서 우리 부서 분위기가 가라앉았다.

다. 주어진 문제에 대해 친구들과 의논하면서 답을 맞혀야 그 방에서 나올 수 있는 게임을 '방( )'(이)라고 한다.

한자 어휘 넓히기

탈/태(奪)

의미: 빼앗다, 약탈하다, 빼앗기다/좁은 길

예문: 그 선수들은 대회 기간 중 무단외출과 음주로 2년 동안 선수 자격을 박탈당했다.

정답

가) ② 나) ③ 다) ①

가) 허탈 나) 탈락 다) 탈출

190. 탐(探)

발음	의미
탐	찾다, 엿보다, 깊이 연구하다

★ 써 보십시오.

探	探	探	探	探	探

★ 다음 어휘의 의미를 추측해서 연결해 보십시오.

가. 탐구(探究) • • ① 모르는 사실이나 소식을 알기 위해 찾아가서 물어봄

나. 탐문(探問) • • ② 학문이나 원리 등을 깊이 연구함

다. 탐험가(探險家) • • ③ 위험을 무릅쓰고 현지를 찾아가는 사람

★ 다음 문장에 맞는 어휘를 써 보십시오.

가. 어렸을 때 미지의 세계를 찾아 여행을 하는 (　　　)이/가 되고 싶었다.

나. 형사들은 사건을 해결하기 위해 집집마다 찾아다니며 (　　　) 수사를 한다.

다. 이 책은 치열한 (　　　)정신으로 이룬 업적을 통해 세계를 변화시킨 과학자들의 이야기가 담겨 있다.

한자 어휘 넓히기

탐(貪)
의미: 탐내다, 탐하다
예문: 식탐이 있어서 먹고 싶은 마음을 참지 못하는 사람은 다이어트를 하기가 힘들다.

탐(耽)
의미: 즐기다, 좋아하다, 빠지다
예문: 그 사람은 알코올과 마약에 탐닉하다가 결국 패가망신하였다.

탐(眈)
의미: 노려보다, 천천히 보다
예문: '호시탐탐'은 '호랑이가 눈을 부릅뜨고 노려본다'는 뜻으로 기회를 잡기 위해 방심하지 않을 때 쓰는 말이다.

정답
가) ②　　나) ①　　다) ③
가) 탐험가　　나) 탐문　　다) 탐구

191. 탕(蕩)

발음	의미
탕	방탕하다, 흔들다, 움직이다

★ 써 보십시오.

蕩	蕩	蕩	蕩	蕩	蕩

★ 다음 어휘의 의미를 추측해서 연결해 보십시오.

가. 탕진(蕩盡) • • ① 술, 노박 등에 빠져 행실이 나쁨
나. 방탕(放蕩) • • ② 머리를 부딪친 후 생기는 일시적인 뇌의 기능 장애
다. 뇌진탕(腦震蕩) • • ③ 재산 등을 다 써서 없앰

★ 다음 문장에 맞는 어휘를 써 보십시오.

가. 한 번 도박에 빠지면 가지고 있는 돈을 모두 ( )하고도 그만두지 못하는 경우가 많다.
나. 자동차에 머리를 부딪친 아이가 ( )(으)로 인해 구토 증상을 보였다.
다. 그는 부모의 돈만 믿고 ( )한 생활을 하다가 결국 노숙자가 되었다.

한자 어휘 넓히기

탕/양(湯)
의미: 끓이다, 끓인 물, 온천/해돋이
예문: 설렁탕은 소의 머리, 뼈 등을 오랫동안 끓여서 만든 국이다.

탕/당(糖)
의미: 사탕, 엿
예문: 사탕을 녹여 먹는 사람도 있고 깨물어 먹는 사람도 있다.

정답
가) ③ 나) ① 다) ②
가) 탕진 나) 뇌진탕 다) 방탕

192. 태(態)

발음	의미
태	모습, 모양, 형태, 상태, 태도

★ 써 보십시오.

態	態	態	態	態	態

★ 다음 어휘의 의미를 추측해서 연결해 보십시오.

가. 태도(態度) • • ① 사물이나 현상이 놓여 있는 모양이나 상황
나. 상태(狀態) • • ② 사람이나 사물의 모양이나 행동을 흉내 내어 만든 말
다. 의태어(擬態語) • • ③ 어떤 일이나 상황을 대하는 마음이나 입장

★ 다음 문장에 맞는 어휘를 써 보십시오.

가. 그 학생은 평소에 성적도 좋고 수업 ( )도 좋아서 장학생으로 추천했다.
나. 아직도 기침이 심하고 목소리가 나오지 않아서 지금 ( )(으)로는 강의가 어렵다.
다. '반짝반짝', '살금살금', '펑펑'은 한국어에서 ( )(이)라고 한다.

한자 어휘 넓히기

태(太)
의미: 크다, 심하다, 처음, 최초
예문: 태극기의 가운데 동그란 원은 하늘과 땅을 상징한다.

태(泰)
의미: 크다, 넉넉하다
예문: '티끌 모아 태산'이라는 말은 '아주 작은 것이라도 모으면 큰 것이 된다'는 의미이다.

태(胎)
의미: 임신하다
예문: 임산부는 태교를 위해 좋은 생각과 좋은 말을 하고, 차분한 음악을 듣는다.

태(怠)
의미: 게으르다, 그만두다
예문: 최 과장은 지각도 잦고 일하는 시간에 사우나에 다니다가 사장님께 근무태만으로 질책을 받았다.

정답
가) ③ 나) ① 다) ②
가) 태도 나) 상태 다) 의태어

193. 토(土)

발음	의미
토	흙, 땅, 국토, 영토

★ 써 보십시오.

土	土	土	土	土	土

★ 다음 어휘의 의미를 추측해서 연결해 보십시오.

가. 토양(土壤) • • ① 흙, 곡물과 채소, 나무 등이 잘 자랄 수 있는 땅
나. 토지(土地) • • ② 국제적으로 한 나라의 통치권이 미치는 지역
다. 영토(領土) • • ③ 농사를 짓거나 집을 지을 수 있는 땅

★ 다음 문장에 맞는 어휘를 써 보십시오.

가. 이 (　　　)은/는 그린벨트 지역이라서 농사를 지을 수는 있지만 건물이나 집을 지을 수는 없다.
나. 이 섬은 대한민국 (　　　)에 들어간다.
다. 이곳은 (　　　)이/가 좋아 무슨 씨앗을 심든지 잘 자란다.

한자 어휘 넓히기

토(討)
의미: 치다, 때리다, 공격하다, 정벌하다
예문: 토론은 어떤 주제에 대해 각각 찬성과 반대의 의견을 주장하는 것이다.

토(兎)
의미: 토끼, 달의 별명
예문: '토사구팽'이란 '토끼를 잡을 때 이용했던 개를 토끼를 잡고 나면 삶아먹는다'는 의미로 필요할 때는 사람을 이용하고 필요가 없어지면 냉정하게 버릴 때 쓴다.

토(吐)
의미: 토하다, 털어놓다, 말하다
예문: 그 직원은 회사 징계위원회에서 직장 상사에게 심한 괴롭힘을 당했다고 토로했다.

정답
가) ① 나) ③ 다) ②
가) 토지 나) 영토 다) 토양

194. 통(通)

발음	의미
통	통하다, 알다, 알리다

★ 써 보십시오.

通	通	通	通	通	通

★ 다음 어휘의 의미를 추측해서 연결해 보십시오.

가. 통화(通話) • • ① 물건이 만들어져서 소비자에게 전달되기까지의 과정
나. 교통(交通) • • ② 전화 등을 사용하여 말을 서로 주고받음
다. 유통(流通) • • ③ 탈 것을 이용하여 사람이나 짐을 옮기는 일

★ 다음 문장에 맞는 어휘를 써 보십시오.

가. 전원주택에 살면 마당도 있고 공기도 맑아서 좋지만 버스나 지하철이 없어서 ( )이/가 불편하다.
나. 이번 명절에는 고향에 못 갔지만 스마트폰으로 영상 ( )을/를 할 수 있어 부모님께서 덜 섭섭해 하셨다.
다. 모든 식료품은 반드시 ( ) 기한을 확인하고 사야 한다.

한자 어휘 넓히기

통/동(洞)
의미: 밝다, 꿰뚫다, 통하다/골, 골짜기
예문: 스티브 잡스는 미래를 꿰뚫어 보는 통찰력으로 IT 산업의 혁명을 이끌었다.

통(痛)
의미: 아프다, 앓다, 마음이 아프다
예문: 한 연구에 의하면 뇌는 신체적 고통과 심리적 고통을 구별하지 못한다고 한다.

통(統)
의미: 거느리다, 합치다, 계통
예문: 대한민국 대통령의 임기는 5년이다.

정답
가) ② 나) ③ 다) ①
가) 교통 나) 통화 다) 유통

195. 퇴(退)

발음	의미
퇴	물러나다, 물리치다, 사양하다

★ 써 보십시오.

退	退	退	退	退	退

★ 다음 어휘의 의미를 추측해서 연결해 보십시오.

가. 퇴근(退勤) • • ① 다니던 직장을 그만둠
나. 퇴직(退職) • • ② 가입한 단체에서 나옴
다. 탈퇴(脫退) • • ③ 직장에서 일을 끝내고 나옴

★ 다음 문장에 맞는 어휘를 써 보십시오.

가. 예전과 달리 요즘 직장인들은 상사의 눈치를 보지 않고 정시 ( )을/를 한다.
나. 동아리에 가입했는데 공부할 시간을 너무 많이 뺏겨서 ( )했다.
다. 아버지는 얼마 전에 정년 ( )을/를 하신 후 귀농하셔서 과수원을 운영하신다.

한자 어휘 넓히기

퇴(頹)
의미: 무너지다, 무너뜨리다, 기울다, 쓰러지다
예문: 경찰에서는 미성년자에게 술과 담배를 팔며 **퇴폐** 영업을 하던 노래방을 단속하였다.

퇴(堆)
의미: 쌓다, 싸이다, 놓다, 흙무더기
예문: 부산에 있는 해운대는 바닷가에 모래가 **퇴적**되어 생긴 해수욕장이다.

정답
가) ③ 나) ① 다) ②
가) 퇴근 나) 탈퇴 다) 퇴직

★ 여러분의 취미는 무엇입니까?

취미 생활에서 한자 어휘 찾기

주중에는 열심히 일하고 주말에는 취미(趣味) 생활을 즐기면 스트레스도 풀고 더 활기찬 생활을 할 수 있다고 합니다. 여러분들은 어떤 취미 생활을 하고 있습니까? 아직 없다면 어떤 취미를 가지면 좋을까요? 음악(音樂)이나 미술(美術)을 좋아하면 콘서트나 미술관에 가고, 영화(映畫)를 좋아하면 영화 감상(鑑賞)을 하는 것도 좋습니다. 독서(讀書)를 좋아하는 사람은 북 카페나 큰 서점에 가서 책을 읽는 것도 좋고, 활동적인 것을 좋아하면 수영(水泳)을 배우거나 승마(乘馬)를 하는 것도 좋지요. 주변에 산이 많으니 등산(登山)도 좋습니다. 조용히 생각하는 것을 좋아하면 서예(書藝)나 다도(茶道)를 추천합니다.

★ 시간과 돈이 있으면 어떤 취미를 가지고 싶습니까?

MEMO

제12과 ㅍ

시사 뉴스 살펴보기12: 미래

1. 다음에서 알맞은 어휘를 골라 빈칸을 채우십시오.

평가	폭설	피해	판매가	파악
제조업체	출입금지	방사능	투입	임대

1) 현재 전기 자동차는 다른 자동차에 비해 값이 비싸지만 앞으로 배터리 기술이 발전하면 (   )을/를 낮출 수 있을 것이다.
2) 아파트 단지 안에 식당을 개업하려면 주민의 연령, 성별, 생활수준 등을 정확히 (   )하는 것이 좋다.
3) 원자력 발전은 전기를 만드는 데 드는 비용도 적고 효율적이지만 사고가 났을 때 (   ) 유출의 위험이 있다.
4) 수돗물에서 다량의 유해물질이 검출됨에 따라 (   ) 지역의 주민들에 대한 보상과 대책이 시급해졌다.
5) 우주 관광을 위한 유인 우주선 개발에 막대한 인력과 개발비가 (   )되었다.

2. 다음 미래 관련 기사를 읽고 물음에 답하십시오.

네 발 가진 로봇 개 '스팟' 공개에 일반인 관심 보여

국내의 한 자동차 그룹이 미국의 로봇제조업체 보스턴 다이내믹스를 인수하면서 로봇 개인 '스팟'을 국내에 소개하였다. 보스턴 다이내믹스의 로봇 개 중에서 가장 뛰어나다고 평가받는 로봇은 사람만큼 유연하고 균형감각도 좋은 두 발로 걷는 '아틀라스'와 네 발로 뛰는 개 '스팟'이다.

아틀라스는 점핑과 덤블링이 가능할 정도로 균형 감각이 좋다. 스팟은 초속 최대 1.6m를 뛸 수 있고 계단 오르내리기, 비탈길 걷기, 장애물 피하기를 할 수 있다. (   ) 최대 14kg의 무게를 실어 나르고 영하 20도~영상 45도까지 견딜 수 있어서 폭설이나 폭염 지역, 화재 현장 등 위험하고 사람이 가기 어려운 곳에 가서 피해를 본 사람들을 도울 수 있다. 체르노빌 출입금지 구역에 들어가 사람 대신 유출된 방사능의 양을 측정해 냈고, 코로나 사태 이후에는 미국 의료 현장에 투입돼 환자의 상태를 살피기도 했다. 처음에 시중에 내놓았을 때는 일정 기간 임대하는 방식이었으나 최근에는 판매가 7만 4,500달러(약 9000만 원)에 판매하였다.

로봇 개의 주 임무는 이동하면서 주변 환경을 모니터링하고 현장 상황을 정확히 파악할 수 있도록 정보를 제공하는 것이다. 춤추고 몸을 비틀고 엎드리는 등의 다양한 동작도 가능해 공연 등의 엔터테인먼트 산업에서도 활용이 가능하다. 한국의 기업이 인수한 이 로봇 스팟이 앞으로 어떤 역할을 할지 기대된다.

1) (　　　)에 들어갈 알맞은 것을 고르십시오. (　　　)

① 마치　　② 매우　　③ 역시　　④ 또한

2) 위 글의 내용과 같은 것을 고르십시오. (　　　)

① 스팟은 바퀴로 달리는 로봇 개이다.
② 국내 자동차 회사에서 로봇 개를 만들고 있다.
③ 스팟은 불이 난 곳에 사람 대신 들어가서 도움을 줄 수 있다.
④ 로봇 개는 주로 엔터테인먼트 분야에서 사용된다.

3) 로봇 개발의 장점과 단점을 이야기해 보십시오.

정답

1. 1) 판매가　2) 파악　3) 방사능　4) 피해　5) 투입
2. 1) ④　2) ③　3) 생략

토픽에서 시사한자 찾기12

1. 다음 글에서 'ㅍ'으로 시작하는 한자 어휘를 찾아 써 보십시오.

지구의 표면은 여러 개의 판으로 나뉘어 있다. 판은 끊임없이 움직이기 때문에 판과 판이 부딪히는 지점에서는 지진이나 화산 폭발 같은 자연재해가 일어난다. 그런데 역설적이게도 이 충돌이 인류에게 필요한 자원을 안겨 주기도 한다. 판이 충돌하면서 지각이 바뀔 때 지구 깊숙한 곳에 있던 구리나 금, 석유 등의 자원이 지표면으로 올라왔기 때문이다. 인간은 구리 등을 이용하여 단단한 연장을 만들었고 이것은 인류 문명을 급속하게 발달시켰다.

출처: 제47회 한국어능력시험 듣기

1) (　　　　　　　　)
2) (　　　　　　　　)
3) (　　　　　　　　)
4) (　　　　　　　　)

2. 다음 (　　　)에 들어갈 한자 어휘를 보기에서 골라서 써 보십시오.

보기 판매　　포석　　포장　　품격　　편의점

환경 보호를 위해 (㉮) 없이 내용물만 (㉯)하는 가게가 있다. 이 가게에서는 밀가루나 샴푸 등을 커다란 용기에 담아 놓고 판매한다. 사람들이 용기에 든 물품을 사려면 빈 통을 준비해 가야 한다. 빈 통이 없는 사람들에게는 가게에서 통을 대여해 주기도 한다.

출처: 제60회 한국어능력시험 읽기

1) ㉮ (　　　　　　　　)
2) ㉯ (　　　　　　　　)

정답

1. 1) 표면　2) 판　3) 폭발　4) 필요
2. 1) 포장　2) 판매

한자 어휘 연습하기12

196. 파(破)

발음	의미
파	깨뜨리다, 부수다, 가르다

★ 써 보십시오.

破	破	破	破	破	破

★ 다음 어휘의 의미를 추측해서 연결해 보십시오.

가. 파괴(破壞) • • ① 재산을 모두 잃어 망함
나. 파산(破産) • • ② 정해진 격식을 깨뜨려 벗어나는 것
다. 파격적(破格的) • • ③ 때려 부수거나 무너뜨림

★ 다음 문장에 맞는 어휘를 써 보십시오.

가. 불황으로 다니던 회사가 (　　　)하여 실직자가 되었다.
나. 환경이 (　　　)되면 인간도 더 이상 생존할 수 없게 될 것이다.
다. 1960년대에 미니스커트를 입고 공연을 하는 것은 그 당시로는 아주 (　　　)인 것이었다.

한자 어휘 넓히기

파(波)
의미: 물결, 흐름
예문: 심한 파도에 배가 뒤집혔다.

파(派)
의미: 갈래, 지류, 보내다
예문: 학계에는 언제나 기존의 이론에 반대하는 새로운 학파가 등장한다.

파/피(罷)
의미: 마치다, 그치다, 쉬다/고달프다
예문: 노조의 파업으로 지하철 운행이 중단되어 출퇴근 시간에 큰 교통 혼란이 생길 것으로 예상된다.

정답
가) ③ 나) ① 다) ②
가) 파산 나) 파괴 다) 파격적

197. 판(判)

발음	의미
판	판단하다, 판결하다, 나누다

★ 써 보십시오.

判	判	判	判	判	判

★ 다음 어휘의 의미를 추측해서 연결해 보십시오.

가. 판결(判決) • • ① 어떤 것의 옳고 그름을 따져 잘못된 점을 지적함

나. 판단(判斷) • • ② 재판에서 판사가 옳고 그름, 좋고 나쁨을 가리어 결정함

다. 비판(批判) • • ③ 기준이나 근거에 따라 어떠하다고 생각하거나 단정함

★ 다음 문장에 맞는 어휘를 써 보십시오.

가. 국민은 신문, TV 뉴스 등의 언론 보도에 대해 ( )적으로 바라봐야 한다.

나. 책을 겉표지만 보고는 내용을 알 수 없는 것처럼 사람도 겉모습만 보고 ( )하면 안 된다.

다. 그 범인은 증거가 부족하다는 이유로 법원으로부터 무죄 ( )을/를 받았다.

한자 어휘 넓히기

판(販)
의미: 팔다, 사다, 매매하다
예문: 다음 달에 시판 예정인 스마트폰의 예약 주문이 쏟아지고 있다.

판(板)
의미: 널빤지, 판목
예문: 태풍으로 가게의 간판이 떨어져 지나가던 행인이 다치는 사고가 발생하였다.

판(辦)
의미: 힘쓰다, 갖추다, 주관하다
예문: 시민단체들은 판공비를 개인적으로 사용한 시장에게 내역을 공개하라고 요구하였다.

정답

가) ② 나) ① 다) ③
가) 비판 나) 판단 다) 판결

198. 편(便)

발음	의미
편	편하다, 쉬다, 휴식하다

★ 써 보십시오.

便	便	便	便	便	便

★ 다음 어휘의 의미를 추측해서 연결해 보십시오.

가. 편리(便利) • • ① 간단하고 편리함
나. 편의점(便宜店) • • ② 간단한 식료품, 잡화 등을 파는 24시간 운영 상점
다. 간편(簡便) • • ③ 이용하기가 쉽고 편함

★ 다음 문장에 맞는 어휘를 써 보십시오.

가. 복잡한 조리 과정이 없이 쉽게 해 먹을 수 있는 ( )한 음식들이 많이 나온다.
나. 요즘은 ( )에서 컵라면과 삼각 김밥으로 끼니를 해결하는 젊은 사람들이 많다.
다. 바쁜 현대인들은 밤에 주문하면 새벽에 물건을 받을 수 있는 ( )한 배달 시스템을 많이 이용한다.

한자 어휘 넓히기

편(編)
의미: 엮다, 짓다, 편집하다
예문: 요즘은 개인이 동영상을 찍은 후 음악, 자막 등을 넣어서 편집할 수 있는 프로그램이 많다.

편(片)
의미: 한쪽, 조각, 아주 작음을 나타냄
예문: 설거지를 하다가 유리컵을 깨뜨려서 유리 파편에 손을 다쳤다.

편(偏)
의미: 치우치다, 쏠리다, 기울다, 편중되다
예문: 한국의 중·고등학교는 학생들의 인성교육은 무시한 채 대학 입시에 편중된 교육만 하고 있다고 비판받는다.

정답
가) ③ 나) ② 다) ①
가) 간편 나) 편의점 다) 편리

199. 평(平)

발음	의미
평	평평하다, 판판하다, 고르다, 정리되다

★ 써 보십시오.

平	平	平	平	平	平

★ 다음 어휘의 의미를 추측해서 연결해 보십시오.

가. 평범(平凡) • • ① 싸움이 없이 사이가 좋고 조용함
나. 평소(平素) • • ② 뛰어나거나 색다르지 않음
다. 평화(平和) • • ③ 특별한 일이 없는 보통 때

★ 다음 문장에 맞는 어휘를 써 보십시오.

가. 건강을 위해서는 (　　　)에 꾸준히 운동해야 한다.
나. 그 대통령은 남북한의 관계 개선에 기여한 공이 커서 노벨(　　　)상을 받았다.
다. 대부분의 사람들은 직장생활을 하면서 (　　　)한 삶을 살고 있다.

한자 어휘 넓히기

평(評)
의미: 평하다, 품평하다, 평론하다
예문: 오디션의 심사위원들은 그 참가자의 작곡 실력을 높이 평가하였다.

평(坪)
의미: 평평하다, 평, 들
예문: 요즘 새 아파트들은 평수가 작아도 수납공간이 많이 있어서 좁은 느낌이 없다.

정답
가) ② 나) ③ 다) ①
가) 평소 나) 평화 다) 평범

200. 폐(閉)

발음	의미
폐	닫다, 막다, 닫히다, 그만두다

★ 써 보십시오.

閉	閉	閉	閉	閉	閉

★ 다음 어휘의 의미를 추측해서 연결해 보십시오.

가. 폐교(閉校) • • ① 학교의 수업을 중지하고 문을 닫음
나. 폐막식(閉幕式) • • ② 올림픽, 영화제 등 큰 행사를 마칠 때 하는 식
다. 폐쇄적(閉鎖的) • • ③ 외부와 교류하지 않는 것

★ 다음 문장에 맞는 어휘를 써 보십시오.

가. 다른 사회의 문화를 받아들이지 않는 (　　　)인 사회는 개방적 사회에 비해 발전이 느리다.
나. 올림픽 마지막날 하는 (　　　)에서는 다음 개최지로 성화를 넘기는 행사가 있다.
다. 농촌에는 학생이 없어서 (　　　)된 초등학교가 많다.

한자 어휘 넓히기

폐(廢)
의미: 폐하다, 그만두다, 부서지다
예문: 지원하는 학생이 거의 없는 학과는 폐지되고 있어서 안타깝다.

폐(肺)
의미: 허파, 마음
예문: 담배를 많이 피우는 사람뿐만 아니라 간접흡연자도 폐 질환에 걸릴 확률이 높다고 한다.

폐(幣)
의미: 화폐, 비단, 폐백
예문: 요즘 결혼식에서도 전통 혼례복을 입고 부모님과 친척들께 큰절을 하는 폐백을 드린다.

정답
가) ① 나) ② 다) ③
가) 폐쇄적 나) 폐막식 다) 폐교

201. 포(包)

발음	의미
포	싸다, 감싸다, 꾸러미

★ 써 보십시오.

包	包	包	包	包	包

★ 다음 어휘의 의미를 추측해서 연결해 보십시오.

가. 포장(包裝) • • ① 일정한 범위 안에 함께 들어 있거나 함께 넣음
나. 포함(包含) • • ② 종이나 천 등으로 물건을 쌈
다. 소포(小包) • • ③ 우편으로 보내는 물건

★ 다음 문장에 맞는 어휘를 써 보십시오.

가. 우체국에서도 (   )을/를 보낼 수 있지만 편의점에서도 보낼 수 있다.
나. 이사할 때 (   ) 이사 업체를 이용하면 내가 직접 짐을 싸지 않아도 된다.
다. 이 책은 한자어는 물론 고사성어도 (   )되어 있다.

한자 어휘 넓히기

포(布)
의미: 베, 돈, 화폐, 전파되다
예문: 영상이나 사진 같은 것들은 저작권자의 허락 없이는 마음대로 복사해서 배포할 수 없다.

포(砲)
의미: 대포
예문: 대포를 쏘는 군인을 포병이라고 한다.

포(捕)
의미: 잡다, 붙잡다, 구하다, 사로잡다
예문: 야구에서 포수는 투수가 던지는 공을 잡는 사람이다.

정답
가) ② 나) ① 다) ③
가) 소포 나) 포장 다) 포함

202. 폭(暴)

발음	의미
폭/포	사납다, 난폭하다, 해치다, 세차다

★ 써 보십시오.

暴	暴	暴	暴	暴	暴

★ 다음 어휘의 의미를 추측해서 연결해 보십시오.

가. 폭등(暴騰) • • ① 물가, 주가 등이 갑자기 크게 오름
나. 폭력(暴力) • • ② 다른 사람을 꼼짝 못 하게 하는 힘이나 수단
다. 횡포(橫暴) • • ③ 제멋대로 난폭하게 행동함

★ 다음 문장에 맞는 어휘를 써 보십시오.

가. 백신 개발에 성공했다는 뉴스가 보도되자 그 제약회사의 주가가 (   )했다.
나. 술에 취해 식당 주인에게 소리를 지르며 그릇을 던지는 등 (   )을/를 부리는 취객을 112에 신고했다.
다. 전체 관람가 영화들은 어린이도 볼 수 있도록 (   )적이거나 잔인한 장면들은 나오지 않는다.

한자 어휘 넓히기

폭(爆)
의미: 터지다, 폭발하다, 튀기다
예문: 인천에 있는 화학 공장에서 폭발과 함께 불이 났다.

폭(幅)
의미: 폭, 너비, 넓이, 가장자리
예문: 해외 시장을 개척하기 위해 언어능력과 마케팅 경험이 있는 사람들을 대폭 채용하였다.

폭(瀑)
의미: 폭포, 소나기 폭우
예문: 여름에는 소나기가 폭포처럼 쏟아진다.

정답
가) ① 나) ② 다) ③
가) 폭등 나) 횡포 다) 폭력

203. 표(表)

발음	의미
표	겉, 바깥, 표, 모범, 표지

★ 써 보십시오.

表	表	表	表	表	表

★ 다음 어휘의 의미를 추측해서 연결해 보십시오.

가. 표기(表記) • • ① 문자 및 음성 기호로 언어를 표시함
나. 표현(表現) • • ② 직장을 그만두겠다는 뜻을 적어 내는 문서
다. 사표(辭表) • • ③ 말이나 행동으로 생각과 느낌을 나타냄

★ 다음 문장에 맞는 어휘를 써 보십시오.

가. 감정을 잘 ( )하지 않는 사람들을 무뚝뚝하다고 말한다.
나. '파이팅', '피자'처럼 영어의 'F'와 'P'는 한국어에서 모두 'ㅍ'으로 ( )한다.
다. 10년 동안 다니던 회사에 ( )을/를 내고 나오니 아쉬울 줄 알았는데 생각보다 마음이 가볍다.

한자 어휘 넓히기

표(票)
의미: 표, 증표, 쪽지, 지폐
예문: 선거할 때 투표용지를 다른 사람에게 보여 주거나 촬영하면 안 된다.

표(標)
의미: 표하다, 나타내다, 기록하다
예문: 올해 나의 목표는 열심히 공부해서 졸업하기 전에 취직하는 것이다.

표(漂)
의미: 떠다니다, 떠내려가다, 빨래하다, 표백하다
예문: 빨래할 때 표백제 대신 베이킹소다를 사용하면 얼룩도 지워지고 냄새도 없어진다.

정답
가) ① 나) ③ 다) ②
가) 표현 나) 표기 다) 사표

204. 품(品)

발음	의미
품	물건, 등급, 품별을 하다, 품평하다

★ 써 보십시오.

品	品	品	品	品	品

★ 다음 어휘의 의미를 추측해서 연결해 보십시오.

가. 품절(品切) • • ① 기계의 어떤 부분에 들어가는 물품
나. 품질(品質) • • ② 물건이 다 팔리고 없음
다. 부품(部品) • • ③ 물건이 가지고 있는 성질

★ 다음 문장에 맞는 어휘를 써 보십시오.

가. 이 청소기는 ( )만 갈면 다시 사용할 수 있는데 더이상 생산되지 않아서 구하기가 어렵다.
나. 무조건 비싸고 유명하다고 해서 명품이 아니라 ( )이/가 좋아 오래 사용할 수 있어야 명품이라고 생각한다.
다. 그 약이 시력 보호에 좋다는 광고를 보고 주문했는데 벌써 ( )되어서 한 달 후에나 제품을 받을 수 있다고 한다.

한자 어휘 넓히기

품(稟)
의미: 여쭈다, 보고하다, 주다
예문: 타고난 품성은 나이가 들어도 바뀌지 않는다.

정답
가) ② 나) ③ 다) ①
가) 부품 나) 품질 다) 품절

205. 풍(風)

발음	의미
풍	바람, 가르침, 경치

★ 써 보십시오.

風	風	風	風	風	風

★ 다음 어휘의 의미를 추측해서 연결해 보십시오.

가. 태풍(颱風) •   • ① 회오리바람처럼 갑자기 생겨서 사람들에게 큰 관심을 받는 것

나. 선풍적(旋風的) •   • ② 주로 여름에 발생하며 많은 비와 함께 불어오는 매우 강한 바람

다. 마이동풍(馬耳東風) •   • ③ '말 귀에 동쪽 바람'이라는 뜻으로 남의 의견을 귀담아 듣지 않을 때 쓰는 말

★ 다음 문장에 맞는 어휘를 써 보십시오.

가. 올해는 여러 차례 불어온 (   ) 때문에 피해를 입은 농가가 많았다.

나. 아무리 여러 번 충고를 해도 (   )(이)다.

다. 드라마가 인기를 얻으면 그 드라마 속에 나오는 것들이 (   )인 인기를 끄는 경우가 많다.

한자 어휘 넓히기

풍(豊)
의미: 풍성하다, 풍년이 들다, 무성하다
예문: 올해는 기온이 건조하고 따뜻해서 과일 농사가 풍년이라고 한다.

풍(楓)
의미: 단풍, 단풍나무
예문: 가을이 되면 나뭇잎들이 빨갛고 노랗게 바뀌어서 단풍 구경을 하러 산에 가는 사람들이 많다.

풍(諷)
의미: 외다, 풍자하다, 알리다
예문: 조선 시대의 탈춤은 탐욕스러운 지배계층을 풍자하기 위해 양반이나 승려의 탈을 쓰고 춤을 추는 연극이다.

정답
가) ②   나) ①   다) ③
가) 태풍   나) 마이동풍   다) 선풍적

206. 피(被)

발음	의미
피	옷을 입다, 당하다, 영향이 미치다

★ 써 보십시오.

被	被	被	被	被	被

★ 다음 어휘의 의미를 추측해서 연결해 보십시오.

가. 피살(被殺) • • ① 누군가에게 죽임을 당함
나. 피해(被害) • • ② 재판에서 죄를 지었다고 생각되는 사람
다. 피고인(被告人) • • ③ 재산을 잃거나 정신적, 육체적으로 손해를 입음

★ 다음 문장에 맞는 어휘를 써 보십시오.

가. 고속도로 빙판길에서 일어난 10중 추돌 사고로 많은 인명 ( )이/가 발생하였다.
나. 그 재판에서 변호사는 ( )의 무죄를 주장하였다.
다. 정부는 최근 발생한 외교관 ( ) 사건과 관련해 긴급 대책회의를 소집했다.

한자 어휘 넓히기

피(皮)
의미: 가죽, 껍질, 거죽
예문: 나는 피부가 약해서 화장품을 사용하지 못한다.

피(避)
의미: 피하다, 벗어나다, 면하다
예문: 한국 사람들은 여름철에 더위를 피해서 바닷가나 계곡으로 피서를 간다.

피(疲)
의미: 피곤하다, 지치다, 늙다
예문: 요즘 초등학생들은 학교 수업이 끝나도 놀지 못하고 학원에 다니느라 피곤하다.

정답
가) ① 나) ③ 다) ②
가) 피해 나) 피고인 다) 피살

207. 필(必)

발음	의미
필	반드시, 틀림없이, 꼭

★ 써 보십시오.

必	必	必	必	必	必

★ 다음 어휘의 의미를 추측해서 연결해 보십시오.

가. 필독서(必讀書) • • ① 꼭 읽어야 하는 책
나. 필수과목(必須科目) • • ② 대학교에서 반드시 배워야 하는 과목
다. 생필품(生必品) • • ③ 일상생활에서 없어서는 안 되는 물건

★ 다음 문장에 맞는 어휘를 써 보십시오.

가. 생활비를 절약하려면 ( )이/가 아닌 옷이나 신발, 화장품에 쓰는 돈을 줄이는 방법밖에 없다.
나. 대학교 신입생은 1학년 때 영어, 글쓰기 등의 교양 ( )을/를 수강해야 한다.
다. 학기가 시작될 때 선생님께서 ( ) 목록을 주시면서 이 책들을 꼭 읽어야 한다고 하셨다.

한자 어휘 넓히기

필(弼)
의미: 돕다, 돕는 사람
예문: 국회의원들을 옆에서 보필하는 사람을 보좌관이라고 부른다.

필(筆)
의미: 붓, 글씨, 글자를 쓰다, 글을 짓다
예문: 방송국의 아나운서가 되려면 면접도 중요하지만 필기시험을 잘 봐야 한다.

필(畢)
의미: 마치다, 끝내다, 완성하다
예문: 25세 이상의 병역 미필자는 해외여행이 제한적이다.

정답
가) ① 나) ② 다) ③
가) 생필품 나) 필수과목 다) 필독서

쉬어가기 18

★ 여러분이 생각하는 회사 사무실의 모습은 어떻습니까?

사무실에서 한자 어휘 찾기

크고 멋진 건물을 보면 저런 빌딩의 사무실(事務室)에서 일하면 좋겠다는 생각이 듭니다. 큰 회사에는 사무실도 많고, 서류(書類)를 들고 바쁘게 걷는 직원(職員), 결재(決裁)를 기다리는 직원, 회의(會議)를 하고 있는 직원들, 휴게실(休憩室)에서 커피를 마시며 이야기를 나누고 있는 직원들을 볼 수 있습니다. 사무실에는 대형 복사기(複寫機), 프로젝터 등 최신 사무기기(事務器機)들이 잘 갖추어져 있습니다.

★ 여러분이 사무실을 만든다면 제일 필요한 것은 무엇인지 이야기해 보십시오.

MEMO

제13과 ㅎ

시사 뉴스 살펴보기13: 사건

1. 다음에서 알맞은 어휘를 골라 빈칸을 채우십시오.

흡입	향정신성	확산	해외	화장품
초범	구속	마취제	사범	수법

1) 보이스 피싱 등의 전자금융사기 범행이 많아지면서 그 (　　　)도 매우 다양해지고 있다.
2) (　　　)의약품이란 습관성이나 중독성이 있어 정신 기능에 영향을 주는 약을 말한다.
3) 그 청소기는 작아도 (　　　)력이 뛰어나서 미세먼지까지 제거할 수 있다고 한다.
4) 폭력, 흉악, 성폭력, 유괴, 방화 등 5대 강력(　　　)이/가 감소세에 있다.
5) 성폭행 혐의를 받고 있는 30대 피고인에게 (　　　)(이)라는 이유로 집행유예 판결이 내려져 국민들이 분노하고 있다.

2. 다음 신문 기사의 제목을 가장 잘 설명한 것을 고르십시오. (　　　)

> **빙판길 연쇄 추돌, 2명 사망 십여 명 부상**

① 도로에 고여 있는 비 때문에 차가 미끄러져 2명이 죽고 10명 이상이 다쳤다.
② 내린 눈이 얼어 도로가 미끄러워 차들이 계속 부딪혀 2명이 죽고 10명 이상이 다쳤다.
③ 내리는 눈 때문에 앞이 보이지 않아 차들이 서로 부딪혀 2명이 죽고 10명 이상이 다쳤다.
④ 내린 눈이 얼어 도로가 미끄러워 마주 오던 차들이 부딪혀 2명이 죽고 10명 이상이 다쳤다.

3. 다음 사건 관련 기사를 읽고 물음에 답하십시오.

최근 5년간 마약 사범 2배 증가

얼마 전 유명 가수들의 집단 대마초 흡입 사건이 일어나 연예계가 발칵 뒤집혔다. 이들은 같은 작업실에서 마약을 흡입했는데 대부분 초범인 것으로 밝혀져 구속은 피했다. 또 최근에는 한 30대 남성이 필로폰을 투약한 상태로 운전하다가 역주행하여 사상자를 낸 교통사고가 발생했다.

환각제, 각성제, 진정제 등의 향정신성의약품의 상습 투약도 확산하고 있다. ( ) 수면 마취제인 프로포폴은 수술이나 검사 시 마취를 위해 사용되거나 인공호흡기를 사용하는 환자를 진정시키기 위해 사용하는데, 의료인, 연예인들뿐만 아니라 일반인들도 프로포폴을 상습적으로 처방받거나 투약하여 처벌받는 사례가 늘고 있다.

5년 사이 마약 사범은 2배로 증가했으며, 온라인이나 개인 메신저를 통한 거래가 이루어지면서 그 규모도 커지고 있다. 해외에서 마약을 들여오는 수법도 다양한데, 지난 주말에는 커피믹스와 화장품 용기에 넣어 마약을 넣어 밀반입하려다가 공항에서 적발되었다. 구속된 마약책 A 씨를 조사하던 중 재벌 2세 B 씨가 관련된 것으로 밝혀져 파문이 커지고 있다.

주로 유흥업소에서 집단으로 거래되던 마약이 온라인과 택배를 통해 거래되면서 마약 사범의 단속 또한 점점 어려워지고 있다. 단순 마약 거래를 단속하는 것만으로는 마약 사범의 증가를 막을 수 없으므로 경찰, 검찰, 식약처의 공조를 통한 확산 방지가 절실하다는 목소리가 높다.

1) ( )에 들어갈 알맞은 것을 고르십시오. ( )

① 결코 ② 매우 ③ 특히 ④ 별로

2) 위 글의 내용과 같은 것을 고르십시오. ( )

① 일반인들은 프로포폴을 사용할 수 없다.
② 이제는 유흥업소에서 마약을 사거나 팔 수 없다.
③ 마약의 온라인 거래가 증가하면서 범인을 잡기가 쉬워졌다.
④ 커피믹스에 마약을 몰래 넣어 가지고 온 사람이 경찰에게 잡혔다.

정답

1. 1) 수법 2) 향정신성 3) 흡입 4) 사범 5) 초범
2. ②
3. 1) ③ 2) ④

토픽에서 시사한자 찾기13

1. 다음 글에서 'ㅎ'으로 시작하는 한자 어휘를 찾아 써 보십시오.

여: 오늘은 소방복을 재활용한 가방을 만들어 화제가 된 대학생들을 만나러 왔습니다. 어떻게 이런 일을 하게 되셨습니까?

남: 소방관들이 시민을 위해 얼마나 힘든 환경에서 일하고 있는지를 알리고 싶었어요. 그래서 작년부터 저희의 전공을 살려 버려진 소방복을 재활용해 가방을 만들게 되었습니다. 가방의 소재가 특이하다 보니 자연스럽게 사람들의 관심을 모을 수 있었고 판매까지 하게 되었습니다. 현재는 가방을 판매한 수익금을 소방관의 활동을 알리는 데에 사용하고 있습니다. 저희의 작은 노력이 소방관의 어려움을 한 번 더 떠올리는 계기가 되었으면 좋겠습니다.

출처: 제64회 한국어능력시험 읽기

1) (   )   2) (   )

3) (   )   4) (   )

2. 다음 (   )에 들어갈 한자 어휘를 보기에서 골라서 써 보십시오.

보기: 학생   홍보   활용   획득   흥미진진

수업에 게임 방식을 도입하면 열의를 갖고 참여하는 (㉮)들이 많아진다. 학생들은 (㉯)한 퀴즈를 풀며 용어와 개념을 익힌다. 퀴즈의 정답을 맞힌 학생에게는 즉각적으로 점수가 부여되는데 어려운 문제를 빨리 맞힐수록 (㉰)하는 점수가 크다. 이러한 방법을 (㉱)하면 학생들이 수업에 보다 집중할 수 있다.

출처: 제60회 한국어능력시험 읽기

1) ㉮ (   )   2) ㉯ (   )

3) ㉰ (   )   4) ㉱ (   )

정답

1. 1) 화제   2) 환경   3) 현재   4) 활동
2. 1) 학생   2) 흥미진진   3) 획득   4) 활용

한자 어휘 연습하기13

208. 하(下)

발음	의미
하	아래, 밑, 낮아지다

★ 써 보십시오.

下	下	下	下	下	下

★ 다음 어휘의 의미를 추측해서 연결해 보십시오.

가. 하숙(下宿) • • ① 어떤 수량이나 단계보다 적거나 아래인 것
나. 하차(下車) • • ② 차에서 내림, 하고 있던 일을 중간에 그만둠
다. 이하(以下) • • ③ 방세와 식비를 내고 숙식을 함, 또는 그런 집

★ 다음 문장에 맞는 어휘를 써 보십시오.

가. 예전에는 학생들이 대학 근처에서 ( )을/를 많이 했는데 요즘은 원룸에서 자취를 많이 한다.
나. 그 사람은 스태프들과의 불화로 그 드라마에서 중도 ( )하게 되었다.
다. 그 영화는 청소년 관람 불가여서 19세 ( )은/는 볼 수 없다

한자 어휘 넓히기

하(賀)
의미: 경축, 경사
예문: 대학교에 합격한 나에게 가족과 친구들이 축하해 주었다.

하(河)
의미: 물, 강, 운하
예문: 이 강은 동네 하천들에서 흘러나오는 물이 모여 이루어졌다.

하(何)
의미: 어찌, 무엇, 얼마
예문: 신문 기사는 반드시 '누가, 언제, 어디서, 무엇을, 어떻게, 왜'의 육하원칙에 따라 작성되어야 한다.

정답
가) ③ 나) ② 다) ①
가) 하숙 나) 하차 다) 이하

209. 학(學)

발음	의미
학	배우다, 공부하다, 가르침

★ 써 보십시오.

學	學	學	學	學	學

★ 다음 어휘의 의미를 추측해서 연결해 보십시오.

가. 학업(學業) • • ① 학교가 아닌 교육 기관
나. 학원(學院) • • ② 학습을 목적으로 다른 지역이나 외국에 가는 일
다. 수학여행(修學旅行) • • ③ 지식을 배우기 위하여 공부하는 일

★ 다음 문장에 맞는 어휘를 써 보십시오.

가. 그 지역은 ( )이/가 몰려 있어 자녀 교육에 관심이 많은 부모들이 거주하고 싶어 한다.

나. 예전에는 주로 경주와 같은 역사유적지에 ( )을/를 많이 갔는데 요즘은 해외로 나가는 학교가 많다.

다. 지난 학기 학점이 너무 나빠 부모님께서 아르바이트를 그만두고 ( )에 매진하라고 하셨다.

한자 어휘 넓히기

학(鶴)
의미: 학, 두루미, 희다
예문: 새해 인사로 보내는 엽서나 카드에는 학의 그림이 그려진 것들이 많다.

학(虐)
의미: 사납다, 모질다
예문: 아이를 때리거나 굶기는 등의 아동 학대를 줄이기 위한 구체적 법안이 필요하다.

학(謔)
의미: 희롱하다, 농담하다, 익살부리다
예문: 조선 시대 민화는 가난한 서민의 모습을 사실적이면서도 해학적으로 그렸다.

정답

가) ③ 나) ① 다) ②
가) 학원 나) 수학여행 다) 학업

210. 한(限)

발음	의미
한	한정하다, 가지런하다

★ 써 보십시오.

限	限	限	限	限	限

★ 다음 어휘의 의미를 추측해서 연결해 보십시오.

가. 한시적(限時的) • • ① 어떤 범위를 정하거나 그 범위를 넘지 못하게 함
나. 권한(權限) • • ② 사람이나 기관이 가지고 있는 권리나 권력
다. 제한(制限) • • ③ 어떤 기준에 의하여 기간이 정해지는 것

★ 다음 문장에 맞는 어휘를 써 보십시오.

가. '사랑의 연탄 나르기'는 겨울에만 ( )(으)로 할 수 있는 봉사 활동이다.
나. 요즘 내비게이션은 ( ) 속도를 미리 알려준다.
다. 대통령에게 문제가 생겨 직무를 수행할 수 없을 경우 국무총리가 ( )을/를 대행한다.

한자 어휘 넓히기

한(寒)
의미: 차다, 춥다, 가난하다
예문: '엄동설한'은 '눈 내리는 겨울의 심한 추위'를 가리킨다.

한(閑)
의미: 한가하다, 무엇에 관심이 없거나 소홀하다, 닫다
예문: 가족들이 모두 외출해서 오래간만에 나만의 한가한 시간을 보냈다.

한(韓)
의미: 대한민국의 약칭, 나라의 이름
예문: 한류 열풍은 한국을 전 세계에 알리는 데에 큰 역할을 했다.

정답
가) ③ 나) ② 다) ①
가) 한시적 나) 제한 다) 권한

211. 할(割)

발음	의미
할	베다, 끊다, 나누다

★ 써 보십시오.

割	割	割	割	割	割

★ 다음 어휘의 의미를 추측해서 연결해 보십시오.

가. 할당(割當) • • ① 몫을 나눔
나. 할부(割賦) • • ② 일정한 값에서 어느 정도 깎아 줌
다. 할인(割引) • • ③ 내야 할 돈을 여러 번으로 나누어서 냄

★ 다음 문장에 맞는 어휘를 써 보십시오.

가. 대학 근처 가게들은 학생증을 보여 주면 값을 (　　　)해 주는 경우가 많다.
나. 나는 카드로 물건을 구입할 때 (　　　)보다 일시불을 선호한다.
다. 우리 회사의 영업부는 1년에 두 번씩 직원에게 책임량을 (　　　)해서 만약 채우지 못하면 승진이 어렵다.

한자 어휘 넓히기

할(轄)
의미: 다스리다, 관리하다
예문: 이사를 하면 거주지 관할 주민센터에 가서 전입신고를 해야 한다.

정답
가) ① 나) ③ 다) ②
가) 할인 나) 할부 다) 할당

212. 함(含)

발음	의미
함	머금다, 품다, 싸다

★ 써 보십시오.

含	含	含	含	含	含

★ 다음 어휘의 의미를 추측해서 연결해 보십시오.

가. 함량(含量) • • ① 속에 가지고 있으면서 겉으로 드러나지 않음
나. 함유(含有) • • ② 물질이 어떤 성분을 포함하고 있는 분량
다. 함축(含蓄) • • ③ 한 물질이 어떤 성분을 포함하고 있음

★ 다음 문장에 맞는 어휘를 써 보십시오.

가. 이 글은 마지막 부분에 저자의 의도가 ( )되어 있다.
나. 녹차가 커피보다 카페인 ( )이/가 더 많다.
다. 요즘은 화학 성분이 ( )되지 않은 천연 재료의 염색약이 인기이다.

한자 어휘 넓히기

함(陷)
의미: 빠지다, 떨어지다
예문: 이번에 개발한 신제품에서 기술적인 결함이 발견되어 전량 폐기했다.

함(艦)
의미: 큰 배
예문: '항공모함'이란 항공기를 싣고 다니면서 뜨고 내리게 할 수 있는 설비를 갖춘 큰 배를 말한다.

함(喊)
의미: 소리, 고함 지르는 소리
예문: 마지막 1분을 남겨두고 공이 골대에 들어가자 관중들이 함성을 질렀다.

함(涵)
의미: 젖다, 적시다, 잠기다
예문: 학생들의 지식과 정서 함양을 위해 학교마다 권장 도서 목록을 만든다.

정답
가) ② 나) ③ 다) ①
가) 함축 나) 함량 다) 함유

213. 합(合)

발음	의미
합	합하다, 모으다, 맞다

★ 써 보십시오.

合	合	合	合	合	合

★ 다음 어휘의 의미를 추측해서 연결해 보십시오.

가. 합의(合意) • • ① 서로 의견이 같아 일치함, 또는 그 의견
나. 결합(結合) • • ② 둘 이상의 사람이나 사물이 서로 관계 맺어 하나가 됨
다. 화합(和合) • • ③ 화목하게 잘 어울림

★ 다음 문장에 맞는 어휘를 써 보십시오.

가. 산소와 수소가 (   )하면 물이 된다.
나. 노사간의 이해와 (   )이/가 기업 발전에 중요하다.
다. 이번 회담에서 두 나라 정상은 경제협력을 증대하기로 (   )하였다.

정답

가) ① 나) ② 다) ③
가) 결합 나) 화합 다) 합의

214. 항(抗)

발음	의미
항	겨루다, 막다, 저지하다

★ 써 보십시오.

抗	抗	抗	抗	抗	抗

★ 다음 어휘의 의미를 추측해서 연결해 보십시오.

가. 항균(抗菌) • • ① 뜻을 따르지 않고 맞서 반대하거나 대듦
나. 항의(抗議) • • ② 반대의 뜻을 주장함
다. 반항(反抗) • • ③ 균을 막음

★ 다음 문장에 맞는 어휘를 써 보십시오.

가. 매실은 ( ) 작용이 있어 배가 아플 때 매실차를 마시면 좋다.
나. 사춘기 자녀의 ( )(으)로 상담을 받는 부모가 많다.
다. 그 선수는 심판의 판정에 강하게 ( )하다가 퇴장당했다.

한자 어휘 넓히기

항(港)
의미: 항구, 도랑, 통하다
예문: 부산과 인천은 바다가 있는 항구 도시이다.

항(恒)
의미: 항상, 언제나, 늘
예문: 그 학생은 수업 시간에 항상 10분씩 지각한다.

항(航)
의미: 배, 선박
예문: 등대는 밤에 항해하는 배를 위해 불을 비춰주는 시설이다.

항/강(降)
의미: 항복하다/내리다
예문: 고려시대의 군대인 삼별초는 적에게 항복하지 않고 끝까지 싸웠다.

항(項)
의미: 항목, 조목
예문: 이번 평가는 10개 항목의 점수를 합산하는 방식이다.

정답
가) ③ 나) ② 다) ①
가) 항균 나) 반항 다) 항의

215. 해(海)

발음	의미
해	바다, 바닷물

★ 써 보십시오.

海	海	海	海	海	海

★ 다음 어휘의 의미를 추측해서 연결해 보십시오.

가. 해군(海軍) • • ① 물놀이를 할 수 있는 바다
나. 해녀(海女) • • ② 바다에서 싸우는 군대
다. 해수욕장(海水浴場) • • ③ 바닷속에 들어가서 미역, 전복 등을 따는 일을 하는 여자

★ 다음 문장에 맞는 어휘를 써 보십시오.

가. 한국의 군대는 육군, 공군, ( ), 해병대로 구성되어 있다.
나. 한국의 대표적인 ( )인 부산 해운대는 해마다 여름이 되면 천만 명 이상의 사람들이 찾는 곳이다.
다. 겨울방학에 바닷속에서 전복과 미역을 따는 ( ) 체험을 해 보고 싶어서 제주도에 갔는데 너무 추워서 귤 따는 농장 체험만 하고 왔다.

한자 어휘 넓히기

해(解)
의미: 풀다, 설명하다, 풀이하다, 깨닫다
예문: 외국어를 공부할 때 무조건 외우는 것보다 이해하면서 외우는 것이 더 효과적인 공부 방법이다.

해(害)
의미: 해치다, 손해, 방해하다
예문: 미세먼지에는 유해물질이 들어 있어서 노약자들은 특히 조심해야 한다.

해(該)
의미: 그, 갖추다, 겸하다, 맞다
예문: 우리 회사는 직원을 해고할 때 3개월 치의 월급에 해당하는 금액을 준다.

정답
가) ② 나) ③ 다) ①
가) 해군 나) 해수욕장 다) 해녀

216. 행(行)

발음	의미
행	가다, 다니다, 나아가다

★ 써 보십시오.

行	行	行	行	行	行

★ 다음 어휘의 의미를 추측해서 연결해 보십시오.

가. 행사(行事) • • ① 구경하기 위해 다른 지역이나 외국에 감
나. 시행(施行) • • ② 어떤 일을 실제로 함
다. 여행(旅行) • • ③ 여러 사람이나 단체가 정해진 목적을 위해 하는 일

★ 다음 문장에 맞는 어휘를 써 보십시오.

가. 백화점이나 마트에서는 더 많은 고객을 모으기 위해 다양한 (　　　)을/를 연다.
나. 스트레스를 풀기 위한 여러 가지 방법이 있지만 나는 (　　　)이/가 제일 좋은 것 같다.
다. 한국은 1995년부터 전국적으로 쓰레기 종량제를 (　　　)해 오고 있다.

한자 어휘 넓히기

행(幸)
의미: 다행, 행복, 운이 좋다
예문: 좋아하는 사람들과 맛있는 음식을 먹으면 행복을 느낀다.

행(倖)
의미: 요행, 특별히 귀여워하고 사랑하다, 총애하다
예문: 요행을 바라면서 복권만 사지 말고 열심히 일해서 돈을 벌어라.

행(杏)
의미: 살구나무, 살구나무 열매, 은행나무
예문: 은행잎에서 추출한 성분으로 만든 약이 피를 맑게 해 준다고 한다.

정답
가) ③ 나) ② 다) ①
가) 행사 나) 여행 다) 시행

217. 향(向)

발음	의미
향	향하다, 구하다

★ 써 보십시오.

向	向	向	向	向	向

★ 다음 어휘의 의미를 추측해서 연결해 보십시오.

가. 향상(向上) • • ① 동, 서, 남, 북 등을 향한 쪽
나. 동향(動向) • • ② 실력이나 수준 등이 더 나아짐
다. 방향(方向) • • ③ 사람들의 생각, 활동이나 상황이 움직이는 방향

★ 다음 문장에 맞는 어휘를 써 보십시오.

가. 성공적인 주식 투자를 하기 위해서는 경제뿐만 아니라 정치적 (　　　)도 파악해야 한다.
나. 나는 (　　　) 감각이 없어서 지하도에서 나오면 어디가 어딘지 모르겠다.
다. 외국어 실력을 (　　　)시키기 위해서는 반복연습과 노력도 중요하지만 실수하는 것을 두려워하지 말아야 한다.

한자 어휘 넓히기

향(鄕)
의미: 태어난 곳, 시골, 마을, 접대
예문: 외국에 오래 사니까 고향이 그리워서 향수병이 생겼다.

향(香)
의미: 향기, 향기로움, 감미롭다
예문: 향수를 선물하고 싶은데 그 사람이 어떤 것을 좋아할지 몰라서 고르기가 어렵다.

향(響)
의미: 울리다, 메아리치다, 소리가 진동하다
예문: 가수들은 음향 시설이 잘 갖추어져 있는 녹음실에서 작업한다.

정답
가) ② 나) ③ 다) ①
가) 동향 나) 방향 다) 향상

218. 현(現)

발음	의미
현	나타나다, 드러내다, 지금, 당장

★ 써 보십시오.

現	現	現	現	現	現

★ 다음 어휘의 의미를 추측해서 연결해 보십시오.

가. 현장(現場) • • ① 꿈, 기대 등을 실제로 이룸
나. 현지(現地) • • ② 현재 있는 곳이나 지역
다. 실현(實現) • • ③ 일이 실제로 생기거나 작업하는 곳

★ 다음 문장에 맞는 어휘를 써 보십시오.

가. 공사 ( )에서 안전수칙을 지키지 않아 사고가 자주 일어난다.
나. 해외에 공장을 세워 ( )에 있는 사람들을 고용했다.
다. 우주여행은 더이상 꿈이 아니라 ( ) 가능한 일이 되어 가고 있다.

한자 어휘 넓히기

현(賢)
의미: 어질다, 현명하다, 좋다, 넉넉하다
예문: 너무 어릴 때 유학을 떠나서 후회도 많이 했지만 지금 생각해 보면 현명한 선택이었다.

현(顯)
의미: 나타나다, 드러나다
예문: 스포츠 분야에서 프로선수와 아마추어 선수의 수입은 현저하게 차이가 난다.

현(絃)
의미: 악기 줄, 거문고의 줄
예문: 바이올린은 현을 진동시켜 소리를 내는 현악기이다.

정답
가) ③ 나) ② 다) ①
가) 현장 나) 현지 다) 실현

219. 형(形)

발음	의미
형	모양, 얼굴, 몸, 그릇

★ 써 보십시오.

形	形	形	形	形	形

★ 다음 어휘의 의미를 추측해서 연결해 보십시오.

가. 형식(形式) • • ① 사물이 겉으로 보이는 모양, 정해진 틀
나. 형편(形便) • • ② 사람이나 사물의 성질이나 상태 등을 나타내는 말
다. 형용사(形容詞) • • ③ 어떤 일이 되어가는 모양이나 과정, 결과

★ 다음 문장에 맞는 어휘를 써 보십시오.

가. 한국어에서 '가다', '먹다' 등은 동사, '바쁘다', '좋다' 등은 (　　　)이다.
나. 자기소개서는 정해진 (　　　)이/가 없이 자유롭게 쓸 수 있지만 자신의 경험, 앞으로의 계획 등은 들어있어야 한다.
다. 그 사람은 가정 (　　　) 때문에 학교를 그만두고 돈벌이를 시작했다.

한자 어휘 넓히기

형(衡)
의미: 저울, 무게를 달다
예문: 언론은 한쪽에 치우지지 않은 사실만을 보도함으로써 형평성을 지켜야 한다.

형(刑)
의미: 형벌, 벌하다, 법
예문: 한국에는 사형제도가 있지만 1997년 이후 실질적으로 실행되지 않고 있다.

형(亨)
의미: 빛나다, 밝다, 명백하다
예문: '만사형통'이란 모든 일이 마음먹은 대로 잘 되는 것을 의미한다.

정답
가) ① 나) ③ 다) ②
가) 형용사 나) 형식 다) 형편

220. 호(護)

발음	의미
호	돕다, 지키다, 보호하다

★ 써 보십시오.

護	護	護	護	護	護

★ 다음 어휘의 의미를 추측해서 연결해 보십시오.

가. 경호원(警護員) •   • ① 어떤 사람이 위험한 일을 당하지 않도록 지키는 사람

나. 보호자(保護者) •   • ② 미성년자 등 도움이 필요한 사람을 보호할 책임을 가진 사람

다. 변호사(辯護士) •   • ③ 자격을 가지고 법원에서 변론하는 사람

★ 다음 문장에 맞는 어휘를 써 보십시오.

가. 병원에 입원하거나 수술을 하게 되면 (　　　)이/가 반드시 있어야 한다.

나. 재판을 해야 할 때 돈이 없는 사람들을 위해 국가에서 국선 (　　　)을/를 지원해 준다.

다. 대통령 옆에는 언제나 최고로 훈련된 (　　　)들이 따라 다닌다.

한자 어휘 넓히기

호(好)
의미: 좋다, 사이좋다, 아름답다, 좋아하다
예문: 외국인 관광객들이 가장 선호하는 한국 음식은 '불고기'라고 한다.

호(號)
의미: 이름, 번호, 부르짖다, 고하다
예문: 길을 건널 때는 횡단보도의 신호등이 녹색일 때 건너야 한다.

호(呼)
의미: 부르다, 숨을 내쉬다, 부르짖다, 큰소리를 지르다
예문: 노래를 부를 때는 배로 숨을 쉬는 복식호흡이 필요하다.

정답

가) ① 나) ② 다) ③

가) 보호자 나) 변호사 다) 경호원

221. 혼(混)

발음	의미
혼	섞다, 섞이다

★ 써 보십시오.

混	混	混	混	混	混

★ 다음 어휘의 의미를 추측해서 연결해 보십시오.

가. 혼란(混亂) • • ① 어지럽고 질서가 없음
나. 혼잡(混雜) • • ② 뒤섞어서 한데 합함
다. 혼합(混合) • • ③ 이것저것이 섞여서 장소가 복잡하고 어수선함

★ 다음 문장에 맞는 어휘를 써 보십시오.

가. 백화점 세일 기간에는 주변의 교통이 (　　　)하므로 대중교통을 이용하는 것이 낫다.
나. 모든 색을 (　　　)하면 검은색이 된다.
다. 역사를 살펴보면 정치적인 (　　　)이/가 경제발전과 국제관계에 악영향을 주는 경우가 많다.

한자 어휘 넓히기

혼(婚)
의미: 결혼하다
예문: 두 배우는 기자들을 모아 놓고 약혼을 발표했다.

혼(魂)
의미: 마음, 생각, 넋
예문: 불교는 인간이 죽더라도 영혼은 죽지 않고 다음 생에 다시 태어난다는 사상을 가지고 있다.

혼(昏)
의미: 어둡다, 날이 저물다, 일찍 죽다
예문: 의식이 없이 혼수상태에 있다가 기적적으로 깨어나는 경우가 있다.

정답
가) ① 나) ③ 다) ②
가) 혼잡 나) 혼합 다) 혼란

222. 홍(紅)

발음	의미
홍	붉다, 빨개지다, 번창하다

★ 써 보십시오.

紅	紅	紅	紅	紅	紅

★ 다음 어휘의 의미를 추측해서 연결해 보십시오.

가. 홍삼(紅蔘) • • ① 빨간색과 흰색이 섞인 것
나. 홍차(紅茶) • • ② 차나무의 어린잎을 발효시켜 말린 붉은 색 차
다. 분홍(粉紅) • • ③ 수삼을 쪄서 말린 붉은 색의 인삼

★ 다음 문장에 맞는 어휘를 써 보십시오.

가. (   )에 레몬이나 우유를 넣어서 마시면 맛있다.
나. 인삼과 (   )은/는 제조방법만 다를 뿐 효능은 같다고 한다.
다. 봄이 되면 노란 개나리와 (   ) 진달래가 온 산을 덮는다.

한자 어휘 넓히기

홍(洪)
의미: 넓다, 크다, 홍수,
예문: TV만 켜면 건강·의학 관련 프로그램이 쏟아져 나오는 건강 정보의 홍수 속에 살고 있다.

홍(弘)
의미: 크다, 높다, 널리, 넓게
예문: 단군은 '널리 사람을 이롭게 한다'는 '홍익인간'의 사상을 바탕으로 고조선을 세웠다.

홍(訌)
의미: 무너지다, 집안싸움, 내부의 분쟁
예문: 자녀들의 승계 문제로 내홍을 겪고 있는 그 기업은 이미지가 나빠져 주가도 하락했다.

정답
가) ③ 나) ② 다) ①
가) 홍차 나) 홍삼 다) 분홍

223. 화(話)

발음	의미
화	말씀, 좋은 말, 이야기하다

★ 써 보십시오.

話	話	話	話	話	話

★ 다음 어휘의 의미를 추측해서 연결해 보십시오.

가. 화제(話題) • • ① 듣지 못하는 사람들이 대화할 때 사용하는 손짓 언어
나. 동화(童話) • • ② 대화할 때 대상이 되는 소재, 이야깃거리
다. 수화(手話) • • ③ 어린이를 위하여 동심을 바탕으로 만든 이야기

★ 다음 문장에 맞는 어휘를 써 보십시오.

가. 어린아이들은 ( ) 속 캐릭터를 좋아해서 캐릭터가 그려진 상품이 아이들에게 인기가 많다.
나. 앵커가 뉴스를 보도할 때 청각 장애인들을 위해 ( )(으)로 동시에 전달한다.
다. 그 인기 연예인의 패션 스타일은 연일 ( )이/가 되고 있다.

한자 어휘 넓히기

화(火)
의미: 불, 화재, 태양
예문: 날씨가 건조한 봄철에는 화재가 자주 발생하므로 조심해야 한다.

화(和)
의미: 화목하다, 온화하다, 화해하다
예문: 싸운 후 바로 화해하지 않으면 시간이 지날수록 어려워진다.

화(畵)
의미: 그림, 그리다, 구분하다
예문: 최근에 출시되는 텔레비전은 화질이 매우 선명해서 출연자들의 주름이나 잡티까지 다 보인다.

정답
가) ② 나) ③ 다) ①
가) 동화 나) 수화 다) 화제

쉬어가기 19

★ 여러분의 전공은 무엇입니까? 또는 무엇을 전공하고 싶습니까?

전공에서 한자 어휘 찾기

설문 조사에 의하면 자신의 전공(專攻)에 만족하는 대학생은 10명 중 3~4명밖에 되지 않는다고 합니다. 요즘은 대학교마다 전공도 다양하고 세분화(細分化)되어 있습니다. 전공 분야를 보면 경영학(經營學), 경제학(經濟學), 국어국문학(國語國文學), 심리학(心理學), 전자공학(電子工學), 기계공학(機械工學), 생물학(生物學), 체육학(體育學), 연극영화학(演劇映畫學), 광고홍보학(廣告弘報學), 한의학(韓醫學) 등이 있고, 의대(醫大)나 법대(法大) 등은 의과 전문대학원(專門大學院), 법과 전문대학원이 있습니다. 자신이 제일 잘하고 좋아하는 일이 무엇인지 찾아 적성(適性)에 맞는 전공을 공부하면 좋겠지요.

★ 여러분의 전공과 관계있는 직업은 무엇입니까?

224. 확(確)

발음	의미
확	굳다, 단단하다, 견고하다, 확실하다

★ 써 보십시오.

確	確	確	確	確	確

★ 다음 어휘의 의미를 추측해서 연결해 보십시오.

가. 확인(確認) • • ① 일을 확실하게 정함
나. 확정(確定) • • ② 틀림이 있는지 없는지 알아봄
다. 명확(明確) • • ③ 분명하고 확실함

★ 다음 문장에 맞는 어휘를 써 보십시오.

가. 외출하기 전에 스마트폰 앱을 이용해 버스 도착 시간을 미리 (   )하고 출발한다.
나. 인터뷰를 할 때에는 면접관의 질문에 (   )하게 대답해야 한다.
다. 대학원에도 진학해야 하고 이사도 해야 하는데 아직 아무것도 (   )된 것이 없어서 답답하다.

한자 어휘 넓히기

확(擴)
의미: 넓히다, 확대하다, 늘리다
예문: 산불이 바람으로 인해 꺼지지 않고 점점 확산되고 있다.

확(穫)
의미: 벼를 거두다, 수확하다
예문: 올해 여름 긴 장마와 태풍으로 인해 쌀 수확량이 줄어들었다.

정답
가) ② 나) ① 다) ③
가) 확인 나) 명확 다) 확정

225. 환(患)

발음	의미
환	근심, 걱정, 고통, 질병

★ 써 보십시오.

患	患	患	患	患	患

★ 다음 어휘의 의미를 추측해서 연결해 보십시오.

가. 환자(患者) • • ① 몸에 생기는 모든 병
나. 노환(老患) • • ② 병에 걸리거나 몸을 다쳐서 아픈 사람
다. 질환(疾患) • • ③ 늙고 몸이 약해지면서 생기는 병

★ 다음 문장에 맞는 어휘를 써 보십시오.

가. 미세먼지가 심해지면서 호흡기 (　　)에 걸리는 사람들이 많아지고 있다.
나. 수술 후 회복기 (　　)에게는 밥보다는 소화하기 쉬운 죽이 좋다.
다. 우리 할머니는 99세까지 큰 병 없이 지내시다가 (　　)(으)로 돌아가셨다.

한자 어휘 넓히기

환(換)
의미: 바꾸다, 주고받다, 교체하다
예문: 해외여행 전에 미리 환전을 하지 못해 공항에 가서 하려고 한다.

환(歡)
의미: 기쁘다, 기뻐하다, 사랑하다, 좋아하다
예문: 시민들이 올림픽에서 금메달을 딴 선수단을 공항까지 나와서 환영해 주었다.

환(環)
의미: 고리, 둥글다
예문: 환경오염을 줄이는 친환경 제품의 인기가 많다.

정답
가) ② 나) ③ 다) ①
가) 질환 나) 환자 다) 노환

226. 활(活)

발음	의미
활	살다, 생존하다, 태어나다

★ 써 보십시오.

活	活	活	活	活	活

★ 다음 어휘의 의미를 추측해서 연결해 보십시오.

가. 활동(活動) • • ① 몸을 움직임

나. 활발(活潑) • • ② 힘차고 활기가 있음

다. 재활용(再活用) • • ③ 쓰지 못하는 못하는 물건을 고쳐서 다시 사용함

★ 다음 문장에 맞는 어휘를 써 보십시오.

가. 학교에 오면 ( )이/가 편한 체육복으로 갈아입는 학생이 많다.

나. 병이나 플라스틱 그릇은 ( )할 수 있도록 깨끗하게 씻은 다음 버려야 한다.

다. 청소년기 아이들은 신진대사가 ( )해서 조금만 움직여도 금방 배가 고프다고 한다.

한자 어휘 넓히기

활(滑)
의미: 미끄럽다, 미끄럽게 하다, 부드럽게 하다
예문: 도로에 쌓여 있던 눈이 녹아 교통이 원활해졌다.

활(闊)
의미: 넓다, 트이다, 멀다
예문: 남쪽으로 갈수록 단풍나무와 같이 잎이 넓은 활엽수가 많고, 북쪽으로 갈수록 소나무와 같은 잎이 뾰족한 침엽수가 많다.

활(豁)
의미: 소통하다, 깨닫다, 넓다, 크다
예문: 나는 성격이 활달해서 사람을 만나는 것을 좋아하고 다른 사람들과 잘 어울린다.

정답

가) ① 나) ② 다) ③

가) 활동 나) 재활용 다) 활발

227. 황(黃)

발음	의미
황	누렇다, 노랗다

★ 써 보십시오.

黃	黃	黃	黃	黃	黃

★ 다음 어휘의 의미를 추측해서 연결해 보십시오.

가. 황금(黃金) • • ① 색이 누런 모래
나. 황사(黃砂) • • ② 누런빛의 금, 돈이나 재물을 비유적으로 말함
다. 황토(黃土) • • ③ 누렇고 검은빛이 있는 흙

★ 다음 문장에 맞는 어휘를 써 보십시오.

가. 한옥의 벽은 ( )(으)로 흙벽을 만드는데 외부의 뜨거운 공기와 찬 공기를 막아 주어 여름에는 시원하고 겨울에는 따뜻하다.
나. 봄철 서울은 ( ) 때문에 대기가 맑지 않다.
다. 돈만 있으면 무엇이든지 할 수 있다는 ( )만능주의로 인해 각종 사회 범죄가 증가하고 있다.

한자 어휘 넓히기

황(況)
의미: 형편, 모양
예문: 불경기로 회사가 어려운 상황에서 직원 모두가 힘을 합쳐 노력하고 있다.

황(皇)
의미: 임금
예문: 조선시대에는 왕이라는 칭호를 썼지만 대한제국에서는 황제라고 했다.

황(荒)
의미: 거칠다, 흉년이 들다, 버리다
예문: 운전을 처음 했을 때는 도로에서 역주행을 하는 등 황당한 실수를 했다.

정답
가) ② 나) ① 다) ③
가) 황토 나) 황사 다) 황금

228. 회(會)

발음	의미
회	모이다, 모으다, 만나다

★ 써 보십시오.

會	會	會	會	會	會

★ 다음 어휘의 의미를 추측해서 연결해 보십시오.

가. 회사(會社) • • ① 어떤 모임을 구성하는 사람들

나. 회원(會員) • • ② 모임의 규칙

다. 회칙(會則) • • ③ 영리를 목적으로 두 사람 이상이 만든 법인

★ 다음 문장에 맞는 어휘를 써 보십시오.

가. 요즘은 (　　) 문화가 달라져서 회식과 야근이 사라지고 있다.

나. 주민들끼리 '자녀 안심 귀가를 위한 모임'을 만들어 회장을 선출하고 (　　)을/를 만들었다.

다. 그 인터넷 사이트는 (　　) 가입 없이 무료로 영화나 드라마를 볼 수 있어 많은 사람이 이용한다.

한자 어휘 넓히기

회(回)
의미: 돌아오다, 돌다, 돌이키다
예문: 놀이공원에서 어린아이들이 가장 좋아하는 놀이기구는 '**회전**목마'이다.

회(灰)
의미: 재, 석회, 먼지
예문: 아파트나 건물을 지을 때 **석회석**이 들어간 콘크리트가 사용된다.

회(廻)
의미: 돌다, 빙빙 돌다
예문: 이 길은 공사 중이니 다른 길로 **우회**하십시오.

회(悔)
의미: 뉘우치다, 스스로 꾸짖다
예문: 이미 일어난 일은 **후회**해도 소용없으니 잊어버리세요.

정답

가) ③ 나) ① 다) ②

가) 회사 나) 회칙 다) 회원

229. 효(孝)

발음	의미
효	효도, 부모를 섬기다

★ 써 보십시오.

孝	孝	孝	孝	孝	孝

★ 다음 어휘의 의미를 추측해서 연결해 보십시오.

가. 효도(孝道) • • ① 정성을 다해 부모님을 모시는 일
나. 효심(孝心) • • ② 효성스러운 마음
다. 불효(不孝) • • ③ 자식이 부모에게 해야 할 도리를 잘하지 못함

★ 다음 문장에 맞는 어휘를 써 보십시오.

가. 모든 자식은 부모님이 돌아가신 다음에야 자신의 (　　　)을/를 후회한다.
나. 부모님에게 (　　　)을/를 하는 딸에게는 '효녀', 아들에게는 '효자'라고 한다.
다. 한국의 전통 소설 『심청전』은 아버지의 눈을 고치기 위해 목숨까지 버린 (　　　)이/가 지극한 딸의 이야기이다.

한자 어휘 넓히기

효(效)
의미: 본받다, 배우다, 나타나다, 드러나다
예문: 효과가 증명되지 않은 건강식품을 무분별하게 먹으면 오히려 건강에 해가 된다.

효(哮)
의미: 으르렁거리다, 성내다, 맹수들이 소리 지르다
예문: 사자는 여기저기 흩어져 있는 무리들을 모을 때 천둥 같은 소리로 포효한다고 한다.

효(爻)
의미: 사귀다, 수효
예문: 월드컵 결승전을 응원하기 위해 거리에 모인 사람들의 수효가 셀 수 없을 만큼 많았다.

정답
가) ① 나) ② 다) ③
가) 불효 나) 효도 다) 효심

230. 후(後)

발음	의미
후	뒤, 늦다, 뒤떨어지다

★ 써 보십시오.

後	後	後	後	後	後

★ 다음 어휘의 의미를 추측해서 연결해 보십시오.

가. 후손(後孫) •   • ① 자신의 세대 이후의 모든 자녀
나. 후반전(後半戰) •   • ② 병을 앓고 난 뒤에 남아 있는 증상, 또는 부작용
다. 후유증(後遺症) •   • ③ 운동 경기 시간을 반으로 나누었을 때 뒤에 하는 경기

★ 다음 문장에 맞는 어휘를 써 보십시오.

가. 축구 경기에서 전반전에 이기고 있던 우리 팀은 (　　　)에서 실수를 하는 바람에 역전을 당했다.
나. 교통사고의 (　　　)은/는 사고 직후에는 나타나지 않다가 시간이 흐르면서 심해지는 경우가 많다.
다. 우리는 (　　　)에게 깨끗한 자연환경을 물려줄 의무가 있다.

한자 어휘 넓히기

후(厚)
의미: 두텁다, 후하다, 두껍다
예문: 고령화 사회가 되면서 요즘은 중후한 멋을 보여주는 60대 이상의 모델들이 인기를 끌고 있다.

후(候)
의미: 기후, 계절, 상황
예문: 지구 온난화로 기후가 급격하게 변화하고 있다.

후(喉)
의미: 목구멍, 목
예문: 가수나 선생님처럼 성대를 많이 사용하는 사람은 후두염에 걸리기 쉽다.

정답
가) ①   나) ③   다) ②
가) 후반전   나) 후유증   다) 후손

231. 훈(訓)

발음	의미
훈	가르치다, 타이르다, 이끌다

★ 써 보십시오.

訓	訓	訓	訓	訓	訓

★ 다음 어휘의 의미를 추측해서 연결해 보십시오.

가. 훈련(訓練) • • ① '백성들을 가르치는 바른 소리'라는 의미로 한글을 뜻함

나. 훈민정음(訓民正音) • • ② 한 가정에서 어른들이 자녀들에게 일러주는 가르침

다. 가훈(家訓) • • ③ 기술을 익히기 위해 계속 연습하는 일

★ 다음 문장에 맞는 어휘를 써 보십시오.

가. 10월 9일 한글날은 세종대왕이 (   )을/를 만든 날을 기념하기 위한 날이다.

나. 국가대표 팀으로 선정되면 선수들은 선수촌에 들어가 매일 (   )을/를 한다.

다. 아버지는 붓글씨로 (   )을/를 써서 걸어 놓으시고 우리들에게 항상 기억하라고 말씀하신다.

한자 어휘 넓히기

훈(勳)
의미: 공, 공로, 공적
예문: 나라를 위해 목숨을 바친 우리 할아버지는 대통령 훈장을 받으셨다.

훈(燻)
의미: 불길, 연기, 타다, 불에 말리다
예문: 오리를 훈제하여 만든 '북경오리'는 세계적으로 유명한 요리이다.

훈(薰)
의미: 향기, 향내 나다
예문: 연말에 거리에서 어려운 이웃을 돕기 위해 모금을 하는 자선냄비의 종소리를 들으면 마음이 훈훈해진다.

정답

가) ③ 나) ① 다) ②

가) 훈민정음 나) 훈련 다) 가훈

232. 휴(休)

발음	의미
휴	쉬다, 휴식하다, 그만두다

★ 써 보십시오.

休	休	休	休	休	休

★ 다음 어휘의 의미를 추측해서 연결해 보십시오.

가. 휴가(休暇) • • ① 국가에서 정해서 쉬는 날
나. 휴학(休學) • • ② 질병이나 특별한 이유로 학교를 쉼
다. 공휴일(公休日) • • ③ 직장에서 업무를 일정한 기간 동안 쉬는 일

★ 다음 문장에 맞는 어휘를 써 보십시오.

가. 정부는 귀성길의 혼잡을 피하기 위해 추석과 설날의 다음 날을 (　　　)(으)로 지정했다.

나. 취업을 준비하기 위해 일부러 졸업을 늦추고 (　　　)을/를 하는 대학생들이 늘어나고 있다.

다. 직장에서는 여름철에 (　　　)이/가 겹쳐 업무에 문제가 생기지 않도록 서로 순서를 정해서 쉰다.

한자 어휘 넓히기

휴(携)
의미: 이끌다, 가지다, 휴대하다
예문: 요즘 캠핑에 관심이 생겨 인터넷으로 휴대용 식탁과 난로 등 캠핑용품을 검색했다.

정답
가) ② 나) ③ 다) ①
가) 공휴일 나) 휴학 다) 휴가

233. 흡(吸)

발음	의미
흡	마시다, 빨다, 숨을 들이쉬다

★ 써 보십시오.

吸	吸	吸	吸	吸	吸

★ 다음 어휘의 의미를 추측해서 연결해 보십시오.

가. 흡수(吸收) • • ① 담배를 피움
나. 흡연(吸煙) • • ② 무언가를 빨아들여서 안으로 넣음
다. 흡입(吸入) • • ③ 기체나 액체를 코나 입으로 빨아들이거나 들이마심

★ 다음 문장에 맞는 어휘를 써 보십시오.

가. 카페에서 (　　)실 근처 좌석에 앉아 있다가 담배 냄새가 나서 다른 좌석으로 이동했다.

나. 나무는 이산화탄소를 (　　)하고 산소를 배출하여 공기를 깨끗하게 하므로 숲속에 가면 신선한 공기를 마실 수 있다.

다. 마약을 (　　)하고 환각 상태에서 살인을 저지른 범인이 경찰에 자수했다.

한자 어휘 넓히기

흡(洽)
의미: 흡족하다, 넉넉하게 하다, 넓다
예문: 수입 자동차의 판매량은 급증하고 있지만 국산 자동차에 비해서 애프터서비스가 미흡하다는 평을 듣는다.

흡(恰)
의미: 마치, 꼭
예문: 웹툰이 원작인 그 드라마는 주인공의 모습이 원작과 너무 흡사해서 화제가 되고 있다.

정답
가) ②　　나) ①　　다) ③
가) 흡연　　나) 흡수　　다) 흡입

234. 희(喜)

발음	의미
희	기쁘다, 즐겁다, 좋다, 사랑하다

★ 써 보십시오.

喜	喜	喜	喜	喜	喜

★ 다음 어휘의 의미를 추측해서 연결해 보십시오.

가. 희비(喜悲) • • ① 기쁨과 슬픔을 보두 말함
나. 희열(喜悅) • • ② 기뻐하고 즐거워함
다. 희극인(喜劇人) • • ③ 사람들을 웃기기 위한 연극을 전문적으로 연기하는 사람

★ 다음 문장에 맞는 어휘를 써 보십시오.

가. 새해 아침 바다 위에서 떠오르는 붉은 태양을 보면서 큰 감동과 (　　　)을/를 느꼈다.
나. 코미디언이나 개그맨들은 자신이 사람들에게 웃음과 기쁨을 선사하는 (　　　)(이)라는 자부심을 가지고 일한다.
다. 국회의원 선거 결과를 발표하는 순간 치열하게 경쟁했던 후보자들의 얼굴에 (　　　)이/가 엇갈렸다.

한자 어휘 넓히기

희(希)
의미: 바라다, 동경하다, 희망하다
예문: 그 사람의 강연은 삶에 지쳐 절망에 빠진 젊은이들에게 용기와 희망을 잃지 말라는 메시지를 주었다.

희(稀)
의미: 드물다, 적다
예문: 그 환경단체는 판다, 흰긴수염고래, 사향사슴 등 멸종 위기에 처한 희귀 동물을 보호하기 위해 다양한 활동을 하고 있다.

희(戱)
의미: 놀다, 희롱하다
예문: 상대방의 의사와 관계없이 성적으로 수치심을 주는 말이나 행동은 모두 성희롱에 해당한다.

정답
가) ① 나) ② 다) ③
가) 희열 나) 희극인 다) 희비

쉬어가기 20

★ 다음 중에서 '아주', '매우'와 같은 뜻의 한자로 된 부사어는 무엇입니까? 모두 고르십시오.

① 몹시 ② 굉장히
③ 상당히 ④ 엄청

부사어에서 한자 어휘 찾기

한국어에는 한자어가 많이 쓰이기 때문에 "아! 이것도 한자어?"라고 놀랄 때가 있습니다. 부사어(副詞語)로 쓰이는 한국어에서 한자어로 된 것은 다음과 같은 것들이 있습니다. '물론(勿論)', '약간(若干)', '역시(亦是)', '종종(種種)', '혹시(或是)', '심지어(甚至於)' 등은 한자로만 된 부사어이고 '솔직(率直)히', '열렬(熱烈)히', '열심(熱心)히', '특별(特別)히', '최고(最高)로' 등은 한자어와 고유어(固有語)가 합쳐져서 쓰이는 부사어입니다.

★ 윗글의 부사어 외에 한자로 된 부사어에는 또 어떤 것들이 있을지 이야기해 보십시오.

정답

1. ②, ③
2. 점점, 도대체, 어차피, 급기야, 유독, 하여간, 급히, 속히, 흔쾌히

MEMO

찾아보기

ㄱ

ㄴ

ㅂ

석양	sunset	tịch dương, ánh hoàng hôn	夕阳	135
석유	petroleum	dầu mỏ	石油	135
석탄	coal	than đá	煤	271
석회석	Limestone	đá vôi	石灰石	324
선발	selection	sự tuyển chọn	选拔	109
선배	older alumnus	tiền bối	前辈	136
선입견	prejudice	định kiến, thành kiến	成见	32
선진국	an advanced country	nước phát triển	发达国家	136
선착순	First come, first served	theo thứ tự đến trước	先来后到	236
선천적	innate	tính bẩm sinh	先天的	242
선풍적	sensational	mang tính giật gân, tạo nên cơn sốt	火爆的	294
선호	preference	sự ưa thích	偏好	315
설득	persuasion	sự thuyết phục	说服	137
설렁탕	Seolleongtang (food)	canh xương bò	牛杂碎汤	274
설명	explanation	sự giải thích	说明	137
설치	Installation	sự lắp đặt	安装	254
설탕	sugar	đường(ăn)	糖	137
섭취	intake	hấp thụ	摄取	252
성	family name	họ	姓	138
성격	personality	tính cách	性格	138
성장	growth	sự trưởng thành	成长	207
성희롱	sexual harassment	sự quấy rối tình dục	性骚扰	330
세계	world	thế giới	世界	36
세균	germ	vi khuẩn	细菌	51
세금	tax	thuế	税款	53
세기	Century	thế kỷ	世纪	139
세력	power	thế lực	势力	139
세배	New Year's bow	sự chúc tết	拜年	111
세상	world	thế giới	世间	132
세습	descent	thừa kế	世袭	146
세월	years	thời gian	岁月	139
세탁	washing	sự giặt giũ	洗衣	139
세탁소	laundromat	tiệm giặt ủi, tiệm giặt là	洗衣店	270
소개	introduction	sự giới thiệu	介绍	28
소규모	small	quy mô nhỏ	小规模	140
소망	wish	nguyện vọng	心愿	91
소문	Rumor	tin đồn	传闻	140
소송	lawsuit	sự kiện tụng	诉讼	142
소유	ownership	sự sở hữu	所有	191
소음	noise	tiếng ồn	噪音	194
소재	material	nguyên liệu	素材	140
소질	one's talent	tố chất	素质	228
소포	parcel	bưu phẩm	包裹	290
속도	speed	tốc độ	速度	79
손실	loss	sự tổn thất	损失	151
솔직	honesty	ngay thẳng	坦诚	226
송금	remittance	sự chuyển tiền	汇款	142
수단	means	phương tiện	手段	143
수면	sleep	giấc ngủ	睡眠	93
수명	life span	tuổi thọ	寿命	94
수분	moisture	hơi ẩm	水分	143
수산물	seafood	sản phẩm thủy sản	水产品	143
수상	the prime minister	thủ tướng	获奖	143
수상자	prize awardee	người đoạt giải	获奖者	132
수송	transportation	sự vận chuyển	运输	142
수습 기간	probationary period	thời gian thử việc	试用期间	146
수심	the depth of water	độ sâu của nước	水深	152
수영장	swimming pool	bể bơi	游泳池	176
수요	demand(economics)	nhu cầu	需要	182
수정	revise	thủy tinh	修正	214
수준	level	tiêu chuẩn	水准	222
수집	collection	sưu tầm	收藏	229
수채화	watercolor painting	trang vẽ bằng màu nước	水彩画	240
수출	export	sự xuất khẩu	输出	250
수학 여행	School field trip	chuyến đi thực tế để học hỏi	修学旅行	304
수화	Sign language	ngôn ngữ ký hiệu	手语	318

ㅇ

월급	monthly paycheck	tiền lương	工资	189
월세	monthly rent	tiền thuê hàng tháng	月租	189
위성	Satellite	vệ tinh	卫星	138
위원회	committee	ủy ban	委员会	190
위치	location	vị trí	位置	190
위탁	consignment	sự ủy thác	委托	270
위험	danger	sự nguy hiểm	危险	190
유리	glass	có lợi	玻璃	191
유명	famous	nổi tiếng	有名	94
유무	present or not	có vào không	有无	97
유비무환	An ounce of prevention is worth a pound of cure.	nếu chuẩn bị trước thì không có gì phải lo lắng	有备无患	191
유산	Inheritance	di sản	遗产	130
유전자	gene	gen di truyền	基因	191
유통	distribution	sự lưu hành	流通	277
유학	studying abroad	du học	留学	191
유해	harmful	sự có hại	有害	310
육순	60th birthday	tuổi sáu mươi	六旬	192
육아	parenting	sự nuôi dạy con cái	育儿	192
육하원칙	five W's and one H, who / what / where / when / why / how	sáu nguyên tắc cơbản phải tuân theo khi viết ký tự "ai, khi nào, ở đâu, cái gì, nhưthế nào, tại sao"	六合原则	303
은근	subtle	một cách kín đáo	隐隐	193
은사	teacher	ân sư	恩师	193
은인	benefactor	ân nhân	恩人	193
은퇴	retirement	sự nghỉ hưu	隐退	193
은행	bank	ngân hàng	银行	193
은행잎	ginkgo leaf	lá ngân hạnh	银杏叶	311
음력	lunar calendar	âm lịch	阴历	194
음성	voice	âm thanh	声音	194
음식	Food	thực phẩm	食物	194
음악	music	âm nhạc	音乐	194
의과대	medical school	đại học y khoa	医科大学	195
의료	medical	y tế	医疗	182
의류	clothing	quần áo	服装	195
의무	duty	nghĩa vụ	义务	195
의미	meaning	ý nghĩa	意义	195
의심	suspicion	sự nghi ngờ	疑虑	195
의약품	medicine	thuốc men	医药品	165
의욕	one's will	lòng đam mê, hoài bão	热情	183
의존	dependence	sự phụ thuộc	依赖	218
의존성	dependency	tính phụ thuộc	依赖性	195
의지	willingness	ý chí	依托	195
의태어	mimetic word	từ mô phỏng, từ tượng hình	拟态词	275
의학	medical science	y học	医学	195
이동	movement	sự di chuyển	移动	81
이목구비	facial features	đường nét khuôn mặt	耳目口鼻	196
이민	immigration	sự di dân	移民	100
이발소	barbershop	tiệm cắt tóc	理发店	109
이별	farewell	sự chia tay	离别	114
이비인후과	Ears-Nose-Throat Specialty (ENT)	khoa tai mũi họng	耳鼻喉科	123
이사	move	sự chuyển nhà	搬家	196
이상	more than	hơn	以上	132
이상	strange	lạ, không bình thường	异常	196
이용	utilization	sự lợi dụng	利用	196
이유	reason	lý do	理由	191
이익	profit	lợi nhuận	利益	196
이전	previous	trước khi, trước	早先	211
이하	Less than	kém hơn	以下	303
이해	understanding	sự nhận thức	理解	310
인구	population	dân số	人口	197
인기	popularity	sự nổi tiếng	人气	56
인내심	patience	tính kiên nhẫn	耐心	197
인류	the human race	nhân loại	人类	197
인사	public figure	sự chào hỏi	问候	129
인삼	Ginseng	nhân sâm	人参	131
인생	Life	cuộc đời	人生	197
인식	recognition	sự nhận thức	认识	197
일괄	a bundle	đồng loạt	一下子	43

ㅊ

	bank or ticket booth)	giống cửa sổ		
창문	window	cửa sổ	窗户	239
창업	startups	sự khởi nghiệp	创业	239
채소	vegetable.	rau củ	蔬菜	240
채점	grading	sự chấm điểm	评分	240
채혈실	Blood collection room	phòng lấy máu	采血室	240
책상	desk	bàn học	书桌	241
책임	responsibility	trách nhiệm	责任	241
처리	processing	xử lý	处理	196
천고마비	when the sky is high and clear, and horses grow fat and sturdy	Thiên cao mã phì- trời cao ngựa béo ý mùa thu- mùa đẹp	秋高马肥	89
천연	natural	thiên nhiên	天然	242
천재일우	an opportunity hard to obtain	cơhội tốt	千载难逢	185
천지	Heaven and earth	thiên địa	天地	242
철도	railways	đường sắt	铁路	243
철야	all night	suốt đêm	彻夜	164
철저	thorough	triệt để	彻底	243
철책	iron fence	hàng rào sắt	铁栅栏	241
철칙	strict rule	Kỷ luật thép, nguyên tắc bất di bất dịch	铁律	243
철학	philosophy	triết học	哲学	243
철회	withdrawal	sự rút lui, rút lại	撤回	243
첨가	addition	thêm	添加	244
첨단	high-tech	hiện đại, mới	尖端	244
첨부	attachment	sự đính kèm (tài liệu, giấy tờ)	附件	244
첨삭	correction, edit	hiệu chỉnh, chỉnh sửa	增删	244
청과	fresh fruits and vegetables	trái cây xanh	新鲜的蔬菜和水果	245
청년	youth	thanh niên	青年人	245
청소기	vacuum cleaner	máy hút bụi	吸尘器	245
청아	clear and pretty	trong trẻo	清雅	159
청와대	The Blue House	Nhà Xanh	青瓦台	245

청출어람	excelling one's master	hậu sinh khả uý	青出于蓝	65
체육	Physical Education	thể dục	体育	192
초기	early	thời kỳ đầu	初始	246
초대	invitation	sự mời	邀请	246
초보자	beginner	người mới bắt đầu	新手	246
초원	green pasture	thảo nguyên	草原	246
초월	transcendence	siêu việt	超越	246
초점	focus	tiêu điểm, tâm điểm	焦点	213
총괄	general	tổng quát	汇总	43
최고	top	Tuyệt vời	最高	37
최선	best of one's ability	tốt nhất	最好	136
최저	lowest	tối thiểu	最低	209
최종	final	cuối cùng	最终	219
최초	very first	đầu tiên	最初	246
추가	additional	sự thêm	追加	248
추궁	interrogation	sự truy cứu đến cùng	追问	49
추석	Korean Thanksgiving	Trung thu	中秋	248
추억	recollection, memory	ký ức	回忆	248
추월	surpass	vượt qua	赶超	248
추진력	driving force	lực đẩy	推进力	227
추천	recommendation	sự giới thiệu	推荐	248
추출물	extraction	chất chiết xuất	提取物	248
추측	speculation	sự dự đoán	推测	253
축농증	sinus infection	bệnh xoang	鼻窦炎	68
축복	blessing	sự chúc phúc	祝福	249
축소	minimize	sự thu nhỏ lại	缩小	249
축의금	congratulatory money	tiền mừng	贺礼金	249
축제	festival	lễ hội	庆典	249
축하	congratulation	sự chúc mừng	祝贺	303
춘곤증	sleepiness in spring	chứng mệt mỏi, uể oải vào mùa xuân	春困症	38
출당	Kicked out from a political party	sự khai trừ khỏi đảng	开除党籍	250

ㅋ

ㅌ

ㅍ

ㅎ

항공모함	an aircraft carrier	tàu sân bay (loại tàu có thể chở máy bay, cho phép máy bay hạ cánh và cất cánh)	航空母舰	307
항구	seaport	bến cảng	港口	309
항균	antibacterial	kháng khuẩn	抗菌	309
항복	surrender	sự đầu hàng, quy phục	投降	309
항생제	antibiotics	thuốc kháng sinh	抗生素	215
항암	anti-cancer	sự điều trị ung thư	抗癌	162
항의	protest	sự chống đối	抗议	309
항해	voyage	sự đi biển	航海	309
해결책	solution	giải pháp	解决办法	241
해군	Navy Solider	hải quân	海军	310
해녀	female diver who collects seafood	hải nữ	海女	310
해당	relevant	cái tương ứng, cái thuộc vào	有关	310
해석	interpretation	sự giải thích	解释	135
해설	commentary	sự diễn giải	解说	137
해수욕장	beach	bãi tắm	海水浴场	310
해외	overseas	nước ngoài	海外	181
해운대	a beach in Busan	Haeundae	海云台	186
해일	Tidal wave	sóng thần	海啸	198
해학적	burlesque	có tính hài hước	诙谐的	304
행렬	matrix	cuộc diễu hành	行列	174
행복	happiness	Hạnh phúc	幸福	311
행사	event	sự kiện, buổi lễ	活动	311
향상	improvement	phát triển tiến bộ nâng cao	向上	312
향수	perfume	nước hoa	香水	312
향수병	homesickness	bệnh nhớ nhà	怀乡病	312
허위	FALSE	sự giả dối	虚伪	190
허탈	discouraged	mệt mỏi, đuối sức	虚脱	272
험준	the mountain is steep and high	nguy hiểm	险峻	222
혁신	Innovation	sự đổi mới	革新	150

현	string	dây đàn	弦	313
현명	wise	sự khôn ngoan	贤明	313
현실적	realistic	mang tính thực tế	现实的	151
현악기	stringed instruments	nhạc cụ dây	弦乐器	313
현장	scene	hiện trường	现场	313
현재	the present	hiện tại	现在	208
현저	conspicuous	dễ thấy	显著	313
현지	local	bản địa	当地	313
협상	negotiations	sự thương lượng	协商	132
협찬	sponsored by	tài trợ	赞助	237
형식	type	hình thức	形式	314
형용사	an adjective	tính từ	形容词	314
형제	brothers	anh em	弟兄	215
형편	circumstance	hoàn cảnh	情形	314
형평성	fairness	tính công bằng	公平性	314
호수	lake	hồ	湖	143
호시탐탐	watch vigilantly for a chance	sự rình mò, chực chờ	虎视眈眈	273
호우주의보	a heavy rain watch	cảnh báo trời mưa to	暴雨注意警报	185
호칭어	title	từ xưng hô	称谓词	257
호흡	respiration	sự hô hấp	呼吸	315
혼란	confusion	sự hỗn loạn	混乱	316
혼수상태	a coma	trạng thái hôn mê	昏迷状态	316
혼잡	congestion	sự hỗn tạp	拥挤	316
혼탁	murky	mờ, đục	浑浊	270
혼합	mixing	sự pha trộn, hỗn hợp	混合	316
홍보	promotion	quảng bá	宣传	117
홍삼	Red ginseng	hồng sâm	红参	317
홍수	flood	sự lũ lụt	洪水	317
홍익인간	the idea of a beneficial human being in which Korea was founded on	chủ nghĩa nhân đạo	弘益人间	317
홍차	black tea	hồng trà	红茶	317
화근	the root of evil	nguồn gốc của tai ương	祸根	52

저자 소개

권미경
연세대학교(학사, 석사), 동아대학교(박사)
교육학 전공
전 연세대학교 한국어학당 강사, 전 동국대학교 국제어학원 전임강사
동국대학교 강사

김천미
한국외국어대학교(학사, 석사)
외국어로서 한국어교육 전공
전 연세대학교 한국어학당 강사
미국 뉴욕대학교 Senior Instructor

이경애
경기대학교(학사), 동국대학교(석사, 박사)
한국어교육 전공
전 고려대학교 강사
동국대학교 국제어학원, 대학원 강사

외국인을 위한 한자 어휘 1500+

토픽에서 시사한자 찾기

초판 1쇄 인쇄 / 2021년 6월 20일
초판 1쇄 발행 / 2021년 6월 25일

•

공저자 / 권미경 · 김천미 · 이경애
발행인 / 이 중 수
발행처 / **동 문 사**

•

서울특별시 서대문구 홍제원 1길 12
(홍제동 137-8)
Tel : 02)736-3718(대), 736-3710, 3720
Fax : 02)736-3719
등록번호 : 1974.04.27. 제9-17호
가격 : 23,000원

•

ISBN : 979-11-6328-301-0 (08710)
E-mail : dong736@naver.com
www.dongmunsa.com